Körper, Geist, Seele & Natur

Die illustrierte Jugendenzyklopädie

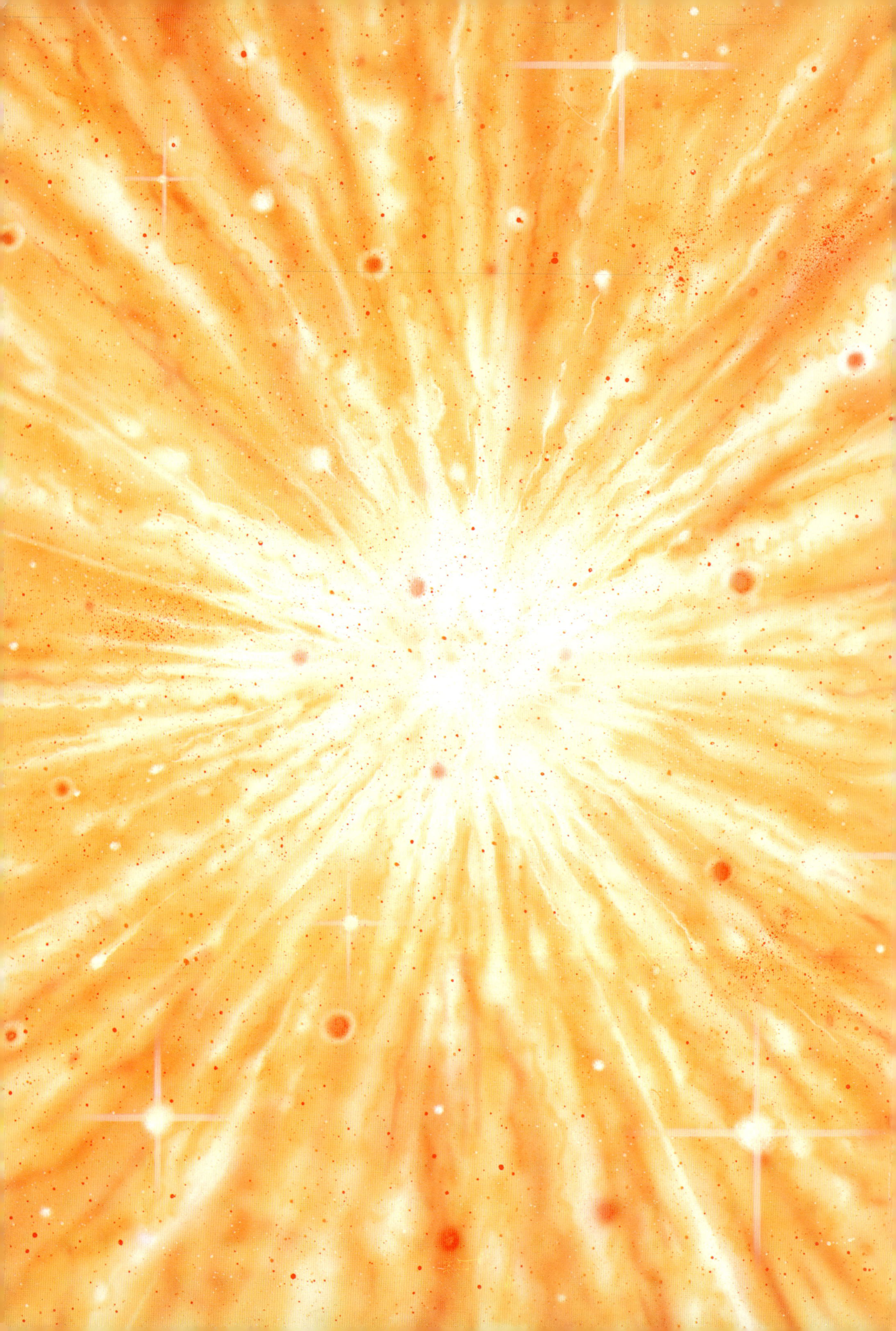

Körper, Geist, Seele & Natur

Die illustrierte Jugendenzyklopädie

- Joanna Crosse -

KÖNEMANN

Für Skye, Merrick und Sedona
in Liebe. Ohne euch hätte es
dieses Buch nie gegeben.

~

INHALT

DER GEIST

Originalausgabe 1998
ELEMENT CHILDREN'S BOOKS
Shaftesbury, Dorset, SP7 8BP

Originaltitel: Encyclopedia of Mind, Body, Spirit and Earth

Übersetzung aus dem Englischen:
Inga-Brita Thiele

Redaktion, Lektorat und Satz der deutschen Ausgabe:
Kölner Grafik Büro

Projektleitung: Sylvia Hecken
Herstellungsleitung: Detlev Schaper
Assistenz: Ursula Schümer

Druck und Bindung:
Kossuth Printing House Co., Budapest
Printed in Hungary

ISBN 3-8290-1715-4
10 9 8 7 6 5 4 3 2 1

Der Körper

Die Seele

Die Erde

Einleitung

Die Wurzeln dieses Buchs reichen weit zurück. Schon als Kind habe ich mich gefragt, warum wir auf dieser Welt sind und ob es über ihre Grenzen hinaus wohl noch etwas anderes gibt. Ich hatte so unendlich viele Fragen über uns, die Welt und das Universum, auf die ich gern eine Antwort gefunden hätte. Dieser Wissensdurst hat mich auf eine spannende Lebensreise geführt, auf der ich den Rätseln dieses erstaunlichen und außergewöhnlichen Planeten, auf dem wir leben, nachging.

Vor ein paar Jahren beschlossen mein Mann und ich, uns eine Atempause von unserer Fernseharbeit zu gönnen und zu versuchen, unserem Leben einen tieferen Sinn zu verleihen. Mit unseren beiden Kindern (das Dritte kam erst am Ende dieses Abenteuers dazu!) sind wir ein Jahr lang um die Welt gereist und haben in ökologisch und spirituell bewussten Wohngemeinschaften gelebt, um herauszufinden, ob es eine bessere Alternative zu unserem bisherigen stressbestimmten Leben gäbe.

Natürlich haben wir keine allumfassend gültige Antwort gefunden, dafür aber eine Fülle an neuem Wissen und aufregenden Erkenntnissen über die menschlichen Entfaltungsmöglichkeiten und die natürlichen Kraftquellen der Erde gewonnen.

Inzwischen leben wir seit über drei Jahren in einer alternativen Wohngemeinschaft in England, führen aber in jeder anderen Hinsicht ein ganz konventionelles Leben. Es war ein wunderschönes Abenteuer mit überraschenden und lehrreichen Ergebnissen – ein anregender und spannender Weg zu einer ganzheitlicheren und sinnvolleren Lebensführung.

Unseren drei Kindern, die inzwischen von 3 bis 9 Jahre alt sind, hat es sehr gut getan, so viel über Geist, Körper, Seele und die Erde zu lernen. Es hat ihr Leben

Diese Abbildung eines „Traumtagebuchs" stammt aus dem Abschnitt über Träume und Visionen, den du auf den Seiten 16 und 17 findest.

um eine neue Dimension bereichert und ihnen geholfen, dem noch Unerklärten näher zu kommen.

Wir haben festgestellt, dass immer mehr Menschen aus allen gesellschaftlichen Bereichen sich die Art von Fragen stellen, die auch uns fesseln: „Warum ...?", „Was wäre, wenn ...?" und „Ich frage mich ...?" Immer mehr Menschen erkennen, dass geistige und seelische Werte und Kräfte ebenso wichtig sind wie wissenschaftlicher und technischer Fortschritt. Darum wollen sie mehr über diese Dinge wissen, über die wir so viel Neues erfahren und gelernt haben.

Deshalb habe ich dieses Buch geschrieben! Hier findest du unterschiedliche Theorien darüber, wo wir herkommen, wohin wir nach unserem Tod gehen und über all die interessanten Fragen, die sich zwischen Geburt und Tod ergeben.

Dieses Lexikon will dir natürlich nicht deine eigenen Entscheidungen abnehmen. Es ist einfach eine Sammlung verschiedener Vorstellungen und Glaubensanschauungen über unsere und die unsichtbaren Welten. Es ist ein Buch voller Wegweiser und es ist ganz allein deine Sache, für welchen Weg du dich entscheidest. Wichtig ist nur, dass du Spaß dabei hast!

JOANNA CROSSE

Über dieses Buch

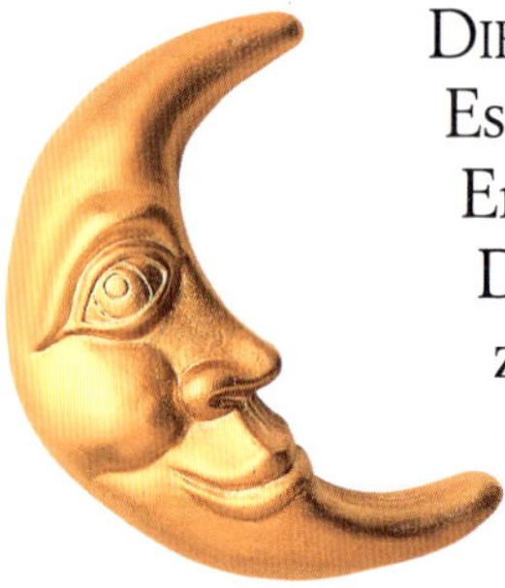

Diese Seiten zeigen dir, wie das Lexikon aufgebaut ist. Es ist in vier Kapitel unterteilt: Geist, Körper, Seele und Erde. Aus jedem der vier Kapitel findest du hier eine Doppelseite abgebildet. Um ein bestimmtes Thema zu finden, kannst du vorn im Inhaltsverzeichnis oder hinten im Register nachschlagen.

Kolumnentitel

Die Kolumnentitel sagen dir, in welchem Kapitel und welchem Unterabschnitt du bist. Hier sind wir im Unterabschnitt „Geistige Kräfte" des ersten Kapitels.

Der Geist

Der Geist beherbergt unsere Gedanken, Intelligenz, Phantasie und unser Gedächtnis und ist auch die Quelle unserer Kreativität und Konzentrationsfähigkeit. Im ersten Kapitel befassen wir uns mit allem, was mit unserem Geist zusammenhängt und mit den außergewöhnlichen Dingen, die man mit seiner Hilfe zustande bringen kann. So kann man lernen, allein durch die Kraft seines Geistes zu meditieren, zu levitieren oder Löffel zu verbiegen.

Zitate

Das Lexikon enthält eine Reihe von Zitaten aus anerkannten Quellen, die den übrigen Text ergänzen und bereichern.

Einleitungen

Die Einleitung gibt einen kurzen Überblick über Thema und Inhalt der jeweiligen Seite. Hier geht es um Kampfsportarten, ihre Ursprünge und ihren Nutzen.

Der Körper

Unser Körper ist so etwas wie der Motor unseres Wesens. Wie immer deutlicher wird, steht er auch mit dem, was in unserem Geist vorgeht, in Verbindung. Geistige und körperliche Gesundheit sind wichtig für die Harmonie von Geist, Körper und Seele. Auch was wir essen und wie wir leben, hat enormen Einfluss auf unseren Körper. Das zweite Kapitel behandelt Themen des Lebens wie z. B. Geburt, Tod, Gesundheit und Heilkunde.

Anleitungskästen

Diese Kästen enthalten Informationen, die dich anregen, dein neu erworbenes Wissen selbst praktisch auszuprobieren – mit Schritt-für-Schritt-Anleitungen zu verschiedensten Themen.

DIE SEELE

NUR WEIL WIR unsere Seele nicht sehen und auch nicht das im Universum existierende Energiefeld, sind sie nicht weniger wirklich. Ohne unseren seelischen Wesensanteil wären wir vielleicht gar nicht hier. Durch unsere Seele haben wir Verbindung mit allem anderen – sie gibt uns die Fähigkeit, mit anderen Welten zu kommunizieren sowie unseren Glauben an eine Quelle oder einen Gott der Schöpfung. Im dritten Kapitel geht es um das Übersinnliche und das Magische. Dort erfährst du etwas über Wiedergeburt, Spiritismus, Wunder und Magie.

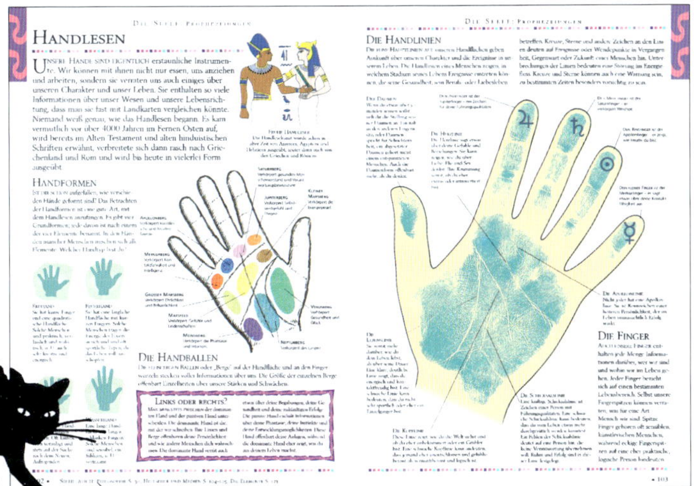

SIEHE-AUCH-LISTEN
Am unteren Seitenrand findest du eine Liste weiterer Themen des Buchs, die mit dem Thema, mit dem du dich gerade befasst, in Verbindung stehen.

BILDTEXTE
Die Texte zu Fotos und Illustrationen enthalten grundlegende Informationen.

DIE ERDE

IM VIERTEN KAPITEL wenden wir uns der Erde zu, auf der wir leben. Dazu gehören unsere Umwelt, unser Verhältnis zur Welt der Tiere, Pflanzen und Mineralien sowie die Frage, wie sich unser Tun auf Mutter Erde auswirkt. Auch der Einfluss der Planeten und Sterne auf unser Leben ist Teil unserer Erfahrungen hier auf der Erde. Wir ergründen, wie sich Naturwissenschaften und Spiritualismus aneinander annähern und wie alle Dinge miteinander zusammenhängen. Die Themen reichen von Feng Shui bis zu Glaubenssystemen.

INFOKÄSTEN
„Wusstest du übrigens...?" – Diese Infokästen enthalten zusätzliche, teils ausgefallene oder überraschende Informationen zu einem Thema.

GLOSSAR UND REGISTER

AM ENDE DES LEXIKONS findest du ein Wörterverzeichnis oder „Glossar", in dem viele ungewohnte Begriffe, die in diesem Buch auftauchen, erklärt sind. Außerdem hat das Buch ein ausführliches Register, damit du jedes Thema, das dich interessiert, leicht finden kannst. Ganz hinten findest du noch eine Bücherliste, falls du zu einem bestimmten Thema gern mehr erfahren möchtest.

2

Der Geist

Geistige Kräfte

Persönlichkeit

Wissen

Kreativität

MEDITATION

MEDITIEREN KANN JEDER – in jedem Alter und in jeder Lebenslage. Das Meditieren ist eine Möglichkeit, abzuschalten und mit dem inneren Ruhezentrum in Kontakt zu treten. Durch richtiges Atmen und spezielle Konzentrationstechniken können dir einige Minuten stille Meditation helfen, dich geistig und körperlich zu entspannen. Meditation tut dir gut und bringt dich mit deinem geistigen Selbst in Verbindung. Es ist erwiesen, dass Menschen, die meditieren, weit seltener zum Arzt gehen als andere.

KONZENTRATIONSFÄHIGKEIT
Zum Meditieren kann man sich einen Gegenstand wie eine Kerzenflamme vorstellen. Wenn du dich auf dieses Bild konzentrierst und den Geist von allen anderen Gedanken frei machst, beginnst du, dich zu entspannen.

STILLE TUT DIR GUT
Kaum etwas ist so wohl tuend wie ein paar Minuten Stille. Durch Stillsitzen und Meditieren kannst du Geist, Körper und Seele entspannen.

Diese Handhaltung ist ein sichtbares Zeichen, das den Laut „om" darstellt. Wie das Mantra selbst hilft es bei der Konzentration.

DIE DREI STUFEN

MANCHE MENSCHEN GLAUBEN, dass es drei Bewusstseinsstufen gibt, die beim Meditieren anzustreben sind. Man nennt sie Konzentration, Meditation und Kontemplation (Versenkung).

Auf der ersten Stufe konzentriert man sich auf etwas Bestimmtes, etwa eine Kerzenflamme. Wenn man sich lange genug konzentriert, sollte man die zweite Stufe der Meditation automatisch und ohne größere Anstrengung erreichen.

Auf der zweiten Stufe lässt man den bewussten Gedankenstrom hinter sich und vergisst die Alltagspflichten und -sorgen. Die Gedanken schweifen träge und man fängt an, Informationen aus dem Unterbewusstsein zu empfangen.

Auf der dritten Stufe, der Versenkung, geht einem kein bewusster Gedanke mehr durch den Kopf. Dieser Bewusstseinsstand erfordert viel Übung. Man sagt, dass Menschen, die diese Stufe erreichen, mit der Struktur des ganzen Universums in Berührung stehen.

NATÜRLICHES ATMEN

OB DU ES GLAUBST ODER NICHT, viele von uns atmen falsch. Wir atmen zu schnell und zu flach. Ruhigeres Atmen kann uns helfen, Geist und Körper zu entspannen und die Sorgen des Alltags hinter uns zu lassen.

Die Buddhisten glauben, dass jeder Atemzug eine Form der Meditation ist. Aber sie lehren keine bestimmte Atemtechnik. Stattdessen betonen sie, dass man möglichst natürlich atmen sollte. Durch die beruhigende Wirkung des Meditierens oder „Sitzens" wird die Atmung ohnehin langsamer und tiefer.

Es heißt, dass der Zen-Buddhismus die „Bauchatmung" lehrt. Tatsächlich wurde diese Atemtechnik zeitweise in Japan angewandt, weil viele Mönche an der Lungenkrankheit Tuberkulose litten. Durch die Krankheit mussten sie im Sitzen oft husten und das gezielte Atmen aus der unteren Lungenpartie half gegen den Hustenreiz.

 SIEHE AUCH: RELIGIONEN S. 130-133, GESUNDHEIT UND FITNESS S. 62-63, KAMPFSPORT S. 72-73

SHRI-YANTRA-MANDALA
Dieses nepalesische Shri-Yantra-Mandala ist rund 300 Jahre alt. Die vier Arme stellen Türen dar, durch die der Geist beim Meditieren eintreten oder hinausgehen kann. Die Dreiecke stehen für die männlichen und weiblichen Teile des Universums, die durch die umgebenden Kreise vereint werden.

Die Zen-Meditation

EIN HAUPTZIEL DER ZEN-BUDDHISTEN ist es, im Jetzt zu leben, alles voll und ganz zu erfahren und die Dinge so zu sehen, wie sie sind. Dabei hilft ihnen eine spezielle Meditationsform, die Sitz-Meditation. Hierzu sitzen sie längere Zeit ganz still in einer von sechs Haltungen. Dadurch kann der Geist zur Ruhe kommen. Während des Sitzens nehmen sie ihre gesamte Umgebung ganz bewusst wahr, die Erde, den Himmel – sogar das wachsende Gras. Nach dem langen Stillsitzen muss der Körper wieder in Bewegung kommen. Dazu dient eine andere Technik: das Zen-Gehen, eine langsame, fließende Bewegung, bei der man sich seines Kontakts zur Erde und jeder Körperbewegung intensiv bewusst ist. Sie fördert zugleich die Durchblutung aller Körperteile.

Such dir ein Mantra

SETZ DICH BEQUEM HIN und versuche zu entspannen. Denk an einen Laut oder ein Wort, das dir gefällt, und sag es dir immer wieder vor, entweder laut oder in Gedanken. Versuche, dich dabei ganz auf das Wort zu konzentrieren und leere deinen Geist von allem anderen, bis du merkst, wie du ruhiger wirst. Du kannst dieses besondere Wort immer wenn du meditierst als dein geheimes Mantra verwenden.

Mandalas

VIELE MENSCHEN, auch Buddhisten, verwenden Mandalas als Meditationshilfen. Mandalas sind Symbolbilder des Universums. Sie sind oft kreisförmig oder quadratisch und umschließen kunstvolle geometrische Muster. Jeder Teil des Musters hat eine besondere Bedeutung und soll Meditierenden helfen, den Geist auf das Universum zu konzentrieren.

Ein Mandala kann eine nützliche Konzentrationshilfe sein, während man seinen Geist zum Meditieren von allen anderen Gedanken leert.

> *„Woran denkt man beim Sitzen?" fragte ein Mönch einen Zen-Meister. „Man denkt ans Nichtdenken", antwortete der Meister. „Wie denkt man ans Nichtdenken?" fragte der Mönch. „Ohne zu denken", sagte der Meister.*
>
> EINE GESCHICHTE DER ZEN-BUDDHISTEN

Yoga

EINE FORM der Körperübung, bei der viele Meditationstechniken angewandt werden, weshalb sie für Geist und Seele genauso nützlich ist wie für den Körper. Beim Yoga übt man u. a. Körperhaltung, Atemregulierung und Selbstwahrnehmung. Dadurch hofft der Yoga-Schüler einen Zustand des „Überbewusstseins" zu erreichen.

Yoga entspannt nicht nur Körper und Geist, sondern ist auch gut für Gleichgewicht, Kraft, Geschmeidigkeit und Koordination.

Transzendentale Meditation

EIN BERÜHMTER HINDU-LEHRER oder Guru, Maharishi Yogi genannt, hat diese besondere Meditationsform entwickelt, die es dem Geist erlaubt, die körperlichen Grenzen zu transzendieren, d. h. zu überschreiten. Dabei verwendet man ein Mantra, um das Bewusstsein zu steigern.

Mantras

EIN MANTRA IST EIN WORT oder Laut mit besonderer Bedeutung. Bei der transzendentalen Meditation sagt oder singt man es innerlich immer wieder vor sich hin und konzentriert sich dabei auf seine Bedeutung und zugleich auf das innere Selbst.

Ein zum Meditieren häufig verwandtes Mantra ist der Satz: „Ich bin." Sehr gebräuchlich ist auch der Laut „om". Dieses Sanskrit-Wort besteht aus drei Buchstaben: „a" für das wache Bewusstsein, „u" für das träumende Bewusstsein, „m" für das schlafende Bewusstsein. Man glaubt, dass dieses Mantra die drei Teile unseres Wesens weckt und uns über die körperliche Ebene hinaus auf die geistige hebt.

ABERGLAUBE

FALLS DU SCHON EINMAL unter einer Leiter durchgegangen oder an einem Freitag, dem 13. ausgegangen bist, würden abergläubische Menschen sagen, dass du das Schicksal herausgefordert hast. Vielleicht würden sie sogar auf Holz klopfen, um ein Unheil abzuwenden. Abergläubische Vorstellungen gehen auf uralte Zeiten zurück, als man so die Naturkräfte oder das Schicksal zu erklären versuchte. Sie beruhen auf Religion, Magie und Volksbräuchen.

Aberglaube kann tatsächlich wirksam sein, weil unser Leben von unseren Gedanken mitbestimmt wird. Unser Unterbewusstsein kann dazu beitragen, dass sich unsere Hoffnungen oder Ängste erfüllen.

GLÜCK BRINGENDE RITUALE

EIN GLÜCK BRINGENDES RITUAL ist eine Handlungsfolge, die Glück bringen soll. Vielleicht glaubst du ja, dass du eine gute Note bekommst oder ein Tor schießt, wenn du nicht auf die Ritzen zwischen den Gehwegplatten trittst. Ein bekanntes Ritual ist das Klopfen auf Holz.

GLÜCKSARMBÄNDER

GLÜCKSARMBÄNDER waren schon bei den alten Griechen beliebt. Sie trugen silberne und goldene Glücksbringer aller Art an Kettchen ums Handgelenk, wie wir es auch heute noch tun. Diese Anhänger sollen den Träger vor Unheil bewahren und ihm Glück bringen. Manche Leute glauben, dass ein Glücksbringer, den man geschenkt bekommt, wirksamer ist als einer, den man sich selbst kauft. Die guten Wünsche des Schenkenden sollen dem Glücksbringer zusätzliche Kraft verleihen.

GLÜCKSARMBAND
Die Anhänger an einem solchen Armband sollen Unheil fern halten und Glück bringen.

GLÜCKSZAHLEN
Die beliebteste Glückszahl ist die 7; als besondere Unglückszahl gilt die 13.

DER HEILIGE CHRISTOPHORUS
Es heißt, Christophorus, der Schutzheilige der Reisenden, habe einst das Christuskind über einen Fluss getragen. Ein Schmuckstück mit einem Bild des Christophorus soll den Träger auf Reisen beschützen.

AMULETTE

SEIT TAUSENDEN VON JAHREN tragen Menschen überall auf der Welt Amulette, um sich vor bösen Geistern zu schützen. Dazu gehörten u. a. Knoblauch zur Abwehr von Vampiren, Blumensträußchen als Schutz vor der Pest und Glöckchen in Kinderbetten gegen böse Geister. Im alten Ägypten trugen die Schiffer Fischsymbole aus Lapislazuli oder Türkis, die sie vor dem Ertrinken bewahren sollten. Das Abbild einer geöffneten Hand diente von alters her als Amulett zur Abwehr des bösen Blicks. Auch heute noch tragen viele Menschen Amulette.

ANCH
Dieses Zeichen soll den Schlüssel des Lebens und die Unsterblichkeit darstellen. Die alten Ägypter trugen es, um sich ein langes Leben zu sichern, und wurden sogar mit ihm begraben. Seit den 60er Jahren gilt es auch als Symbol für Frieden und Wahrheit.

SCHLÜSSEL
Ein Symbol für Weisheit und Reife. In manchen Ländern bekommt man zum 21. Geburtstag einen Schlüssel. Er symbolisiert den Zugang zur Tür des Elternhauses, aber auch zum Erwachsensein mit aller Verantwortung.

 SIEHE AUCH: KRISTALLE S. 118-119, DÄMONEN UND TEUFEL S. 79, ZEICHEN UND SYMBOLE S. 138-139

TALISMANE

WÄHREND AMULETTE ZUR ABWEHR von Unglück dienen, sollen Talismane Glück bringen. Eine Hasenpfote galt wegen ihrer Verbindung mit der Erdenergie als Glück bringend, Saphire und Mondsteine aufgrund ihrer Fähigkeit, Licht zu speichern und zu reflektieren.

SCHWARZE KATZEN ALS GLÜCKSBRINGER
Vor vielen Jahren saßen im Savoy-Hotel in London einmal 13 Gäste an einem Tisch. Kurz danach kam der Gastgeber ums Leben. Seitdem wird im Savoy immer, wenn sich eine Tischgesellschaft von 13 Leuten ansagt, ein 14. Platz für den schwarzen Porzellankater Kasper gedeckt.

SKARABÄUS
In Ägypten trägt man Nachbildungen dieses Käfers als Amulett. Die leuchtend blaue Farbe wird in östlichen Ländern oft zur Abwehr von Bösem eingesetzt, vielleicht, weil das Blau an den Himmel und damit an die Götter erinnert.

HUFEISEN
So aufgehängt soll ein Hufeisen Glück bringen. Wenn man es andersherum hängt, fällt das Glück, so heißt es, heraus. Hufeisen sollen den bösen Blick abwehren, weil sie aus starkem Eisen gemacht sind.

KRÄHEN
Krähenvögel wurden von jeher mit Omen und Prophezeiungen in Verbindung gebracht. Elsternpaare sollen Symbole der Freude sein, einzelne Elstern hingegen ein Zeichen für Kummer. Den Wikingern galt ein Rabe mit ausgebreiteten Flügeln als Siegeszeichen. Man sagt, wenn Raben ihr Heim verlassen, steht Unheil bevor.

OMEN

EREIGNISSE ODER ERSCHEINUNGEN, die als gute oder schlechte Vorzeichen gedeutet werden, nennt man Omen. Bei vielen Indianern ist eine schwarze Krähenfeder ein Todessymbol. Den Christen gilt das schwarze Federkleid des Raben als böses Omen, da Schwarz mit Satan und Sünde in Verbindung gebracht wird. Auch die Zahl 13 gilt als unheilvolles Omen, weil beim biblischen Abendmahl 13 Personen am Tisch saßen. In Charlotte Brontës Roman Jane Eyre wird ein Kastanienbaum vom Blitz gespalten, was ein Vorzeichen für das Schicksal der beiden Liebenden ist. Ein Omen muss nicht überall auf der Welt das Gleiche bedeuten. So ist es in manchen Ländern ein gutes Omen, wenn eine schwarze Katze deinen Weg kreuzt, in anderen ein schlechtes.

DER BÖSE BLICK

DIE FURCHT VOR DEM BÖSEN BLICK gehört zu den ältesten und am weitesten verbreiteten Ängsten. Sie beruht wohl auf dem Misstrauen gegenuber Menschen, die anders aussehen. In Ländern, in denen die meisten Leute dunkle Augen hatten, fürchtete man sich vor Menschen mit blauen Augen und umgekehrt. Noch heute tragen viele Menschen in Südeuropa und im Orient Amulette in Augenform, um sich vor dem bösen Blick zu schützen.

KNOBLAUCH
Wie das Kreuzzeichen sollen auch Knoblauchzehen helfen, Teufel und Vampire zu vertreiben – vielleicht wegen ihres starken Geruchs.

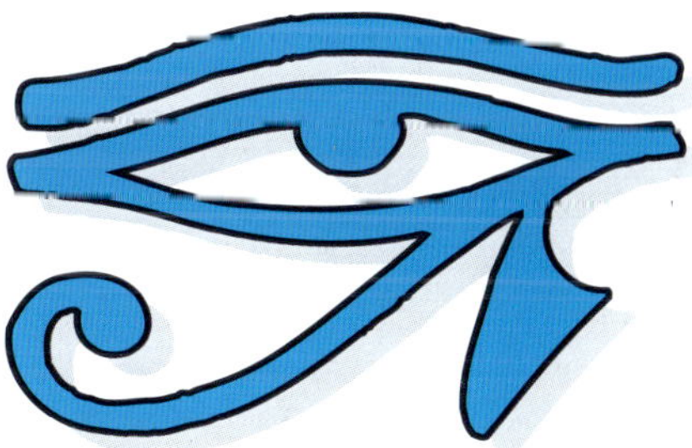

DAS HORUSAUGE
Die alten Ägypter trugen das „Horusauge" als Amulett, das den bösen Blick zurückwerfen sollte. Horus war der Himmelsgott. Sein linkes oder „Udjat"-Auge verkörperte die Kraft des Lichtes; das rechte war sein „Sonnenauge".

TRÄUME UND VISIONEN

ES GIBT VIELERLEI THEORIEN über Träume und ihre Bedeutung. Sicher ist, dass wir alle im Schlaf träumen, selbst wenn wir uns nicht daran erinnern. Träume haben uns stets fasziniert; früher hielt man sie für Botschaften aus der Welt des Unsichtbaren. Die Traumdeutung war eine bedeutende Kunst: Wie in der Bibel beschrieben, wurden Träume und Visionen so gedeutet, als ob sie die Zukunft vorhersagen könnten. Heute glauben manche Menschen, dass wir, ganz gleich wo wir leben, alle an der gleichen Informationsquelle teilhaben, auf die wir im Traum zugreifen. Das könnte erklären, warum Menschen auf der ganzen Welt von den gleichen Dingen träumen.

TRAUMARTEN

ES GIBT SO VIELE ARTEN von Träumen, dass man sie in Gruppen unterteilt. Hier einige der wichtigsten:

- KREATIVE TRÄUME: Viele Schriftsteller und Künstler lassen sich von Traumbildern anregen. Einige der berühmtesten Geschichten und Gemälde sind auf diese Weise entstanden.
- KLARTRÄUME: Das sind Träume, in denen man weiß, dass man träumt, und den Traum selbst steuern kann – wie ein Filmregisseur. Diese Fähigkeit ist erlernbar. Manche Menschen, die Klarträume hatten, sagen, dass sie einander sogar im Traum begegneten.
- ALPTRÄUME: Träume von Ungeheuern können bedeuten, dass man sich einer Sache stellen sollte, vor der man Angst hat. Das Gefühl, sich nicht rühren zu können, wird so gedeutet, dass man im Alltagstrott feststeckt.
- PROPHETISCHE TRÄUME: Träume, in denen der Träumende angeblich zukünftige Ereignisse vorhersehen kann.
- WIEDERKEHRENDE TRÄUME: Wenn du immer wieder das Gleiche träumst, beunruhigt dich vermutlich etwas ernsthaft. Mit jemandem darüber zu sprechen, kann helfen, die Sache zu klären.
- SEXUELLE TRÄUME: Jeder träumt von Sexualität, besonders häufig in der Pubertät. Solche Träume sind Ausdruck natürlicher Bedürfnisse und Sehnsüchte.

DER GOTT DER TRÄUME
In der griechischen Mythologie spendete der Gott Morpheus dem menschlichen Geist bei Tag oder Nacht die kostbare Gabe des Träumens.

TRAUM UND WIRKLICHKEIT
Der Psychologe Sigmund Freud glaubte, dass Träume unsere geheimsten Wünsche offenbaren. Es ist spannend herauszufinden, was Träume bedeuten können.

 SIEHE AUCH: RELIGIONEN S. 130-133, PHILOSOPHIE S. 30, HELLSEHER UND MEDIEN S. 104-105

EIN TRAUMTAGEBUCH FÜHREN

EIN TRAUMTAGEBUCH KANN HELFEN, deine Träume zu entschlüsseln. Schreib oder zeichne nach dem Aufwachen auf, an was du dich aus dem Traum erinnerst. Vielleicht passt es zu einem der unten beschriebenen Symbole. Du kannst auch versuchen, Probleme im Traum zu lösen:

- DENK vor dem Einschlafen über das Problem nach, das du lösen möchtest.
- ÜBERLEGE , wie du eine Lösung finden könntest.
- SCHREIBE oder zeichne am Morgen auf, was du geträumt hast. Auch große Wissenschaftler, Schriftsteller, Künstler und Politiker haben schon Antworten in ihren Träumen gefunden.

VISIONEN

EINE VISION ZU HABEN, bedeutet normalerweise ein Bild von etwas zu sehen, das in der Zukunft passieren wird. Das kann im Traum oder sogar im wachen Zustand geschehen. Viele halten sie für Botschaften aus einer anderen Welt.

Eine bekannte Vision aus dem Alten Testament ist Jakobs Traum von einer Leiter zum Himmel, auf der die Engel auf- und abstiegen. Diese Vision überzeugte ihn, in einem heiligen Land zu sein, das er Bethel nannte. Auch der Prophet Mohammed sah, so besagt der islamische Glaube, die Worte des Korans in einer Vision.

Im neunzehnten Jahrhundert berichtete die Französin Bernadette Soubirous, die heilige Maria habe ihr in Visionen von einer Heilquelle bei der französischen Stadt Lourdes erzählt. Heute besuchen jährlich Millionen Menschen aus aller Welt die Quelle und viele sagen, sie seien von einem Leiden geheilt worden.

TRAUMSYMBOLE

DA MAN TRÄUME sehr verschieden deuten kann, vertraust du am besten auf das eigene Gefühl. Anregungen zu einigen häufigen Traumsymbolen:

- BÄUME sind Lebenssymbole und können auch für die Familie stehen.
- BERGE können Symbole für das sein, was du im Leben tun willst, aber auch für Probleme, die du überwinden musst.
- ESSEN UND TRINKEN im Traum kann außer Hunger und Durst auch heißen, dass dir in deinem Leben etwas fehlt.
- FLIEGEN, ob als Vogel oder im Flugzeug, ist ein klassisches Symbol, bei dem es meist um die persönliche Freiheit geht.
- GÄRTEN können zeigen, wie du dich fühlst, also überlege, wie der Traumgarten aussah und ob er voller Blumen war oder nicht.
- GEBÄUDE verkörpern das Ich. Wer von Zimmern und Gängen träumt, versucht, sich selbst zu verstehen.
- GEBURT Dabei kann es tatsächlich um ein Baby oder auch um einen Neubeginn in deinem Leben gehen.
- LANDKARTEN können uns den Weg weisen und eine Reise verheißen.
- TOD: Das muss kein Todesfall sein, sondern kann auch das Ende einer Lebensphase oder von etwas nutzlos Gewordenem bedeuten.
- WEGKREUZUNGEN können die Wahl zwischen verschiedenen Lebenswegen symbolisieren; Wegweiser können dir bei der Entscheidung helfen.
- ZAHLEN sind wichtige Symbole. Jede hat ihre eigene Bedeutung.

PHANTASIE

DER TEIL DES GEHIRNS, der unsere Gefühle und unsere Intuition beherbergt, steuert auch unsere Phantasie. Das ist die Fähigkeit, durch unsere Vorstellungskraft beliebige Bilder in unserem Geist zu erschaffen – wie mit einem geistigen Malkasten, der uns die Freiheit gibt, zu erkennen, was wir wollen, und zu gehen, wohin wir wollen. Manche Menschen glauben, dass ihre Phantasie ihnen eine andere zeitliche oder räumliche Ebene der Wirklichkeit zeigt. Sie sehen Schiffe, Schlösser, Seen und Menschen, die in unserer so genannten Wirklichkeit nicht existieren.

LASS DEINE PHANTASIE SPIELEN

UNSERE PHANTASIE kann uns eine Atempause von Schulstress und häuslichen Pflichten gewähren. Sie befähigt uns, fesselnde Worte zu finden, schöne Bilder zu malen, tolle Geschichten zu erzählen. Wenn man Kinder davon abhält, ihre Phantasie auszuleben, fällt es ihnen später schwerer, sie zu entfalten. Zum Glück kann man seine Phantasie aber trainieren, indem man sie möglichst oft spielen lässt.

ERZÄHLPHANTASIE

WENN DU ETWAS im Fernsehen siehst, was glaubst du, wo die Idee herkam? Denk an die Filme, die du gesehen hast oder die spannenden Romane, die du gelesen hast. Sie alle sind einmal der menschlichen Phantasie entsprungen.

GEH DEINEN EIGENEN WEG

WAS DU IN DEINER Phantasie tust, kann genauso interessant sein wie das reale Leben. Dein Leben kann so aufregend und glücklich sein, wie du willst. Du bestimmst selbst, wie die Dinge ausgehen. Stell dir eine Wegkreuzung vor: Folge nacheinander jedem der Wege und warte ab, was passiert. Diese Übung kann dir bei Entscheidungen helfen.

MACHT DES GEISTES

DIE MACHT DES GEISTES über die Materie ist erstaunlich. Die Feststellung: „Es geht mir von Tag zu Tag besser und besser" hilft in vielen Situationen. Bei Kranken verbessert eine positive Einstellung die Aussicht auf Heilung. Manchen hat dieses „positive Denken" schon das Leben gerettet – weil sie fest daran glaubten, gesund zu werden, wurden sie es.

BILDLICHE VORSTELLUNGEN

UNSERE VORSTELLUNGSKRAFT kann uns wirklich helfen, wenn wir sie richtig einsetzen. Kranken Menschen nützt es manchmal, sich eine körpereigene Armee vorzustellen, die die kranken Zellen in ihrem Körper angreift und besiegt.

 SIEHE AUCH: TIERE S. 114-115, TANZ S. 70-71, GEFÜHLE S. 24-25, GEISTIGE KRÄFTE S. 21, ÜBERLIEFERUNGEN U. MÄRCHEN S. 40-41

HYPNOSE

DAS WORT „HYPNOSE“ kommt von Hypnos, dem griechischen Gott des Schlafs. Historiker glauben, dass die Hypnose schon vor langer Zeit in Griechenland, Ägypten und Indien eingesetzt wurde, um Menschen in einen entspannten, tranceartigen Zustand zu versetzen. Untersuchungen zeigen, dass einer von fünf Menschen in der Lage ist, durch Hypnose in einen tiefen, schlafähnlichen Zustand versetzt zu werden, in dem er sich vom Hypnotiseur stark beeinflussen lässt. Bei manchen führt die Hypnose zu tiefer Entspannung oder sogar einer Art Trance. Manche Menschen sind aber durch Hypnose gar nicht beeinflussbar.

RELAXIERUNG

BEI EINER Relaxierungssitzung vergewissert sich der Hypnotherapeut zuerst, dass der Patient sich in seiner Umgebung wohl fühlt. Dann versetzt er den Patienten mit Hilfe von bildlichen Vorstellungen und Suggestionen allmählich in einen Bewusstseinszustand der tieferen Entspannung. Der Patient nimmt zwar die Vorgänge um ihn herum noch wahr, ist aber so entspannt, dass er sich nicht mehr von ihnen ablenken lässt.

BEWUSSTSEINS-ÄNDERUNGEN

WARST DU je bei einer Sport- oder anderen Veranstaltung von klatschenden, jubelnden Menschen umgeben und hast dich richtig „high“ gefühlt? Das ist eine Art veränderter Bewusstseinszustand. Menschengruppen können enorme Energie erzeugen. In manchen Religionsgemeinschaften verfallen die Gläubigen in Gruppentrance und reichen als Zeichen ihres Glaubens Schlangen herum. Trance und Gruppengefühl helfen ihnen, ihre Angst zu beherrschen. Viele Menschen glauben, dass Trancezustände Krankheiten heilen können. Afrikanische Stammeskrieger versetzen sich in Trance, um mit Kriegergeistern Kontakt aufzunehmen und Botschaften aus dem Jenseits zu empfangen. Trommeln kann Kranken helfen, in Trance zu fallen und ihr Leiden zu vertreiben. Auch Schamanen südamerikanischer Indianerstämme heilen Krankheiten so.

HYPNOTHERAPIE

IN DER MODERNEN GESELLSCHAFT stehen viele Menschen unter starkem Stress. Das kann zu Krankheiten führen, aber viele Betroffene haben durch Hypnose gelernt, sich zu entspannen, und so ihr Problem bewältigt. Die Hypnotherapie ist heute eine weltweit praktizierte Behandlungsmethode. Angeblich hat sie schon Leiden wie Krebs, Depressionen, Phobien und Süchte geheilt. Während der Hypnose kann der Hypnotherapeut positive Ideen ins Unterbewusstsein des Patienten einspeisen – etwa, das Rauchen aufzugeben.

KONTROLLE

MAN GEHT MITTLERWEILE davon aus, dass man selbst unter Hypnose nichts tut, was man nicht wirklich will – jedenfalls nichts, gegen das man schwere Bedenken hegt. Bühnenhypnotiseure überreden allerdings Hypnotisierte dazu, auf der Bühne Dinge zu tun, die sie normalerweise wohl nicht tun würden – etwa rohe Zwiebeln zu essen.

REGRESSION

VIELE KULTUREN UND RELIGIONEN glauben, dass wir mehr als nur ein Leben haben. Das würde manchmal unverständliche Ängste erklären: Jemand, der in einem früheren Leben ertrunken ist, hat später etwa Angst vor Wasser. Regressionstherapeuten führen ihre Patienten unter Hypnose an einen früheren Punkt ihres Lebens oder in ein vergangenes Leben zurück, um den Ursprung ihrer Probleme aufzuspüren und besser damit umgehen zu können.

SIEHE AUCH: TANZ S. 70-71, GEFÜHLE S. 24-25, MEDITATION S. 12-13

AUSSERSINNLICHE WAHRNEHMUNG

FRÜHER FASSTE MAN VIELERLEI geistig gesteuerte übernatürliche Fähigkeiten unter dem Begriff „außersinnliche Wahrnehmung" („ASW") zusammen. Heute versteht man unter ASW die Fähigkeit, Informationen ohne Hilfe der fünf Körpersinne, d. h. des Sehens, Riechens, Hörens, Fühlens oder Schmeckens, durch den Geist aufzunehmen. ASW-Phänomene sind schon seit Jahrhunderten bekannt. Es wurden viele Tests durchgeführt, um herauszufinden, ob Menschen tatsächlich auf diese Weise Informationen empfangen können.

PRÄKOGNITION UND DÉJÀ-VU

„PRÄKOGNITION" BEDEUTET, dass man etwas weiß, bevor es passiert – durch eine übersinnliche Botschaft oder ein unerklärliches Gefühl des Wiedererkennens, das sich auf einen selbst, jemand Nahestehenden oder sogar die Erde insgesamt beziehen kann. Ist dir schon einmal ein Gespräch oder eine Situation merkwürdig bekannt vorgekommen? Das nennt man *Déjà-vu*, das heißt auf Französisch: „schon einmal gesehen". Manche glauben, dass Déjà-vu-Erlebnisse Erinnerungen aus früheren Leben sind.

INTUITION

DEINE INTUITION ist dein sechster Sinn, dieses instinktive Gefühl, das dich manchmal innerlich warnt oder dir hilft, Entscheidungen zu treffen. Wenn jemand, der dir nahe steht, in Gefahr oder krank ist, spürst du das manchmal intuitiv. Vielleicht hast du ohne klaren Grund das dringende Gefühl, du müsstest diese Person anrufen oder besuchen, ohne genau zu wissen, warum. Jedem passiert es hin und wieder, dass er sich in jemandes Gesellschaft überhaupt nicht wohl fühlt. Dafür gibt es vielleicht keinen erkennbaren Grund, aber es könnte deine Intuition sein, die dir rät, dich von dieser Person fern zu halten. Sie ist ein nützlicher Lebensratgeber, auf den man hören sollte.

PSYCHOMETRIE

DIE FÄHIGKEIT, AUS EINEM Gegenstand jemandes Erfahrungen, Gefühle und Gedanken herauszulesen, nennt man Psychometrie. Gedanken sind Energie und können daher auch die Kraft besitzen, Dinge geschehen zu lassen. Unsere Energie kann in den Dingen um uns herum gespeichert werden – der Gegenstand nimmt sozusagen einige unserer Schwingungen auf. Ein alter Teddybär oder ein Schmuckstück etwa hat dich vielleicht durch viele glückliche und traurige Lebenslagen begleitet. Manche glauben, dass solche Objekte unsere Lebenserfahrungen speichern.

DIE KRAFT SPÜREN

MÖCHTEST DU PSYCHOMETRIE einmal selbst ausprobieren? Nimm einen Gegenstand, z. B. ein Schmuckstück, in die Hand, der jemandem gehört, über den du etwas erfahren möchtest. Schließ die Augen oder konzentriere dich auf das Objekt. Achte auf jede Reaktion, die du spürst. Um Informationen zu empfangen, musst du entspannt und offen sein für alle Gefühle oder Gedanken, die du spürst, während du das Objekt hältst.

 SIEHE AUCH: LEBENSKRAFT UND ENERGIE S. 90-91, HELLSEHER UND MEDIEN S. 104-105, DER MENSCHLICHE KÖRPER S. 50-51

Geistige Kräfte

Unser Geist beherbergt unsere Gedanken, Erinnerungen, Meinungen und Phantasien. Manchmal sagen wir, dass „die Phantasie mit uns durchgeht", um das Gefühl zu beschreiben, dass wir unseren Geist nicht unter Kontrolle haben. Wenn wir lernen, unseren Geist zu beherrschen, statt uns von ihm beherrschen zu lassen, können wir durch seine Kräfte vieles erreichen. Wenn dein Verstand dir sagt, dass du etwas nicht kannst, ist das vielleicht etwas, was andere dir eingeredet haben. Wenn du die Botschaft änderst und dich überzeugst, dass du es doch kannst, hast du meist Erfolg.

Besteck verbiegen
Die so genannten Löffelbieger demonstrieren ihre Fähigkeiten, indem sie vor Publikum Löffel und Gabeln verbiegen. Offenbar tun sie dies ohne jeden Einsatz von Körperkraft, obwohl sie das Metall oft sanft mit den Fingern reiben. Angeblich erwärmt sich das Metall durch die geistige Konzentration und wird so weich genug zum Verbiegen.

Levitation

Levitatoren behaupten, dass sie ihren Körper durch geistige Konzentration vom Boden heben können. Die Levitation wird in hinduistischen Schriften oft erwähnt. Sie ist eine besondere Leistung der Beherrschung der Materie durch den Geist. Früher einmal waren katholische Mönche und Priester für ihre Levitationsfähigkeiten berühmt, die aber nicht immer dann wirkten, wenn sie es wollten. Der heilige Joseph von Copertino, ein Franziskanermönch, levitierte der Überlieferung nach ständig. Einmal soll er mitten im Gottesdienst abgehoben und seine Sandalen auf den Köpfen der Gemeinde gelandet sein.

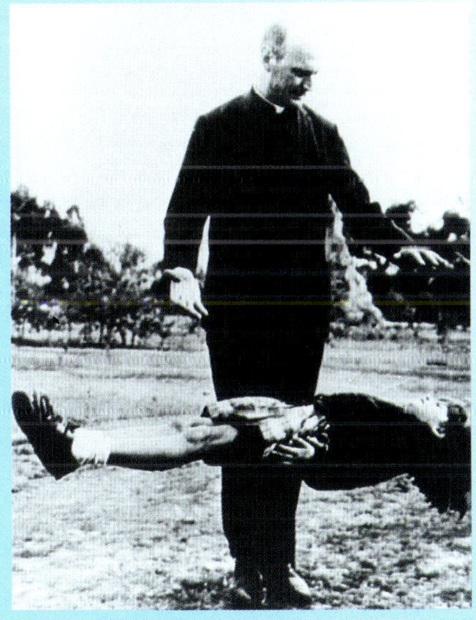

Mit vereinter Kraft
Manche Menschen behaupten, andere Personen levitieren zu können. Die beiden hier Abgebildeten scheinen ihre geistigen Kräfte zu vereinen, um das Mädchen schweben zu lassen.

Telepathie

Telepathie nennt man die Fähigkeit, mit dem eigenen Unterbewusstsein jemandes Gedanken zu lesen oder einer anderen Person Gedankenbotschaften zu senden.

Wir alle sind zur Telepathie fähig. Vielleicht hast du sie schon unabsichtlich eingesetzt – wenn du zum Beispiel mit jemand zusammen warst und ihr beide im selben Moment das Gleiche gesagt habt.

Wissenschaftler sagen, dass wir nur einen kleinen Teil unseres Geistes nutzen, d. h. dass ein großer Teil entweder ungenutzt bleibt oder für Dinge genutzt wird, die wir noch nicht verstehen.

Psychokinese

So nennt man den Einsatz menschlicher Geisteskraft, um materielle Gegenstände zu bewegen oder zu verändern. Dazu gehört die Fähigkeit, durch rein geistige Kräfte Löffel zu verbiegen, Uhren anzuhalten oder Gegenstände zu verrücken. Psychokinese ist eine erlernbare Fähigkeit. Manche glauben, dass sich durch ihre Anwendung Magnetfelder um die Person herum verändern und dass dies ein Teil der Energie ist, die auf das Zielobjekt einwirkt.

Zu den bekanntesten Vertretern der Psychokinese gehört Uri Geller, der durch das Verbiegen von Besteck berühmt wurde. Er sagt, das Wichtigste bei der Psychokinese sei der Glaube, dass man es schaffen kann. Kinder sind darin besonders gut, weil sie nicht so viele Zweifel haben wie manche Erwachsene.

Gedankenpost

Warum versuchst du nicht einfach einmal, jemandem eine Botschaft oder ein Bild zu senden? Sag dir selbst, dass du es schaffen kannst, und stell dir das, was du senden willst, bildlich vor, bevor du es abschickst!

Wichtig ist, dass du dir völlig klar darüber bist, was du senden willst, sonst kommt das Bild bzw. die Botschaft auf der anderen Seite natürlich nur undeutlich an, ähnlich wie bei einer gestörten Telefonleitung. Manchmal hilft es, eine Abbildung von dem, was man senden will, anzusehen. Es kann auch helfen, wenn man dem Anderen sagt, dass man versucht, ihm etwas zu übermitteln!

Siehe auch: Hypnose S. 19, Phantasie S. 18

PERSÖNLICHKEIT

WAS JEDEN VON UNS zu etwas Besonderem, Einzigartigem macht, nennen wir Persönlichkeit. Unsere Persönlichkeit ist die Art, wie wir denken und uns verhalten. Obwohl wir alle verschieden sind, gibt es grundlegende Persönlichkeitstypen, die man „Enneagramme" nennt. Diese uralte Ordnung stammt aus dem Orient. Am besten kommen wir im Leben zurecht, wenn wir unsere Persönlichkeit kennen und das Beste aus unseren persönlichen Stärken machen.

ERKENNE DICH SELBST

MEHR ÜBER DICH SELBST zu wissen, hilft dir, dich auch mit deinen negativen Eigenschaften zu akzeptieren. Wer seine eigenen Stärken und Schwächen versteht, kann auch andere Menschen besser verstehen. Wenn du sensibel bist und den Kummer anderer oft mitempfindest, schätzt man dich vermutlich als freundlich und mitfühlend. Vielleicht musst du aber lernen, zwischen deinen Gefühlen und denen anderer eine Grenze zu ziehen. Die Entdeckungsreise zum eigenen Ich ist eine spannende Erfahrung und eine lebenslange Aufgabe. Je mehr wir über uns wissen, desto einfacher wird das Leben. Du legst dir sozusagen einen geistigen Werkzeugkasten an, mit dem du lernst, mit den Dingen, die dich aufregen, oder mit unangenehmen Situationen umzugehen – oder dich gar nicht erst in solche Situationen zu bringen.

EXZENTRIKER

DAS SIND MENSCHEN mit ungewöhnlicher oder schrulliger Persönlichkeit. „Exzentrisch" bedeutet: „außerhalb des Mittelpunkts". Oft nennt man Menschen exzentrisch, die sich besonders auffällig kleiden oder die von ihrem Geld merkwürdige Dinge kaufen, die viele von uns gar nicht haben wollten. Exzentriker sind oft kontaktfreudig und äußern gern ihre Meinung zu allem und jedem.

SELBSTBEWUSSTSEIN

FAST JEDER HÄTTE gern mehr Selbstbewusstsein oder Vertrauen in die eigene Persönlichkeit. Mangelndes Selbstvertrauen führt oft zu Problemen. Manche Menschen scheinen selbstbewusst und kontaktfreudig auf die Welt zu kommen, aber die meisten entwickeln diese Fähigkeiten erst mit der Zeit. Zu verstehen, wer wir sind und wie andere uns sehen, hilft uns, unsere Stärken zu entfalten und uns weniger um unsere Schwächen zu sorgen.

DIE NEUN ENNEAGRAMME

HIER SIND DIE Grundeigenschaften der verschiedenen Enneagramme beschrieben. Natürlich hat jeder von uns noch mehr Charakterzüge. Vielleicht verkörpern wir zunächst einen Charaktertyp und ändern oder erweitern unseren Charakter mit zunehmendem Alter.

- PERFEKTIONISTEN Idealistische, fleißige Menschen mit festen Grundsätzen.
- HELFERTYPEN Mitfühlende, freundliche und sensible Menschen.
- ERFOLGSTYPEN Unbekümmerte, energische und ehrgeizige Menschen.
- ROMANTIKER Liebevolle, einfühlsame und sensible Menschen.
- BEOBACHTER Wissbegierige Menschen mit starkem Forscherdrang.
- ABENTEURER Menschen mit sehr viel Energie und Begeisterungsfähigkeit.
- HINTERFRAGER Zuverlässige und verantwortungsbewusste Menschen.
- DURCHSETZER Selbstbewusste, direkte und selbständige Menschen.
- FRIEDENSSTIFTER Gesprächige, einfühlsame und ausgeglichene Menschen.

 SIEHE AUCH: SÜCHTE UND ZWANGSNEUROSEN S. 26-27, LEBEN S. 56-57

INTELLIGENZ

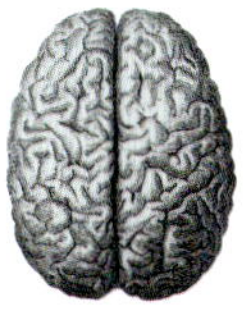

WIR ALLE SIND AUF unterschiedliche Art intelligent. Du musst kein Genie sein, um erfinderisch, kreativ oder praktisch begabt zu sein. Die Gehirne von Männern und Frauen sind verschieden groß, aber das hat keinen Einfluss auf ihre Intelligenz. Durch die Entwicklung der künstlichen Intelligenz erledigen heute Computer schon sehr anspruchsvolle Aufgaben. Das erklärt, warum Menschen mit emotionaler und sozialer Intelligenz (auch Kompetenz genannt) – einer Intelligenz, die sich noch nicht programmieren lässt – in unserer Gesellschaft so gefragt sind.

GESUNDER MENSCHENVERSTAND

KENNST DU AUCH LEUTE, die unheimlich schlau sind, sich aber nicht einmal ein Ei kochen können? Oder vielleicht jemanden, der sehr einfühlsam, aber in der Schule nicht besonders gut ist? Zuverlässige, praktische Menschen – solche mit gesundem Menschenverstand – sind in unserer Welt unentbehrlich. Was wir erreicht haben, verdanken wir der Tatsache, dass wir verschiedene Arten von Intelligenz besitzen.

STEPHEN HAWKING
Professor Stephen Hawking ist berühmt für seine Arbeiten über die Entstehung des Alls und die verschiedenen Arten von Materie. Er ist auch ein gutes Beispiel für die psychische Bewältigung einer schweren Körperbehinderung und den hilfreichen Einsatz moderner Technik, die es ihm ermöglicht, uns sein enormes Wissen mit Hilfe seines Computers mitzuteilen.

AKADEMISCHE INTELLIGENZ

WIR SIND ALLE in unterschiedlichen Bereichen erfolgreich. Das gilt auch für theoretische Fachgebiete. Die meisten haben bestimmte Lieblingsfächer, wie zum Beispiel Sprachen oder Naturwissenschaften, in denen sie am besten sind. Manche sind in mehreren Fächern gut, während andere Probleme mit allem Akademischen und Schulischen zu haben scheinen. Alle Typen von Intelligenz müssen auf ihre Weise gefördert werden, damit sie ihre jeweiligen Fähigkeiten voll entfalten können.

EMOTIONALE INTELLIGENZ

DIE EIGENEN GEFÜHLE zu kennen und zu wissen, wie man mit ihnen umgeht, zeugt von emotionaler Intelligenz. Zorn zum Beispiel kann nützlich sein, wenn wir ihn richtig äußern und einsetzen. Wenn er aber außer Kontrolle gerät, kann er zerstörerisch wirken. Es ist wichtig, zu lernen, wie man auf sein emotionales Ich hört, seine Botschaften versteht und sich entsprechend ausdrückt. Gefühle sind da, um dir zu helfen, und sie sind niemals falsch. Das Bewusstsein für die eigenen Gefühle und die Gefühle anderer ist ein wichtiger und besonders schöner Charakterzug.

SOZIALE INTELLIGENZ

SOZIALE INTELLIGENZ hilft uns, mit Menschen umzugehen, Freundschaften zu schließen und mit anderen zusammenzuarbeiten. Selbst sehr klugen Menschen mangelt es manchmal an sozialen Fähigkeiten, so dass sie in einer Gruppe schlecht zurechtkommen. Wir entwickeln unsere soziale Intelligenz im Umgang mit anderen Menschen. Ihre Reaktionen zeigen uns, ob wir etwas Lustiges, Interessantes, Unpassendes oder Lächerliches gesagt oder getan haben. Aufgrund dieser Informationen können wir unsere sozialen Fähigkeiten immer weiter verbessern.

SIEHE AUCH: GEFÜHLE S. 24-25, DER MENSCHLICHE KÖRPER S. 50-51

GEFÜHLE

MANCHMAL ÜBERWÄLTIGEN UNS unsere Gefühle ganz plötzlich. Wir können vor Freude überschäumen, vor Angst schlottern oder vor Wut kochen. Gefühle sind Auslöser für Handlungen. Sie sind automatische Erwiderungen auf Situationen und erzeugen biologische Reaktionen in unserem Körper, etwa den Impuls, sich aus gefährlichen Situationen in Sicherheit zu bringen. Deshalb sollten wir Wert darauf legen, mit unseren Gefühlen in Kontakt zu bleiben und sie offen auszudrücken. Lachen kann viele Probleme lösen und sogar zur Heilung von Krankheiten beitragen.

POSITIVER ZORN
Zorn ist nicht immer negativ. Der Zorn einer Mutter entspringt oft ihrer Liebe. Man kann Zorn in Energie und Entschlossenheit umwandeln, um wichtige Dinge zu erreichen.

GEFÜHLE AUSDRÜCKEN

GEFÜHLE SIND AN FAST allem beteiligt, was wir tun – ob wir Musik hören, einen Film sehen, feiern oder um einen geliebten Menschen trauern. Aber in manchen Kulturen war es lange Zeit üblich, seine Gefühle zu verbergen, was zu vielerlei Problemen führte. Oft können wir aus Gesichtsausdruck, Gesten oder Verhalten anderer Menschen erkennen, was sie fühlen. Viele Menschen müssen weinen, wenn sie einen traurigen Film sehen, aber manche unterdrücken ihre Tränen, weil sie nicht wollen, dass andere sie sehen. In Menschen, die ihre Gefühle nicht äußern, können sich Spannungen und Ängste aufstauen und sie sogar krank machen.

Gefühle zu zeigen ist heutzutage kein Tabu mehr. Auch Kinder gehen mit ihren Gefühlen offener um als vor hundert Jahren. Viele Menschen suchen einen Therapeuten auf, um zu lernen, ihre Gefühle auszudrücken.

Es ist aber natürlich nicht immer angebracht, seine innersten Gefühle ohne Überlegung zu äußern. Manchmal kann man damit andere verletzen. Wir müssen lernen, wann es in Ordnung ist, sie zu äußern, und wann wir sie besser für uns behalten. Wir können lernen, unsere Gefühle zusammen mit unserem Verstand zu unser aller Vorteil einzusetzen.

 SIEHE AUCH: REINKARNATION S. 60-61, DER MENSCHLICHE KÖRPER S. 50-51

Gefühlstypen

- **Angst** Ein Gefühl, das durch drohende Gefahr oder Schmerzen hervorgerufen werden kann. Die Gefühlszentren des Gehirns sind in voller Alarmbereitschaft; wir sind zum Handeln bereit.
- **Zorn** Wenn wir zornig sind, beschleunigt sich unser Puls, so dass wir voller Energie sind. Zorn kann eine Gelegenheit sein, negative Gefühle herauszulassen, aber nur, wenn wir ihn positiv einsetzen.
- **Glück** ist ein Gefühl von Freude und Unbeschwertheit. Glück löscht negative Gefühle aus, die vielleicht in uns lauern, und erfüllt uns mit Energie. Es kann auch Tatendrang auslösen und die Entschlossenheit, etwas zu erreichen.
- **Trauer** Wahrscheinlich wüssten wir das Glücklichsein gar nicht zu schätzen, wenn wir nicht manchmal traurig wären. Trauer senkt unseren Energiepegel und lässt das Leben öde erscheinen. Doch manchmal muss man traurig sein, etwa wenn es um einen schlimmen Verlust geht, sonst wird man gar nicht damit fertig.
- **Hass** Manche sagen, dass die Grenze zwischen Liebe und Hass sehr schmal ist und dass derjenige, der tief genug fühlt, um jemanden zu hassen, nicht weit davon entfernt ist, ihn zu lieben. Hass ist eine heftige Reaktion, die aus Groll gegen andere entstehen kann.
- **Mitgefühl** Wer sich um andere sorgt, ist mitfühlend. Das ist nicht zu verwechseln mit Mitleid, wenn einem jemand Leid tut, man aber nichts für ihn tun kann. Mitgefühl hilft uns, anderen zu helfen.

Ängste und Phobien

Jeder weiss, wie sich Angst anfühlt. Eine Phobie ist eine übersteigerte Form von Angst. Es gibt viele Phobien, von der Angst vor tiefem Wasser bis zur Höhenangst! Phobiker (so nennt man Menschen, die an einer Phobie leiden) meiden meist die gefürchteten Situationen, wodurch sich die Phobie noch verfestigt. Eine Angst kann weitere nach sich ziehen. Wer sich vor Wasser fürchtet, hat oft auch Flugangst, weil Flugzeuge meist über Wasser fliegen!

Liebe

Es gibt viele verschiedene Arten von Liebe. Manche Menschen sagen, dass die geistige Liebe die Grundlage der ganzen Schöpfung ist. Die Bandbreite der Liebe ist wie die aller Gefühle unglaublich groß. Sie schließt alle Gefühle der Zärtlichkeit für jemand anderen ein. Von Elternliebe heißt es, sie sei bedingungslos, d. h. dass Eltern ihre Kinder lieben, egal wie sie sich benehmen und was sie tun. Wir können uns ganz heftig und unglücklich in jemanden verlieben und wir können viele Menschen einfach gern haben. Wir können Tiere lieben und sogar Gegenstände, etwa ein Plüschtier. Es ist wichtig, dass wir auch lernen, uns selbst zu lieben – mit all unseren Fehlern. Im Vergleich zu Angst und Zorn hat Liebe genau die umgekehrte Wirkung auf unseren Körper: Sie gibt uns ein Gefühl von Wärme, Ruhe und Wohlbefinden.

Stell dich deinen Ängsten

Phobien sind medizinisch anerkannte Leiden, für die es viele Behandlungsmethoden gibt. Die beste Behandlung für eine Phobie besteht darin, sich mit seinem Problem auseinanderzusetzen und herauszufinden, wo es herkommt. Die meisten Phobiker wissen, wovor sie Angst haben und oft sogar warum. Es hilft, wenn sie sich ihrer Angst stellen, am besten mit Unterstützung von Freunden und Familie. Manche haben Angst vor Schlangen, weil sie glauben, dass sie sich kalt und schleimig anfühlen. In Wirklichkeit sind Schlangen warm und trocken. Mit Hilfe von Freunden kannst du deine Angst überwinden, indem du nur einmal eine (harmlose) Schlange berührst!

SÜCHTE UND ZWANGSNEUROSEN

ES GIBT VIELE ARTEN von Süchten und ebenso viele Stoffe, nach denen man süchtig werden kann. Eine Sucht ist eine Gewohnheit, die schwer aufzugeben ist. Ideen oder Gedanken, die einen ständig verfolgen, nennt man Zwangsvorstellungen. Zwangsvorstellungen können sich um alles Mögliche drehen – uns selbst, unser Haus, andere Personen etc. Süchtigen und Zwangsneurotikern fehlt oft etwas im Leben. Dabei können wir alle Zufriedenheit, die wir brauchen, in uns selbst finden, wenn wir uns die Zeit nehmen, danach zu suchen.

GAR NICHT LUSTIG
Du denkst vielleicht, es könnte Spaß machen, Drogen und Alkohol zu probieren, aber sie sind gefährlich und schädlich und können dein Leben zerstören.

SUCHTPERSÖNLICHKEITEN

MENSCHEN MIT SUCHTPERSÖNLICHKEITEN können von fast allem abhängig werden – vom Klebstoffschnüffeln bis zum Sport. Sie neigen mehr dazu, feste Gewohnheiten anzunehmen, ob es nun ums Fernsehen, Rauchen oder lange Arbeiten geht. Die Sucht ist ein falscher Weg, den wir auf unserer seelischen Reise einschlagen, wobei das Suchtmittel als Ersatz für etwas dient, was wir eigentlich brauchen, etwa Stabilität, Freundschaft oder anderen Rückhalt. Die Lösung liegt darin, innere Stärke und Selbstachtung zu entwickeln und uns so zu mögen, wie wir sind.

DROGEN

EINE DROGE IST EIGENTLICH jeder chemische Stoff, der eine Wirkung auf die Körperorgane hat. Dazu gehören auch Medikamente zur Behandlung von Krankheiten. Viele Nahrungsmittel und Getränke, wie Kaffee, Tee, Cola und Schokolade, enthalten kleine Mengen an Drogen. Manche Drogen können unsere Stimmung verändern und uns vorübergehend von unangenehmen Gefühlen befreien. Leider nehmen manche Menschen stimmungsverändernde Drogen nicht als Medizin, sondern zum Vergnügen. Diese Rauschmittel werden dann oft als tolle Sache hingestellt, aber das sind sie nicht. Sie können dein Verhalten so sehr verändern, dass du nicht mehr du selbst bist. Wer Drogen zum Vergnügen nimmt, kann süchtig werden, ins Gefängnis kommen oder bei Entwöhnungsversuchen schreckliche Entzugserscheinungen erleiden. Es ist viel besser, herauszufinden, was dich unglücklich oder unzufrieden macht, und zu versuchen, daran etwas zu ändern.

RAUCHEN IST UNGESUND
Rauchen ist schlecht für Herz, Blutgefäße und Lungen und schädigt das Körpergewebe.

PASSIVRAUCHEN
Auch Nichtraucher, die den Qualm der Raucher einatmen, können durch das Passivrauchen krank werden.

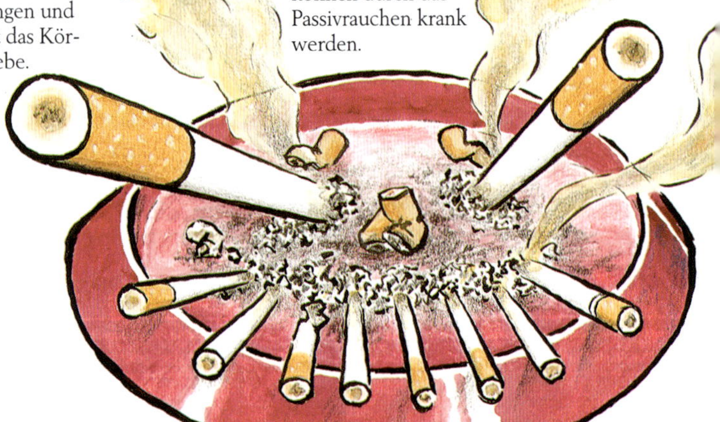

TABAK

DER TABAK IN Zigaretten, Zigarren und Kautabak macht schnell und heftig süchtig. Er enthält das gesundheitsschädliche Nikotin. Jugendliche fangen oft mit dem Rauchen an, weil sie glauben, dass es cool aussieht und sie erwachsen wirken lässt. Aber wie dir jeder erwachsene Raucher sagen kann (der vermutlich seit Jahren versucht, sich das Rauchen abzugewöhnen): Rauchen ist eine teure, übelriechende Angewohnheit und kann Herzleiden, chronische Atembeschwerden und Krebs verursachen.

 SIEHE AUCH: MEDITATION S. 12-13, PERSÖNLICHKEIT S. 22

ALKOHOL

OBWOHL ALKOHOL IN vielen Ländern frei verkäuflich ist, handelt es sich um eine Droge. Viele Erwachsene trinken in Gesellschaft zum Vergnügen. Wenn man zu viel trinkt, wird aus dem Vergnügen ein Problem. Menschen werden oft alkoholabhängig, weil sie wenig Selbstvertrauen haben und feststellen, dass sie sich mit etwas Alkohol besser fühlen. Aber das ist nicht von langer Dauer und mit der Zeit muss man immer mehr trinken, um die gleiche Wirkung zu erreichen: Wie bei jeder Droge entsteht ein Teufelskreis.

ALKOHOL
Viele Menschen trinken gern mal ein Glas Wein oder Bier, aber mehr als ein, zwei Gläser am Tag sind schädlich.

ZWANGHAFTES VERHALTEN

WIE DIE SUCHT ist auch zwanghaftes Verhalten eine Art Abhängigkeit, die oft suchtartige Züge annehmen kann. Dauerndes Staubwischen oder Aufräumen kann auf einen Putzzwang hindeuten – oder auf ein Bedürfnis, sich ständig auf Trab zu halten. Zwangshandlungen füllen meist eine Lücke in jemandes Leben. Am besten findet man heraus, was das für eine Lücke ist, und sucht sich etwas Sinnvolleres, um sie zu füllen, etwa ein neues Interessengebiet.

WASCH- UND PUTZZWÄNGE
Viele Zwangsneurosen drehen sich um Sauberkeit. Am Anfang ist man oft nur ordentlich und penibel oder hat Angst vor ansteckenden Krankheiten, aber daraus kann sich ein Zwang entwickeln. Wenn jemand ständig putzt oder sich dauernd die Hände wäscht und sich unwohl fühlt, wenn er es nicht tut, handelt er zwanghaft.

GETRÄNK ODER DROGE?

KAFFEE, TEE, COLA und Kakao enthalten einen Stoff namens Koffein. Er regt Körper und Geist an und gehört zu den beliebtesten Drogen der Welt. Tatsächlich wurde der Kaffee ursprünglich als Medizin und nicht als Getränk aus Arabien nach Europa eingeführt. Mehr als ein paar Tassen am Tag können Unruhe, Zittern, Schlafstörungen und sogar Herzbeschwerden auslösen.

SCHOKOLADE
Durch den Kakao in Schokolade werden im Gehirn chemische Stoffe namens Endorphine freigesetzt. Sie lösen ein gutes Gefühl aus, das aber leider nicht lange anhält.

KAFFEE
Ein, zwei Tassen Kaffee am Morgen können geistige Leistungen bis zu sechs Stunden lang steigern – größere Mengen können krank machen.

TABLETTEN UND PILLEN
Manche Tabletten, die von Ärzten verschrieben werden, können süchtig machen, z. B. bestimmte Mittel gegen Niedergeschlagenheit (Antidepressiva).

ESSSTÖRUNGEN

WIR MÜSSEN ESSEN, um zu leben und das gemeinsame Essen mit Familie oder Freunden kann etwas Schönes sein. Leider ist das Essen für manche Menschen das Gegenteil. Essstörungen wie Magersucht, Bulimie und Esszwang scheinen immer häufiger zu werden. Natürlich kann man den Zeitungen und dem Fernseher die Schuld geben, weil sie uns Bilder von schlanken, schönen Menschen vorführen, denen wir nacheifern. Aber in Wirklichkeit haben Essstörungen etwas mit unseren Gefühlen zu tun. Wenn du merkst, dass du anfängst, Essen als Ersatz zu gebrauchen, frage dich: „Wovor will ich davonlaufen? Wovor habe ich Angst?" Wenn du gründlich darüber nachdenkst, kannst du das Problem besser bewältigen.

VERSUCH ETWAS ANDERES

VORBEUGEN IST BESSER als Heilen. Es ist immer einfacher, sich etwas anzugewöhnen, als es wieder aufzugeben. Wenn du glaubst, von etwas abhängig oder nach etwas süchtig zu sein, oder jemanden kennst, bei dem das so ist, kannst du vielleicht etwas dagegen tun. Wenn man eine Abhängigkeit erkennt, ist dies schon ein wichtiger Schritt, um damit umzugehen. Heutzutage gibt es viele Suchtberatungen und andere Hilfsangebote verschiedenster Organisationen, bei denen du die Unterstützung bekommen kannst, die du brauchst. Mit Familienmitgliedern oder Freunden über eine Sucht zu sprechen, kann mehr bringen, als du glaubst. Mit anderen über ein solches Problem zu sprechen, ist immer ein wichtiger erster Schritt.

ERZIEHUNG

WAS WIR IN DER SCHULE lernen, ist nur ein kleiner Teil unserer Erziehung. Eine Wanderung kann uns etwas über die Natur lehren. Durch den Umgang mit anderen lernen wir, Freundschaften zu schließen, zu teilen, einander zu helfen, Gefühle zu äußern und uns um andere zu kümmern. Am besten lernen wir, wenn das Lernen Spaß macht. Um ein Wettschwimmen zu gewinnen, muss man viele Stunden trainieren. Wer am Trainieren keinen Spaß hat, kann in dieser Sportart nicht erfolgreich sein.

WELTUMSPANNENDES LERNEN
Computer sind sehr nützliche Lernhilfen. Durch das Internet können heute Menschen in verschiedensten Weltgegenden über Computer in Verbindung treten. So können wir neue Dinge lernen, Freundschaften schließen und Gedanken und Informationen über alle möglichen Themen austauschen.

LEBEN UND LERNEN

MANCHE MENSCHEN sagen, das Leben selbst sei unsere Erziehung und die Erde eine Art Schule. Das mag der Grund sein, warum wir so viele verschiedenartige Erfahrungen machen müssen, einschließlich all der Höhen und Tiefen des Lebens. Wenn es uns immer nur gut ginge, wüssten wir das gar nicht zu schätzen. Wenn wir es andererseits immer nur schwer hätten, wären wir nicht in der Lage, Freude und Glück zu erleben. Das Leben ist voller Gegensätze. In gewisser Weise erzeugen gegensätzliche Situationen ein Gefühl des Gleichgewichts. Die vielen, ganz unterschiedlichen Erfahrungen, mit denen wir konfrontiert werden, bieten uns unendlich viele Möglichkeiten zum Lernen. Solange wir klein sind, kümmern sich unsere Eltern um uns, während wir etwas über unsere Welt lernen. Später verändert sich das Verhältnis zu unseren Eltern und es kann so weit kommen, dass wir uns schließlich um sie kümmern. Das gibt allen die Gelegenheit, etwas dazuzulernen.

DAS LEBEN ALS LEHRER
Erziehung findet nicht nur in der Schule statt. Sie besteht auch darin, seine Umwelt bewusst wahrzunehmen und etwas über all die anderen Lebewesen zu lernen, die den Planeten mit uns teilen.

 SIEHE AUCH: NATUR S. 108-109, LEBEN S. 56-57

MUSS SCHULE SEIN?

FRÜHER (und in manchen Ländern ist das noch heute so) fanden die Menschen, es hätte keinen Sinn, Kinder in die Schule zu schicken, wenn sie ihren Lebensunterhalt doch durch ein Handwerk, zum Beispiel als Schmied, verdienen müssten. Da sei es besser, direkt als Lehrling anzufangen, der gleichzeitig lernt und arbeitet. Heute betrachtet man eine gute Grundbildung als nützlich für jeden. In allen Berufen ist es gut, viel zu wissen, sich über Entwicklungen zu informieren und vielleicht die Arbeitsmethoden zu verbessern. Nach dem Schulabschluss kann jeder, der wirklich beim Handwerklichen bleiben will, immer noch eine Lehre antreten. In der Schule hat man schon praktische Fähigkeiten (etwa im Werkunterricht) erlernen können, dazu aber auch theoretische Fächer, z. B. Mathematik oder Sprachen.

ERFAHREN MACHT SPASS
Am einfachsten kann man etwas Neues lernen, wenn man Spaß dabei hat.

SPIELEND LERNEN

DIE ERSTEN KINDERGÄRTEN wurden in den 1830er Jahren in Deutschland von Friedrich Fröbel gegründet, der erkannt hatte, dass Kinder durch Spielen lernen. Er entwickelte viele Spielzeuge für Schulen und regte die Schüler an, sich mit Tieren und Pflanzen zu beschäftigen, zu singen und Spiele zu spielen. Diese Form des Lernens kam bei Erziehern und Kindern so gut an, dass es heute überall auf der Welt Kindergärten gibt.

ALTERNATIVSCHULEN

WIE WÜRDE DIR EINE Schule gefallen, wo du tun kannst, was du willst und wann du es willst? Heutzutage gibt es solche „freien" Schulen. Der schottische Pädagoge A. S. Neill wusste, dass es keine „bösen" Kinder gibt, nur unglückliche. Er war überzeugt, wenn man Kinder ermutige, statt sie zu bestrafen, würden sie sich gut entwickeln. Er hatte Recht. Heute sind viele Lehrer und Eltern dafür, Kinder über ihre eigene Erziehung mitbestimmen zu lassen. Dem Amerikaner John Dewey gefielen die Schulen des späten 19. Jahrhunderts nicht, in denen die Kinder stillsaßen, zuhörten und Dinge auswendig lernten. In seinen Schulen durften die Kinder Experimente durchführen und selbst etwas tun. Die heutigen amerikanischen Schulen verdanken Dewey viel. Manche Lehrmethoden berücksichtigen geistige, körperliche und seelische Aspekte der Erziehung gleichermaßen. Die bekanntesten sind die Waldorf- und die Montessorischulen.

MONTESSORISCHULEN

DIE ITALIENISCHE ÄRZTIN Maria Montessori wollte, dass Kinder aus eigenem Ansporn lernen. Bei dieser Lehrmethode können die Kinder selbst entscheiden, was sie im Unterricht tun wollen. Die Lehrer geben den Kindern Unterstützung und Anleitung, lassen sie aber selbst zurechtkommen und Dinge immer wieder ausprobieren, so dass sie ihr Selbstvertrauen schrittweise aufbauen können.

WALDORFSCHULEN

RUDOLF STEINER, der erste Leiter dieser Schulform, wollte die seelische Entwicklung des Menschen durch Wissenschaft, Philosophie und Künste fördern. Er glaubte, dass sich die Menschen in ihren ersten sieben Lebensjahren am stärksten entwickeln und in dieser Zeit Spiel, Farben und Natur für die Schulung des Geistes am wichtigsten seien.

ZU HAUSE LERNEN

MANCHE ELTERN ENTSCHLIESSEN sich, ihre Kinder zu Hause zu unterrichten. Sie wollen vielleicht, dass ihre Kinder mehr Fächer lernen und nicht mit anderen Kindern konkurrieren müssen.

Viele Kinder in Entwicklungsländern lernen zu Hause oder in ihrem Dorf praktische Fertigkeiten. Manche Familien wohnen auch einfach zu weit von der nächsten Schule entfernt. Computer sind eine gute Hilfe, um zu Hause zu lernen, besonders seit so viele Informationen über das Internet verfügbar sind.

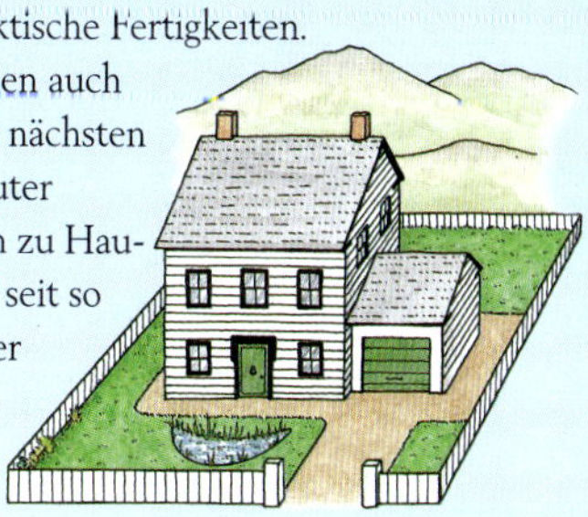

PHILOSOPHIE

PHILOSOPHIE BEDEUTET „LIEBE ZUR WEISHEIT“. Um zu Weisheit zu gelangen, muss man Fragen stellen. Die berühmtesten Philosophen, von Sokrates bis Sartre, haben sehr einfache Fragen gestellt, etwa: „Warum sind wir hier?“, „Woher kommen wir?“, „Was geschieht mit uns, wenn wir sterben?“ Unsere frühen Vorfahren mussten ums Überleben kämpfen. Sie hatten keine Zeit, sich zu fragen, ob sie wirklich existierten. Heute müssen sich die meisten von uns nicht mehr vor wilden Tieren schützen oder sich um die nächste Mahlzeit sorgen. So haben wir Zeit, uns Fragen über das Leben zu stellen. Deshalb gilt die Philosophie als Kennzeichen einer zivilisierten Gesellschaft.

„Wer mit Gewissheiten beginnt, wird in Zweifeln enden, aber wer bereit ist, mit Zweifeln zu beginnen, wird zu Gewissheiten gelangen.“

FRANCIS BACON

FRAGEN STELLEN

WIR ALLE sind von Natur aus Philosophen. Kleine Kinder fragen ständig: „Warum?“ Erwachsene antworten auf solche Fragen oft mit „weil ...“, bis ihnen schließlich keine Antworten mehr einfallen, woraufhin sie die Unterhaltung meist mit einem schlichten „Darum!“ beenden. Irgendwann finden sich die meisten mit diesem „Darum!“ ab und damit hören sie auf, Philosophen zu sein.

Wenn du Spaß am Fragen hast, lass dich nicht dadurch abschrecken, dass du manchmal keine befriedigende Antwort bekommst. Frag einfach weiter, bis du herausgefunden hast, was du wissen wolltest.

PHILOSOPHEN

- PYTHAGORAS war einer der ersten griechischen Philosophen. Er glaubte an eine auf Zahlen beruhende Ordnung des Universums.
- KONFUZIUS Der chinesische Philosoph glaubte, dass Wissen in den Menschen selbst zu finden sei, nicht in etwas Mystischem. Er trat für Bildung und Ordnung ein.
- ARISTOTELES fand, dass wir im Leben nach dem Guten und nach Glück für alle Menschen streben sollten, erkannte aber, dass Glück nicht für jeden das Gleiche bedeutet.
- SOKRATES glaubte, dass alle Wahrheit in unseren Seelen liegt. Er hielt seine Schüler strikt dazu an, für sich selbst zu denken.
- PLATON meinte, dass das Böse eigentlich ein Mangel an Wissen sei und dass die Erkenntnis, wie man ein gutes Leben führt, der Lösung einer Mathematikaufgabe ähnele.
- SHANKARA Für den indischen Denker Shankara war Brahman, das Ich, die einzige Wirklichkeit. Alles andere basiert auf Nichtwissen.
- LAO-TSE . Der chinesische Philosoph Lao-tse wollte, dass wir dem Tao (Lebensweg) folgen und in Harmonie mit dem Universum leben.
- FREUD Der berühmte Arzt Freud glaubte, dass wir von unbewussten Bedürfnissen und Wünschen getrieben werden, die unser Bewusstsein nicht immer beherrschen kann.
- JUNG Der Schweizer Psychiater Jung entwickelte die Idee des „kollektiven Unbewussten“, d. h. dass im Unbewussten aller Menschen auf der Welt die gleichen Vorstellungen und Ereignisse gespeichert sind.
- SARTRE Der französische Philosoph glaubte, dass es keinen höheren Sinn außer unserer Existenz gebe und dass jeder selbst für sein Leben verantwortlich sei.

 SIEHE AUCH: ERZIEHUNG S. 28-29, RELIGIONEN S. 130-133

BEWUSSTSEIN

BEI BEWUSSTSEIN ZU SEIN bedeutet, wach zu sein, bedeutet, uns selbst und die Welt um uns wahrzunehmen. Aus der Wahrnehmung anderer und ihrer Gefühle entsteht unser Gewissen, ein Grundstock geistiger Regeln für den Umgang mit anderen Menschen. Der unbewusste Teil unseres Geistes ist uns verborgen, kann aber Informationen und Erfahrungen an unser Bewusstsein weitergeben. So kann man in veränderten Bewusstseinszuständen vieles über sich erfahren, was man noch nicht wusste. Zwischen dem Unbewussten und dem Bewusstsein liegt das Unterbewusstsein. Es enthält Informationen, die wir nur in Form von instinktiven Reaktionen oder Gewohnheiten wahrnehmen. Es beeinflusst unser Leben und kann unser Handeln bestimmen, ohne dass wir uns dessen bewusst sind.

» *Wer ein Leben rettet, rettet die ganze Welt.* «

AUS DEM TALMUD

SELBSTWAHRNEHMUNG

IN DEN ERSTEN LEBENSWOCHEN haben wir gar kein Bewusstsein unseres Ichs. Wir erkennen nicht, wo unser Körper aufhört und der Rest der Welt anfängt. Allmählich entwickeln wir ein Gefühl für unsere Grenzen. Körpermerkmale helfen uns, uns als Einzelwesen zu sehen und andere zu erkennen. Auch wenn wir manche Meinungen, Überzeugungen und Träume mit anderen teilen, ist doch jeder von uns einzigartig. Alle Gedanken, Anblicke, Geräusche und Gerüche, die wir erleben, sind Teil unserer Wahrnehmung. Mit der Zeit lernen wir Neues dazu, ändern Einstellungen und Überzeugungen. Dabei entwickelt sich auch unsere Selbstwahrnehmung weiter.

DIE MACHT DES VOLKES Friedliche Demonstrationen sind eine Möglichkeit, sich zusammenzutun und zu zeigen, wie man über Fragen denkt, die uns alle angehen. Solche Aktionen machen uns bewusst, was in der Welt vor sich geht.

BEWUSSTSEIN WECKEN

HAST DU DICH SCHON einmal über etwas, was du im Radio gehört oder im Fernsehen gesehen hast, geärgert oder sogar empört? Es ist dein soziales Bewusstsein, das dich wütend macht. Umweltschützer etwa wecken das Bewusstsein der Menschen für Fragen, die unseren Planeten und das Leben zukünftiger Generationen betreffen. Gruppen können dabei mehr erreichen als Einzelkämpfer. Das wachsende Bewusstsein für wichtige Fragen bringt unsere Zivilisation weiter. Wer weiß, vielleicht geht es bald schon um Gleichberechtigung und Wahlrecht für Kinder.

PSI-ZEIT

EINE METHODE, von der Hektik des Alltags abzuschalten, besteht darin, sich in einen veränderten Bewusstseinszustand zu versetzen, den man „Psi-Zeit" nennt. In der Psi-Zeit sind wir besser im Stande, Hilfe aus dem Universum zu empfangen. Dazu dient folgende Übung: Setz dich bequem hin, schließ die Augen und entspann dich. Stell dir vor, dass du einen Schalter ausknipst, oder denk dir einen leeren Bildschirm. Vielleicht erscheinen Bilder, vielleicht auch nur Leere. Nach einer Weile solltest du spüren, wie du in den „Zwischenraum" gelangst, den man für den Bereich zwischen Himmel und Erde hält. Du fühlst, wie dein Geist klar wird und deine Sorgen verschwinden, während du beginnst, die Dinge so zu sehen, wie sie wirklich sind.

SIEHE AUCH: TRÄUME UND VISIONEN S. 16-17, UMWELT S. 110-111

ASTROLOGIE

DIE ASTROLOGIE IST die Lehre von Sonne, Mond und Planeten und ihrem Einfluss auf uns. Vermutlich hast du schon einmal dein Horoskop in einer Zeitung oder Zeitschrift gelesen. Viele Menschen haben Spaß daran, ihre „Voraussage" für den Tag nachzuschlagen. Das Wort Astrologie ist von den griechischen Wörtern *astron*, „Stern", und *logos*, „Wissen", abgeleitet. Die Astronomie – das ist die wissenschaftliche Sternforschung – und die Astrologie waren lange Zeit eng verbunden, bis sie sich im 17. Jahrhundert infolge neuer wissenschaftlicher Erkenntnisse aufspalteten.

HIMMELSKUNDE

SEIT URZEITEN VERSUCHEN die Menschen, die Konstellationen und Bewegungen der Sterne, Planeten und Monde zu verstehen. Sie helfen uns, die Zeit zu messen und die Jahreszeiten vorauszusagen. Ungewöhnliche Ereignisse wie Kometen und Meteore erinnern an bestimmte Jahre und werden oft als Omen oder Vorzeichen für die Zukunft angesehen. In den meisten Ländern sind die Sterne und Planeten nach den Göttern des jeweiligen Volkes benannt – da diese dem Himmel ja sehr nahe stehen. So ist der Planet Neptun nach dem Meeresgott der alten Römer benannt, Venus nach der Göttin der Liebe.

STEINBOCK

ERDZEICHEN

(22. Dezember – 20. Januar)

Die unter diesem Zeichen Geborenen sind bereit, Berge zu erklimmen, um ihre Ziele zu verwirklichen. Steinböcke sind oft ernsthaft und verantwortungsbewusst, teils auch schüchtern und zurückhaltend. Das Zeichen steht mit dem Knochenskelett in Verbindung und seine Träger haben gern eine feste Ordnung im Leben.

WASSERMANN

LUFTZEICHEN

(21. Januar – 18. Februar)

Wassermänner sind geistig unabhängige, gesellige Menschen. Sie sind Menschenfreunde, denen die ganze Welt am Herzen liegt. Das Zeichen ist dem Blutkreislauf zugeordnet und Wassermänner bringen gern neue Ideen in Umlauf.

FISCHE WASSERZEICHEN

(19. Februar – 20. März)

Fische sind meist sehr sensibel, teils verträumt, manchmal auch weltfremd, willensschwach und leicht zu lenken. Sie sind fürsorgliche Menschen, oft Musik- und Kunstliebhaber. Das Zeichen ist den Füßen zugeordnet.

WIDDER FEUERZEICHEN

(21. März – 20. April)

Die unter diesem Zeichen Geborenen sind freundlich, oft abenteuerlustig und energisch, mutig und ideenreich. Die körperliche Entsprechung des Zeichens ist der Kopf, weshalb Widder recht dickköpfig sein können.

STIER ERDZEICHEN

(21. April – 21. Mai)

Stiere sind meist praktische, nüchterne, naturverbundene Menschen. Sie sind liebevoll und stark, gelegentlich auch störrisch. Stiere sind oft gute Sänger, da ihr Zeichen der Kehle zugeordnet ist.

WAS TUN ASTROLOGEN?

EIN ASTROLOGE ERSTELLT anhand von Datum, Uhrzeit und Geburtsort dein persönliches Horoskop. Diese Karte zeigt die Stellung von Sonne, Mond und Planeten genau im Augenblick deiner Ankunft auf der Erde an. Der Tierkreis dient als eine Art Uhr. Je nachdem, wo und wann du geboren bist, haben die Planeten einen bestimmten Einfluss auf deine Persönlichkeit und dein Leben. Jeder Mensch hat ein ganz eigenes, persönliches Horoskop, weil für jeden eine andere Stellung von Sonne, Mond und Planeten zur Geburtszeit gilt.

ZWILLINGE

LUFTZEICHEN

(22. Mai – 21. Juni)

Zwillinge scheinen oft zwei Persönlichkeiten zu haben, können aber auch beide Seiten einer Sache sehen! Sie sind sehr gesellig, anpassungsfähig und lebhaft. Das Zeichen ist mit Lunge, Händen, Armen und Schultern verknüpft und Zwillinge sind oft handwerklich geschickt, aber rastlos.

 SIEHE AUCH: DAS CHINESISCHE HOROSKOP S. 34-35, KRISTALLE S. 118-119, PLANETEN UND STERNE S. 122

Der Tierkreis

Hast du bei Betrachtung des Nachthimmels einmal bemerkt, dass die Sterne bestimmte Formen und Muster bilden? Diese Muster nennt man Sternbilder. Die Sternbilder sind den zwölf Tierkreiszeichen zugeordnet. Jedes der Sternbilder hat einen Namen, der seine Form am Himmel beschreibt. Man sagt, dass Menschen die Charaktermerkmale des Sternzeichens annehmen, unter dem sie geboren sind.

Schütze

Feuerzeichen
(23. November – 21. Dezember)
Schützen sind wissbegierig und lieben Herausforderungen. Sie sind optimistische, sehr humorvolle Menschen und große Denker. Unter diesem Zeichen Geborene sind oft rastlos und daher reisefreudig. Das Zeichen ist mit den Oberschenkeln verbunden.

Skorpion Wasserzeichen

(24. Oktober – 22. November)
Als Wasserzeichen kann der Skorpion sehr starke, aber verborgene Gefühle hegen. Skorpione sind oft energische Menschen, die von den Rätseln des Lebens fasziniert sind. Sie neigen zu Eifersucht, was sie aber oft anspornt, es im Leben zu etwas zu bringen. Dieses Zeichen ist den Geschlechtsorganen zugeordnet.

Waage Luftzeichen

(23. September – 23. Oktober)
Typisch für dieses Sternzeichen ist sein Gerechtigkeitssinn. Waagen brauchen Schönheit, Gleichgewicht und Harmonie, sind aber oft unentschlossen. Romantik und Beziehungen sind ihnen wichtig; der Waage ist Frieden lieber als Krieg! Ihre Körperregion sind die Nieren.

Jungfrau Erdzeichen

(24. August – 22. September)
Praktisch, ordentlich, tüchtig, perfektionistisch und recht kritisch – so sind Jungfrau-Menschen. Sie sind gute Künstler, Lehrer oder Schriftsteller und legen meist Wert auf ihre körperliche Fitness. Das Zeichen ist den Verdauungsorganen zugeordnet.

Löwe Feuerzeichen

(23. Juli – 23. August)
Löwen sind stolz, stark und oft ausgeprägte Führernaturen. Sie können auch herrisch sein. Das Zeichen ist dem Herzen verbunden und die unter ihm Geborenen sind meist herzlich und großzügig!

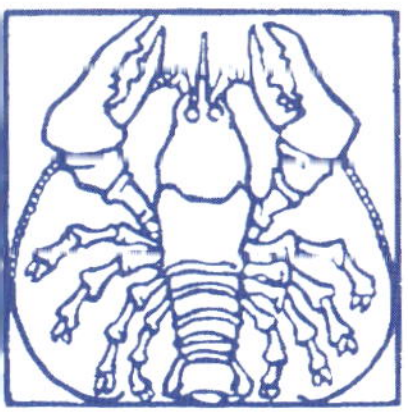

Krebs

Wasserzeichen
(22. Juni – 22. Juli)
Unsere Gefühle sind oft mit Wasser verbunden und Krebse sind häufig gefühlsbetonte Menschen, die sich verkriechen, wenn ihre Gefühle verletzt werden. Sie sind freundlich, sensibel, teils auch launisch. Das Zeichen ist der Gebärmutter zugeordnet und viele Krebse sorgen gern für andere und sind gute Eltern.

Sonnen- und Mondzeichen

Das Geburtshoroskop ist in 12 „Häuser" oder Abschnitte unterteilt, die verschiedene Bereiche unseres Alltagslebens beschreiben. Unser Sternzeichen (das genauer gesagt unser „Sonnenzeichen" ist) ist das Haus, in dem die Sonne zum Zeitpunkt unserer Geburt stand. Es ist die lenkende Kraft in unserem Leben und hat eine spannungsgeladene, starke, männliche Energie. Jedem Sonnenzeichen, das die Hauptgrundlage einer astrologischen Deutung ist, sind ein Körperteil und bestimmte Eigenschaften zugeordnet. Der Mond, der sich um die Erde und durch den Tierkreis bewegt, ist mit der emotionalen Seite unseres Ichs verbunden. Unser Mondzeichen hat eine weibliche Energie, die uns etwas über unsere Gewohnheiten, unsere Kindheit und unsere inneren Gefühle verrät.

Berühmte Sternzeichen

Der indische Freiheitskämpfer Mahatma Gandhi wurde am 2. Oktober 1869 geboren. Wie viele Waage-Menschen hasste Gandhi jede Ungerechtigkeit, war kontaktfreudig und einfühlsam. Prinzessin Diana wurde am 1. Juli 1961 geboren und war in vieler Hinsicht ein typischer Krebs. Sie war idealistisch, häuslich, eine gute Mutter und dafür bekannt, dass sie vorbehaltlos liebte.

DAS CHINESISCHE HOROSKOP

Die asiatische Astrologie ist noch älter als die westliche und existiert seit Tausenden von Jahren. Die beiden Systeme sind recht unterschiedlich. Sie beruhen u. a. auf verschiedenen Kalendern. Unsere Tierkreiszeichen sind in einem 12-Monats-Kreis angeordnet, während die Chinesen einen 12-Jahres-Kreis verwenden, bei dem jedes Zeichen nach einem Tier benannt ist. Jedes Jahr ist einem der 12 Tiere und zugleich einem von fünf Elementen zugeordnet. Ein vollständiger Zyklus in der chinesischen Astrologie umfasst also 60 Jahre.

RATTE

Ratten sind klug, gesellig und können stets beide Seiten eines Streitpunktes verstehen. Als Ratte kannst du mutig, einfallsreich und dominant sein. Ratten sind charmant, können gut mit Geld umgehen, reisen gern, lieben aber auch das Familienleben.

BÜFFEL

Büffel sind zuverlässig, stark, entschlossen und können hart arbeiten, sind aber manchmal sehr stur. Sie sind häuslich und gute, treue Freunde.

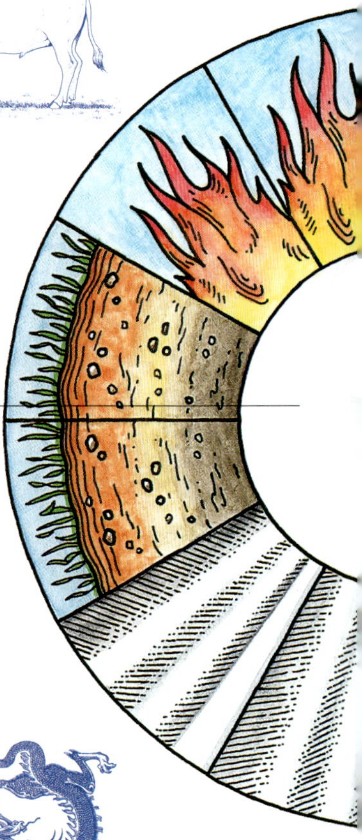

GRUNDREGELN

DER CHINESISCHE TAG ist in 12 Abschnitte unterteilt, von denen jeder so lang ist wie zwei unserer westlichen Stunden. Das Tier, das deiner Geburtsstunde zugeordnet ist, verrät etwas über dein äußeres Ich, die Persönlichkeit, die du anderen zeigst. Das Tierzeichen deines Geburtsjahres sagt dir zusammen mit dem Element und den Yin- oder Yang-Energien etwas über dein inneres Ich. Für eine vollständige Deutung musst du sowohl das Jahr als auch die Stunde deiner Geburt berücksichtigen.

DIE WEGBEGLEITER

DAS TIERZEICHEN DEINER Geburtsstunde, der sogenannte Wegbegleiter, beschreibt dein äußeres Ich. Er ist wichtig für astrologische Deutungen, aber erst in jüngerer Zeit gab man den Stunden ihre Tiernamen. Die nachfolgende Liste sagt dir, welches Tier dein Wegbegleiter ist. Die Zeiten sind in Normalzeit angegeben, d. h. wenn bei deiner Geburt Sommerzeit galt, musst du deine Geburtsstunde erst auf Normalzeit umrechnen.

23:00–00:59	Ratte
01:00–02:59	Büffel
03:00–04:59	Tiger
05:00–06:59	Hase
07:00–08:59	Drache
09:00–10:59	Schlange
11:00–12:59	Pferd
13:00–14:59	Schaf
15:00–16:59	Affe
17:00–18:59	Hahn
19:00–20:59	Hund
21:00–22:59	Schwein

TIGER

Tiger sind tapfer, leidenschaftlich und freiheitsliebend. Sie stehen zu ihren Entscheidungen und ihren Freunden. Tiger lieben Herausforderungen, aber manchmal übertreiben sie auch.

Yang-Jahre werden als positiv und aktiv eingestuft. Sie sind dem Tag, dem Feuer und der Sonne zugeordnet. Die Jahre mit einer geraden Jahreszahl, z. B. 1998, sind Yang-Jahre.

HASE

Hasen (oder Katzen) sind ordentlich, gesellig, gefühlvoll und sensibel. Sie scheuen Auseinandersetzungen und sind durch Kritik leicht zu verletzen. Sie haben Sinn für Humor und interessieren sich für Mode und Kunst.

DRACHE

Drachen sind oft feurige Wesen. Sie genießen Aufmerksamkeit und Abenteuer, sind selbstbewusst und begeisterungsfähig. Drachen überlasten sich oft, sind aber optimistisch und risikofreudig.

SCHLANGE

Schlangen sind gern in Gesellschaft, brauchen aber auch Raum für sich. Sie sind ruhige, intuitive Menschen, die sich für die Rätsel des Universums interessieren, den Luxus lieben und sich gut entspannen können.

DAS JAHR 2000

Unser Jahr 2000 wird für die Chinesen ein Metalldrachen-Jahr mit positiver Yang-Energie. Drachenjahre verlaufen meist dramatisch und bringen oft große Unternehmungen und außerordentliche Ereignisse, vielleicht sogar wichtige weltweite Entwicklungen. Der Drache bringt Glück; deshalb ist ein Drachenjahr eine gute Zeit, um etwas Neues anzufangen oder ein Unternehmen zu gründen.

 SIEHE AUCH: ASTROLOGIE S. 32-33, LEBENSKRAFT UND ENERGIE S. 90-91, DIE ELEMENTE S. 123, DIE JAHRTAUSENDWENDE S. 143

Schwein

Schweine (oder Wildschweine) sind lustige und absolut zuverlässige Menschen, die lieber geben als nehmen. Friede, Harmonie, Freizeit und Essen sind ihnen am liebsten. Das Schwein hat meist viele Freunde und wenig Feinde.

Dein inneres Ich

Das Tierzeichen des jeweiligen Jahres beeinflusst das Geschehen auf der Welt und die innere Persönlichkeit der in diesem Jahr Geborenen. Jedem Jahr ist auch ein Element zugeordnet. Also gibt es z. B. fünf Arten von Hasen: Metall-, Wasser-, Holz-, Feuer- und Erdhasen.

Die Eigenschaften der Elemente sind:
Metall – Stärke
Wasser – Sensibilität und Überzeugungskraft
Holz – Phantasie und Kreativität
Feuer – Leidenschaft und Energie
Erde – praktische Fähigkeiten und Stabilität
Der folgenden Tabelle kannst du das Tier und das Element deines Geburtsjahrs entnehmen.

Hund

Hunde sind treu und hilfsbereit, manchmal aber auch sorgenvoll und nachtragend. Sie sind ehrliche, fröhliche Menschen, denen Freunde wichtiger sind als Geld oder Ansehen.

Hahn

Hähne putzen sich gern heraus. Sie sind geradeheraus, aber zuverlässig und gute, ehrliche Partner – man sagt, der Hahn habe ein Herz aus Gold.

Yin-Jahre werden als negativ und passiv eingestuft. Sie sind der Nacht, dem Wasser und dem Mond zugeordnet. Die ungeraden Jahre, z. B. 1999, sind Yin-Jahre.

Affe

Affen sind schnelle Denker, klug und gesprächig. Sie haben viele Interessen, sind neugierig und es macht Spaß, in ihrer Gesellschaft zu sein. Affen arbeiten oft in der Finanzbranche.

Schaf

Schafe (auch Ziegen genannt) lieben Kunst, Musik, die Natur und ihr Heim. Sie sind charmant, schüchtern und mitfühlend, bringen anderen tiefe Gefühle entgegen, manipulieren sie aber manchmal auch.

Pferd

Das Pferd, ehrlich, lebhaft und beliebt, wird von seinem Herzen beherrscht. Es ist meist körperlich stark und optimistisch. Pferde lieben ihre Freiheit, Reisen und Veränderungen und sind oft impulsiv, aber vertrauenswürdig.

Die Benennung der Jahre

Man sagt, bevor der Buddha diese Welt verließ, habe er die Tiere eingeladen, mit ihm zu feiern, aber es seien nur zwölf gekommen. Der Büffel ging voraus, aber die Ratte überholte ihn und kam als erste an. Der Buddha belohnte die Zwölf, indem er nach jedem ein Jahr benannte, in der Reihenfolge ihrer Ankunft. So beginnt jeder Zwölfjahreszyklus mit der Ratte und endet mit dem Schwein.

Jahr	von - bis	Tierzeichen	Element	Aspekt
1936	24. Januar 1936 – 10. Februar 1937	Ratte	Feuer	+ Yang
1937	11. Februar 1937 – 30. Januar 1938	Büffel	Feuer	- Yin
1938	31. Januar 1938 – 18. Februar 1939	Tiger	Erde	+ Yang
1939	19. Februar 1939 – 07. Februar 1940	Hase	Erde	- Yin
1940	08. Februar 1940 – 26. Januar 1941	Drache	Metall	+ Yang
1941	27. Januar 1941 – 14. Februar 1942	Schlange	Metall	- Yin
1942	15. Februar 1942 – 04. Februar 1943	Pferd	Wasser	+ Yang
1943	05. Februar 1943 – 24. Januar 1944	Schaf	Wasser	- Yin
1944	25. Januar 1944 – 12. Februar 1945	Affe	Holz	+ Yang
1945	13. Februar 1945 – 01. Februar 1946	Hase	Holz	- Yin
1946	02. Februar 1946 – 21. Januar 1947	Hund	Feuer	+ Yang
1947	22. Januar 1947 – 09. Februar 1948	Schwein	Feuer	- Yin
1948	10. Februar 1948 – 28. Januar 1949	Ratte	Erde	+ Yang
1949	29. Januar 1949 – 16. Februar 1950	Büffel	Erde	- Yin
1950	17. Februar 1950 – 05. Februar 1951	Tiger	Metall	+ Yang
1951	06. Februar 1951 – 26. Januar 1952	Hase	Metall	- Yin
1952	27. Januar 1952 – 13. Februar 1953	Drache	Wasser	+ Yang
1953	14. Februar 1953 – 02. Februar 1954	Schlange	Wasser	Yin
1954	03. Februar 1954 – 23. Januar 1955	Pferd	Holz	+ Yang
1955	24. Januar 1955 – 11. Februar 1956	Schaf	Holz	- Yin
1956	12. Februar 1956 – 30. Januar 1957	Affe	Feuer	+ Yang
1957	31. Januar 1957 – 17. Februar 1958	Hahn	Feuer	- Yin
1958	18. Februar 1958 – 07. Februar 1959	Hund	Erde	+ Yang
1959	08. Februar 1959 – 27. Januar 1960	Schwein	Erde	- Yin
1960	28. Januar 1960 – 14. Februar 1961	Ratte	Metall	+ Yang
1961	15. Februar 1961 – 04. Februar 1962	Büffel	Metall	- Yin
1962	05. Februar 1962 – 24. Januar 1963	Tiger	Wasser	+ Yang
1963	25. Januar 1963 – 12. Februar 1964	Hase	Wasser	- Yin
1964	13. Februar 1964 – 01. Februar 1965	Drache	Holz	+ Yang
1965	02. Februar 1965 – 20. Januar 1966	Schlange	Holz	- Yin
1966	21. Januar 1966 – 08. Februar 1967	Pferd	Feuer	+ Yang
1967	09. Februar 1967 – 29. Januar 1968	Schaf	Feuer	- Yin
1968	30. Januar 1968 – 16. Februar 1969	Affe	Erde	+ Yang
1969	17. Februar 1969 – 05. Februar 1970	Hahn	Erde	- Yin
1970	06. Februar 1970 – 26. Januar 1971	Hund	Metall	+ Yang
1971	27. Januar 1971 – 15. Januar 1972	Schwein	Metall	- Yin
1972	16. Januar 1972 – 02. Februar 1973	Ratte	Wasser	+ Yang
1973	03. Februar 1973 – 22. Januar 1974	Büffel	Wasser	- Yin
1974	23. Januar 1974 – 10. Februar 1975	Tiger	Holz	+ Yang
1975	11. Februar 1975 – 30. Januar 1976	Hase	Holz	- Yin
1976	31. Januar 1976 – 17. Februar 1977	Drache	Feuer	+ Yang
1977	18. Februar 1977 – 06. Februar 1978	Schlange	Feuer	- Yin
1978	07. Februar 1978 – 27. Januar 1979	Pferd	Erde	+ Yang
1979	28. Januar 1979 – 15. Februar 1980	Schaf	Erde	- Yin
1980	16. Februar 1980 – 04. Februar 1981	Affe	Metall	+ Yang
1981	05. Februar 1981 – 24. Januar 1982	Hahn	Metall	- Yin
1982	25. Januar 1982 – 12. Februar 1983	Hund	Wasser	+ Yang
1983	13. Februar 1983 – 01. Februar 1984	Schwein	Wasser	- Yin
1984	02. Februar 1984 – 19. Februar 1985	Ratte	Holz	+ Yang
1985	20. Februar 1985 – 08. Februar 1986	Büffel	Holz	- Yin
1986	09. Februar 1986 – 28. Januar 1987	Tiger	Feuer	+ Yang
1987	29. Januar 1987 – 16. Februar 1988	Hase	Feuer	- Yin
1988	17. Februar 1988 – 05. Februar 1989	Drache	Erde	+ Yang
1989	06. Februar 1989 – 26. Januar 1990	Schlange	Erde	- Yin
1990	27. Januar 1990 – 14. Februar 1991	Pferd	Metall	+ Yang
1991	15. Februar 1991 – 03. Februar 1992	Schaf	Metall	Yin
1992	04. Februar 1992 – 22. Januar 1993	Affe	Wasser	+ Yang
1993	23. Januar 1993 – 09. Februar 1994	Hahn	Wasser	- Yin
1994	10. Februar 1994 – 30. Januar 1995	Hund	Holz	+ Yang
1995	31. Januar 1995 – 18. Februar 1996	Schwein	Holz	- Yin
1996	19. Februar 1996 – 07. Februar 1997	Ratte	Feuer	+ Yang
1997	08. Februar 1997 – 27. Januar 1998	Büffel	Feuer	- Yin
1998	28. Januar 1998 – 15. Februar 1999	Tiger	Erde	+ Yang
1999	16. Februar 1999 – 04. Februar 2000	Hase	Erde	- Yin
2000	05. Februar 2000 – 23. Januar 2001	Drache	Metall	+ Yang
2001	24. Januar 2001 – 11. Februar 2002	Schlange	Metall	- Yin
2002	12. Februar 2002 – 31. Januar 2003	Pferd	Wasser	+ Yang
2003	01. Februar 2003 – 21. Januar 2004	Schaf	Wasser	- Yin
2004	22. Januar 2004 – 08. Februar 2005	Affe	Holz	+ Yang
2005	09. Februar 2005 – 28. Januar 2006	Hahn	Holz	- Yin
2006	29. Januar 2006 – 17. Februar 2007	Hund	Feuer	+ Yang
2007	18. Februar 2007 – 06. Februar 2008	Schwein	Feuer	- Yin

KALENDER

VON ALTERS HER HABEN die Menschen Methoden zur Zeitmessung erfunden, mit deren Hilfe sie ihr Leben ordnen und feststellen konnten, wann bestimmte Aufgaben zu erledigen oder Ereignisse zu feiern waren. Die Jahre, Monate und Tage, aus denen ein Kalender besteht, können nach fast jedem Vorgang festgelegt werden, der sich regelmäßig wiederholt. Viele Völker maßen die Jahre nach dem Stand eines Sterns oder danach, wie lange die Erde braucht, um die Sonne zu umkreisen.

GREGORIANISCHE KALENDER

DER ALTRÖMISCHE KALENDER basierte auf dem Mondzyklus, aber Julius Cäsar führte den julianischen Kalender ein, der das Jahr nach dem Umlauf der Erde um die Sonne bemaß. Später ließ Papst Gregor XIII. daraus ein genaueres System entwickeln, den gregorianischen Kalender, der heute noch vom größten Teil der westlichen Welt verwendet wird.

Noch neuer ist der Bahai-Kalender, den die Anhänger der Bahai-Religion verwenden. Die 19 Monate verkörpern göttliche Eigenschaften wie Schönheit, Licht, Macht oder Wissen. Die sieben Tage sind die Herrlichkeit, Schönheit, Vollkommenheit, Gnade, Gerechtigkeit, Erhabenheit, Unabhängigkeit.

KALENDERARTEN

- ASTROLOGISCH Der astrologische Kalender basiert auf den Planetenbewegungen. Man sagt, dass die Stellung der Planeten im Augenblick unserer Geburt unser ganzes Leben beeinflusst.
- CHINESISCH Die Chinesen verwenden im Geschäftsleben den modernen gregorianischen Kalender, für Feiertage aber den traditionellen Mondkalender. Jedes Jahr ist darin nach einem von zwölf Tieren benannt.
- BUDDHISTISCH Die frühen Buddhisten übernahmen den Hindu-Kalender; mit Ausbreitung des Buddhismus passte jede Gruppe ihn an ihre eigenen Bedürfnisse an. Viele Kalender rechnen die Zeit ab dem Tod des Buddha.
- HINDUISTISCH Das traditionelle Hindu-Jahr ist in vier Monate unterteilt. Moderne Hindu-Kalender verwenden die gleichen Monate wie wir mit Sanskrit-Namen.
- MOSLEMISCH Die Moslems verwenden einen Mondkalender. Der neunte Monat ist sehr wichtig, da mit dem Vollmond eine einmonatige Fastenzeit, der Ramadan, beginnt.
- JÜDISCH Der jüdische Kalender hat zwölf Monate, wobei innerhalb von 19 Jahren siebenmal ein 13. Monat eingeschoben wird. Der wichtigste Tag der Woche ist der Sabbat (Samstag).

ZEIT

MANCHE GLAUBEN, dass die Zeit, so wie wir sie verstehen, nur auf der Erde existiert. Daseinszustände oder Orte außerhalb der Welt werden oft als „zeitlos" beschrieben. Wir unterteilen die Zeit in Vergangenheit, Gegenwart und Zukunft. Es ist wichtig, in der Gegenwart zu leben. Wer über den Fehler von gestern nachgrübelt oder sich vor dem Test in der nächsten Woche fürchtet, kann nicht genießen, was gerade vor sich geht.

FRÜHE KALENDER

IN DER FRÜHZEIT der menschlichen Gesellschaft musste man wissen, welche Jahreszeit wann bevorstand, um sich auf das Wetter und das Bepflanzen der Felder vorzubereiten. Weise Menschen, etwa Priester, bestimmten anhand der Stellung der Sterne, in welchem Teil des Jahres man sich befand. Später legte man auch die Daten religiöser Feste, etwa Geburts- oder Todestag eines Anführers, nach genaueren Bestimmungsmethoden fest. So entstanden die ersten schriftlichen Kalender.

SONNENWENDEN UND TAGUNDNACHTGLEICHEN Zur Wintersonnenwende im Dezember hat die Nordhalbkugel ihre längste Nacht, die Südhalbkugel den längsten Tag. Umgekehrt hat der Norden zur Sommersonnenwende im Juni seinen längsten Tag, der Süden die längste Nacht. Zu den Tagundnachtgleichen in März und September sind auf der ganzen Erde Tag und Nacht gleich lang. In vielen Kulturen feierte man zu Sonnenwenden und Tagundnachtgleichen wichtige religiöse Zeremonien.

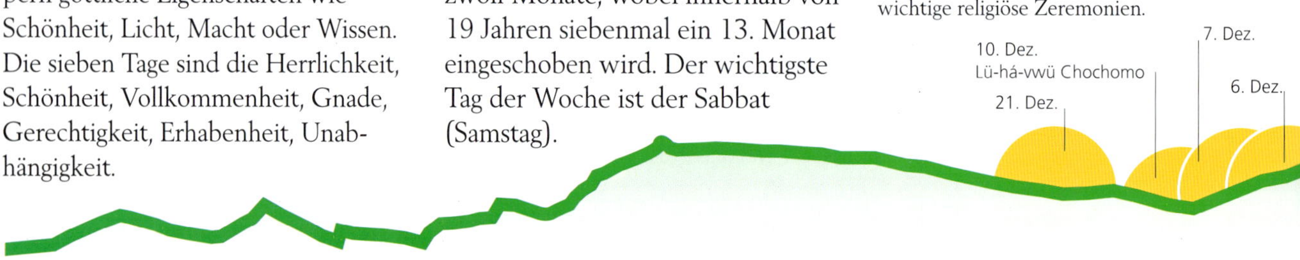

 SIEHE AUCH: RELIGIONEN S. 130-133, PLANETEN UND STERNE S. 122

Mittelamerika

Die Kulturen der Mayas und der Azteken in Mittelamerika arbeiteten mit zwei Kalendern, die auf den Planetenbewegungen basierten, und einem heiligen Jahrbuch. Das Maya-Jahr von 365 Tagen bestand aus 18 Monaten zu je 20 Tagen. Dabei blieben fünf Unglückstage übrig, die bei den Mayas *uayeb* und bei den Azteken *nemontemi* hießen: „die übrig gebliebenen und nutzlosen Tage." Der religiöse Kalender hatte nur 260 Tage, so dass die beiden Kalender, obwohl sie zusammen ein sehr genaues Zeitrechnungssystem bildeten, nur alle 52 Jahre am gleichen Tag begannen. Dieses Ereignis wurde als sehr wichtiger Festtag gefeiert!

Kunstvoll verzierte Kalender wie dieser dienten in Mittelamerika zur Berechnung der Jahre, Monate und Tage.

Solche Kalender wurden aus Stein gemeißelt.

Tage

Überall auf der Welt beschlossen die frühen Völker, dass ein Tag eine helle und eine dunkle Phase umfasste. Wann er begann und endete, war schwieriger festzulegen. Bei den alten Babyloniern, Ägyptern, Chinesen und Hindus begann und endete der Tag bei Sonnenaufgang. Die alten Hebräer rechneten von Sonnenuntergang bis Sonnenuntergang, die Römer ab Mitternacht.

Monate

Bei den Römern begannen alle Monate zu einem festen Zeitpunkt, so dass sie bald nicht mehr mit den Mondphasen übereinstimmten. Beim römischen und daher auch bei unserem gregorianischen Kalender kommt es alle zweieinhalb bis drei Jahre vor, dass zwei Vollmonde in einen Kalendermonat fallen.

Schaltjahre

Die Mayas erkannten, dass das Sonnenjahr etwas länger ist als 365 Tage und glichen dies aus, indem sie in manchen Jahren einen zusätzlichen Tag einschoben. Dieses System der Schaltjahre wurde über 1000 Jahre früher entwickelt als das entsprechende europäische System.

Ungeschriebene Kalender

Kulturen ohne Schrift fanden andere Methoden, die Zeit aufzuzeichnen. Nordamerikanische Indianerstämme zählten die Tage, indem sie Stöcke einkerbten; manche zählten und benannten auch die Mondzyklen. So war der „Wildgans-Mond" die Zeit, wenn die Wildgänse am Himmel zu sehen waren. Die Sioux zählten ihre Jahre nach den Wintern; 1834 war der „Winter des Meteorschauers". Für Stämme, die immer am selben Ort lebten, wie die Hopi und Zuni, bot der Horizont das ideale Mittel zur Zeitmessung. Der Sonnenpriester der Zuni beobachtete die Position des Sonnenaufgangs und verglich den Schatten ihres heiligen Bergs mit einer von den Zuni aufgestellten Säule, um zu ermitteln, wann man mit der Feldarbeit anfangen musste. Die Hopi-Sonnenpriester beobachteten den Sonnenuntergang. Wie sie wussten, kam die Wintersonnenwende etwa elf Tage, nachdem die Sonne an einer Stelle unterging, die sie *Lü-há-vwü Chochomo* nannten.

Dieses Diagramm zeigt den Horizont, der dem Hopi-Stamm als Kalender diente – mit Punkten, an denen die Sonne an für den Stamm wichtigen Daten unterging.

KUNST UND MUSIK

WENN WIR EIN KUNSTWERK schaffen, setzen wir unser Können und unsere Phantasie ein, um etwas auszudrücken, das wir empfinden. Dazu kann uns ein Gefühl oder auch eine schöne Landschaft anregen. Hast du schon einmal ein Bild gesehen oder ein Musikstück gehört, bei dem du hättest weinen können? Das ist die Kraft der Transzendenz, d. h. etwas berührt uns so tief, dass es sich anfühlt, als ob wir über uns hinausgehoben werden. Die Kraft der Kunst kann unser Leben verändern und wird heute mit erstaunlicher Wirkung in verschiedenen Heilmethoden eingesetzt.

DER ZAUBER DER MUSIK

MUSIK KANN DEINE Stimmung verändern! Wenn du dich schlecht fühlst, neigst du vielleicht dazu, langsame, traurige Musik zu hören, aber das macht uns eher noch trübsinniger. Eine mitreißende Melodie oder ein fröhliches Lied kann deinen Energiepegel und deinen Seelenzustand sofort heben.

KREATIV SEIN

KUNST IST IN JEDER IHRER FORMEN eine Möglichkeit, sich aus den Tiefen seines Wesens auszudrücken. Schon die Urmenschen malten Dinge, die sie herbeiwünschten, an die Wände ihrer Höhlen, wie etwa das Erlegen einer bestimmten Jagdbeute. Sie hofften, dass die Bilder helfen würden, ihre Wünsche wahr werden zu lassen.

Wie es Künstler zu allen Zeiten getan haben, kannst du sowohl eine idealisierte Wunschwelt malen als auch Teile der Wirklichkeit kopieren.

Du kannst die Sache auch von der anderen Seite angehen und genau das malen oder zeichnen, was du fühlst, und dann versuchen herauszufinden, was die Bilder bedeuten. Manchmal bilden sie Symbole, die dir helfen können, deine Gefühle besser zu verstehen.

FELSBILDER
Diese urzeitlichen in Fels geritzten Bilder in Namibia sind viele Tausend Jahre alt.

EIN INNERES SELBSTPORTRÄT

NIMM PAPIER UND BUNTSTIFTE, setz dich bequem hin, schließ die Augen, atme tief durch und entspann dich. Nach einer Weile kommt dir vielleicht ein Bild in den Sinn. Konzentriere dich darauf und wenn du so weit bist, öffne die Augen und versuche, das Bild aus deinem Kopf zu zeichnen. Nimm die Farben, nach denen dir zu Mute ist, nicht unbedingt die, die auf dem Papier richtig aussehen. Die Farben und die Striche, mit denen du zeichnest, etwa feste, klare oder leichte, fedrige, können dir viel über dich selbst sagen. Wenn du die Übung mit einem Freund machst, könnt ihr eure Bilder gegenseitig interpretieren.

HEILSAME KUNST

ZEICHNEN, MALEN ODER MUSIZIEREN kann auf dich eine „therapeutische“ oder heilsame Wirkung haben. Überall auf der Welt wird Kunst erfolgreich eingesetzt, um Menschen mit körperlichen, geistigen oder seelischen Problemen zu helfen. Es gibt verschiedene Therapiemethoden. Manche verwenden Bilder, um Gefühle auszudrücken, über die man nur schwer sprechen kann. Bei anderen lernt man mit Hilfe von Musik, sich freier zu verständigen und mit einer Gruppe zusammenzuarbeiten.

 SIEHE AUCH: FARBE UND LICHT S. 54-55, PHANTASIE S. 18

DRÜCK DICH AUS

WIR HABEN ALLE AUGENBLICKE, in denen wir unsere Wut am liebsten an ein paar Trommeln abreagieren würden und das würde uns tatsächlich gut tun. Leider kann man sich nicht immer so lautstark ausdrücken, aber alle Formen künstlerischer oder handwerklicher Betätigung können helfen, Spannungen abzubauen und die inneren Gefühle herauszulassen. Indem wir singen, musizieren, malen oder etwas gestalten, können wir unsere Gefühle ohne Worte ausdrücken.

Kreativität jeder Art macht es uns möglich, einen Teil unserer Wut oder Angst loszulassen und Raum für glücklichere, positivere Gefühle zu schaffen. Das Erlernen einer neuen künstlerischen Technik kann wie ein Sicherheitsventil funktionieren, um Stress von vornherein zu vermeiden; ihre Ausübung kann unsere Stressbelastung niedrig halten. Wenn wir unsere Gefühle laufend durch kreatives Tun freisetzen, können wir mit dem Leben und etwaigen Krisen ruhiger umgehen.

NEW-AGE-MUSIK

DAS IST EINE MUSIKRICHTUNG, in der man die Musikstile verschiedener Kulturen kombiniert und auf elektronischen Instrumenten spielt. Durch den meist langsamen Rhythmus hat die Musik eine entspannende Wirkung auf die Zuhörer. Manche Musiker fügen Naturgeräusche wie Walgesänge, Vogelstimmen, Wellen oder sanften Regen ein, um das Gefühl der Ruhe und Entspannung zu verstärken.

ÜBERLIEFERUNGEN UND MÄRCHEN

ZU DEN ÄLTESTEN KÜNSTEN der Menschen gehört das Erzählen. Bevor die Menschen die Schrift erfanden, konnten sie Informationen nur mündlich überliefern. Erzählungen dienten dazu, die Geschichte eines Stammes weiterzugeben und etwas über seine Ahnen und seinen Glauben zu lehren. Es gibt immer noch Völker, deren Geschichte nicht auf dem Papier festgehalten wird. Ein Geschichtenerzähler braucht ein gutes Gedächtnis und sprachliche Ausdrucksfähigkeit.

GESCHICHTENERZÄHLER

JEDER HAT SPASS DARAN, eine gute Geschichte zu hören und Erzähler waren stets anerkannte und geachtete Mitglieder der Gesellschaft. Auch heute noch werden Menschen, die eine gute Geschichte erzählen können, überall auf der Welt geschätzt. Früher mussten die Geschichtenerzähler die ganze Historie und alle Mythen ihrer Kultur auswendig lernen und an die nächste Generation weitergeben.

BARDEN

DIE KELTISCHEN DICHTER, welche die Legenden ihrer Stämme in Verse fassten, hießen „Barden". Die Kelten, die etwa von 750 v. Chr. bis 100 n. Chr. in Europa lebten, hatten keine Schriftsprache, aber ein Alphabet, das sie „Ogham" nannten. Vielleicht diente es dazu, Nachrichten weiterzugeben. Ihre gesprochene Sprache war hoch entwickelt und ihre Geschichtenerzähler oder Barden waren sehr angesehen. Bevor sie auftreten durften, mussten sie viele Jahre lernen und sich die gesamte Geschichte ihres Stammes einprägen.

GESCHICHTEN AM LAGERFEUER
An vielen Orten der Erde versammeln sich die Menschen heute noch ums Lagerfeuer, um Geschichten oder Neuigkeiten zu hören. Erzähler sind immer noch wichtige Mitglieder der Gesellschaft, besonders in abgelegenen Gegenden, wo es keine Bücher und Zeitungen gibt. Sie müssen Phantasie und ein ausgezeichnetes Gedächtnis haben.

VOLKSERZÄHLUNGEN

VOLKSERZÄHLUNGEN WERDEN oft im Familien- oder Freundeskreis über viele Generationen weitergereicht und können jahrhundertealt sein. Sie handeln von Menschen, ihrem Zuhause, ihren Tieren oder ihrer näheren Umgegend. Sie ähneln Märchen, haben aber meist keine so tiefgründige psychologische Bedeutung. *Die Geschichte von der kleinen roten Henne* ist eine solche Volkserzählung.

DIE GESCHICHTE VON DER KLEINEN ROTEN HENNE

EINES TAGES FAND die kleine rote Henne etwas Korn. Sie freute sich und sagte zu ihren Freunden, dem Hund, der Katze und der Ratte: „Lasst uns das Korn einpflanzen und wenn es wächst, machen wir Mehl und backen einen Kuchen." „Ich bin zu müde", sagte der Hund. „Ich will mir die Pfoten nicht schmutzig machen", sagte die Katze. „Ich habe viel zu viel zu tun", sagte die Ratte. Da pflanzte die kleine rote Henne das Korn allein. Später bat sie ihre Freunde, beim Kornschneiden zu helfen, um Mehl daraus zu machen. Sie hatten die gleichen Ausreden wie vorher. Also machte die kleine Henne es allein. Als das Mehl fertig war, bat sie ihre Freunde, beim Tragen zu helfen, aber sie redeten sich wieder heraus. Da trug die Henne den Mehlsack allein nach Haus und backte einen Kuchen. Als Hund, Katze und Ratte vorbeigingen, rochen sie den Kuchen, kamen herein und sagten: „Oh, was für ein leckerer Kuchen. Wir lassen ihn uns alle schmecken." Da sagte die Henne zum Hund: „Du bist zu müde zum Essen." Zu der Katze sagte sie: „Der Kuchen ist nicht gut genug für dich" und zu der Ratte: „Bestimmt bist du zu beschäftigt". Dann aß sie den Kuchen ganz allein auf.

 SIEHE AUCH: DÄMONEN UND TEUFEL S. 79, ERZIEHUNG S. 28-29, MAGIE S. 86-87

Elfen und Feen

Menschen, die sagen, sie hätten schon einmal Elfen oder Feen gesehen, beschreiben sie als menschenartige kleine Wesen mit zarten, farbigen Flügeln. Es gibt viele Geschichten über solche Wesen, die etwa im Wald zusammen im Kreis tanzen. Sie sind mit einem der vier Elemente – Feuer, Erde, Luft oder Wasser – verbunden und arbeiten eng mit der Natur zusammen. Ihnen werden Zauberkräfte nachgesagt, die sie einsetzen, um dem Pflanzen-, Tier- und Menschenreich zu helfen. Es wird aber auch von boshaften Feen- und Märchenwesen erzählt, etwa den Kobolden, Gnomen oder Zwergen, die mit ihren Kräften anderen böse Streiche spielen.

Feenbilder
Die meisten stellen sich Elfen und Feen so ähnlich wie diese hier vor, mit einem duftigen Gewand, zarten Flügeln und einem Zauberstab. Diese Fee stammt aus einem Gemälde von John Atkinson Grimshaw mit dem Titel Geist der Nacht.

Märchen

Manche Menschen denken, Märchen wie Aschenputtel oder Rotkäppchen seien nur Gutenachtgeschichten für Kinder. Wie uns jedoch immer klarer wird, enthalten diese Geschichten Grundwahrheiten darüber, wie Menschen denken und sich verhalten. Märchen zu verändern kann schädlich sein. In einer Schule in Chicago wurden traditionelle Märchen umgeschrieben und manche Elemente, etwa gewaltsame Szenen, in denen die Helden und Heldinnen mit Ungeheuern kämpften, weggelassen. Doch die Kinder, denen man nur die neuen Versionen erzählte, hatten es zum Teil schwerer, damit zurechtzukommen, wie sich andere Menschen im Alltag verhalten.

Jack und die Bohnenranke

Dieses Märchen beschreibt, wie ein Junge, der zum Mann wird, die Obhut seiner Mutter verlassen und in die große, weite Welt ziehen muss. Das kann so beängstigend sein, als müsse man – wie Jack im Märchen – einem Riesen die Stirn bieten. Aber wenn man all sein Geschick und seinen gesunden Menschenverstand einsetzt, kann man alle Schwierigkeiten meistern. Jedes Mal, wenn Jack den Mut aufbringt, an der Bohnenranke zum Haus des Riesen hochzuklettern, wird er mit Gold, einer goldenen Gans oder einer Harfe belohnt. Schließlich überwindet er seine Angst und führt fortan ein glückliches Leben.

Äsops Fabeln

Kennst du die Geschichte Der Hase und die Schildkröte oder Der Fuchs und die Trauben? Diese als Fabeln bezeichneten Geschichten wurden vor langer Zeit von dem altgriechischen Dichter Äsop aufgeschrieben. Sie werden meist unter dem Titel Äsops Fabeln zusammengefasst, obwohl Äsop sie wahrscheinlich nicht alle selbst erdacht, sondern zumindest einige von anderen Leuten gehört hat!

Fabeln unterscheiden sich von Volkserzählungen und Märchen dadurch, dass sie immer eine Moral haben. Sie sollen dem Leser zeigen, welches Verhalten gut und welches Verhalten schlecht ist, um mit anderen Menschen in einer zivilisierten Gesellschaft zusammenzuleben.

Der Hase und die Schildkröte

Eine von Äsops Fabeln erzählt vom Hasen, der die Schildkröte verspottet, weil sie so langsam ist. Die Schildkröte fordert den Hasen zum Wettlauf heraus. Der Hase prahlt, dass er ganz leicht gewinnen wird. Bald ist er der Schildkröte so weit voraus, dass er sich entschließt, ein Nickerchen einzulegen. Die Schildkröte stapft langsam, aber sicher an dem schlafenden Hasen vorbei. Als sie zur Ziellinie kommt, wacht der Hase auf und rennt, so schnell er kann, aber es ist zu spät. Die langsame, beharrliche Schildkröte hat das Rennen gewonnen.

MYTHEN UND SAGEN

Immer schon haben die Menschen versucht, die Welt zu verstehen. Mythen und Sagen sollten oft Ereignisse wie große Stürme oder Schlachten erklären. Manche Kulturen stellen ihre Mythen und Sagen durch Tänze dar. Mythen handeln meist von Göttern und übermenschlichen Wesen, Sagen eher von menschlichen Helden. Mythen und Sagen geben Glaubensanschauungen von einer Generation zur nächsten weiter und helfen den Menschen, ihre Herkunft zu erkunden.

TRAUMZEITMYTHEN

NOCH VOR 40 JAHREN gab es in Australien Ureinwohner (die Aborigines), die genauso lebten wie ihre Vorfahren vor 20 000 Jahren. Ihre Mythen sind sehr wichtig, weil sie uns zeigen, wie Menschen vor so langer Zeit über die Welt dachten.

Sie handeln von der so genannten Traumzeit, die auf zwei Ebenen, der vergangenen und der gegenwärtigen, der sichtbaren und der unsichtbaren, existiert. Die Menschen glauben, dass jeder Teil ihres Landes durch ein heiliges Lied geschaffen wurde. Jedes Stammesmitglied muss für ein heiliges Stück Land sorgen und ihm sein jeweiliges Lied singen. Die Ureinwohner stehen der Erde sehr nah und betrachten die Tiere als ihre Verwandten.

DIE GABE DES GESANGS

EIN TRAUMZEIT-MYTHOS erzählt, wie der Schöpfer den Tieren Gaben verlieh. Er gab die Gabe des Gesangs dem Frosch, der sehr eingebildet wurde und vergaß, dem Schöpfer zu danken. Der Frosch behauptete, sein Gesang würde den Mond vom Himmel locken, und die anderen Tiere versammelten sich, um zuzusehen. Der Schöpfer erfuhr davon und nahm dem Frosch seine Gabe fort. Als der Frosch zu singen versuchte, kam nur ein heiseres Quaken heraus. Er schämte sich so, dass er in den Teich hüpfte und sich im Schlamm versteckte. Der Gesang hatte die Form eines Stücks Schnur, das der Schöpfer nahm. Dann bemerkte er den Leierschwanzvogel, der keine Gabe erhalten hatte. Der Schöpfer warf ihm das Stück Schnur zu. So singt der Leierschwanz noch heute lieblicher als irgendein anderes Wesen.

 SIEHE AUCH: GÖTTER UND GÖTTINNEN S. 44-45, ÜBERLIEFERUNGEN UND MÄRCHEN S. 40-41

MYTHISCHE TIERWESEN

IN MYTHEN UND SAGEN kommen oft tierische Wesen von phantastischer Gestalt und großer Stärke, Intelligenz oder Tapferkeit vor. Manche von ihnen stehen auf der Seite des Guten und retten Menschen aus Gefahren oder geben guten Rat. Andere sind auf der Seite des Bösen und halten Menschen gefangen oder spielen ihnen übel mit. Man sagt manchmal, dass solche sagenhaften Wesen die verschiedenen Eigenschaften der Menschen, d. h. ihre guten und schlechten Seiten, darstellen.

DAS EINHORN
Einhörner kommen in vielen Sagen vor; oft verhindern sie Böses oder helfen Menschen in Gefahr. Ihr weißes oder silbernes Fell ist ein Symbol für Reinheit. In einer Sage streiten das Einhorn und der Löwe ständig und so beginnt eine Verfolgungsjagd. Zu den magischen Kräften des Einhorns gehört die Tatsache, dass es nie müde wird, und der Löwe wird immer verdrossener. Doch dann verfängt sich das Einhorn mit seinem Horn in einem Baum und die Jagd ist vorbei.

GRIECHENLAND

DIE ALTGRIECHISCHEN GÖTTER nahmen oft am menschlichen Leben teil, aber der Mythos von Ikarus zeigt, dass Sterbliche, die versuchten, wie die Götter zu sein, bestraft wurden.

Der große Erfinder Dädalus bekam Streit mit König Minos von Kreta. Er und sein Sohn Ikarus wurden gefangen genommen, aber Dädalus machte Flügel aus Federn und Wachs, mit denen sie von der Insel fortflogen. Ikarus prahlte, jetzt, da er fliegen könne, sei er so mächtig wie ein Gott. Dädalus warnte ihn, nicht zu nah an die Sonne zu fliegen, damit das Wachs nicht schmolz.

Eine Version des Mythos lautet, dass Ikarus nicht auf ihn hörte und der Sonne zu nahe kam, eine andere, dass der Gott Apollon über Ikarus' Prahlerei so zornig war, dass er all seine Hitze aufbot, um die Flügel zu schmelzen. Ikarus stürzte jedenfalls zu Tode.

DER MINOTAURUS
Vor seiner Gefangenschaft erbaute Dädalus auf Kreta ein Labyrinth, in dem Minos den Minotaurus einsperrte, eine Sagengestalt mit Stierkopf und menschlichem Körper. Jedes Jahr wurden ihm sieben Jungen und sieben Mädchen geopfert.

DIE ARTUSSAGE

DIE SAGEN ÜBER KÖNIG ARTUS und die Ritter der Tafelrunde wurden vermutlich von den Kelten erfunden, die ab etwa 750 v. Chr. in Großbritannien und Nordwesteuropa lebten. Diese Geschichten schildern die Abenteuer eines englischen Königs und seiner Ritter, die im Land umherzogen, gute Taten vollbrachten und unschuldige Gefangene retteten.

Artus stellte seinen Rittern die Aufgabe, den Heiligen Gral, eine Art Kelch, zu finden und zu bewachen.

Die Kelten glaubten, dass in der Schlacht getötete Krieger die Gabe der Unsterblichkeit erhielten. Dazu mussten sie in einen großen Wasserkessel, den Kessel des Lebens, eintauchen. Vielleicht war das der Ursprung der Geschichten um den Heiligen Gral.

Mit der Verbreitung des Christentums wurde die Geschichte jedoch abgewandelt: Nun hieß es, der Gral sei der Kelch, aus dem Jesus beim letzten Abendmahl getrunken habe.

INDIANISCHE SAGEN

VOR ANKUNFT DER EUROPÄER gab es in Nordamerika Hunderte verschiedener Indianerstämme. Nur wenige hatten eine Schriftsprache, so dass mit der Zerstreuung und Vernichtung der Stämme ihre Geschichten verloren gingen. Erst gegen Anfang des 20. Jahrhunderts begannen einige Menschen, die Mythen und Sagen der ersten amerikanischen Völker aufzuzeichnen. Das war nicht einfach, denn die Indianer glaubten, dass die Geschichten magische Kräfte hätten, und hatten Angst, sie Nicht-Stammesmitgliedern zu erzählen. Einige Geschichten wurden aufgeschrieben, aber die verlorenen gelten als so machtvoll, dass einige Stämme glauben, dass sie noch lebendig sind und unter der Erde schlafen. Es heißt, nur die besten Geschichtenerzähler könnten sie überreden, aus ihren Verstecken zu kommen; hierzu verwenden sie Musik und Gesang.

GÖTTER UND GÖTTINNEN

DIE SUPERHELDEN ALTER ZEITEN waren die Götter und Göttinnen. Die frühen Zivilisationen verehrten nicht einen Gott, sondern viele. Unsere Ahnen suchten nach Erklärungen für Geschehen in ihrer Welt, wie die Jahreszeiten oder das Wetter. Sie glaubten, diese seien das Werk verschiedener Götter. Solche Anschauungen wurden durch Mythen von Generation zu Generation weitergereicht. Je öfter sie wiederholt wurden, desto fester wurde der Glaube an die Götter.

ZEUS
Der griechische Götterkönig Zeus war der Himmelsgott. Er war klug und mitfühlend und nur dem Schicksal verantwortlich. Seine römische Entsprechung ist Jupiter.

ARTEMIS
Artemis war die griechische Göttin der Jagd, der Wälder und des Mondlichts und liebte Berge, Täler und die Musik.

GRIECHISCHE UND RÖMISCHE GÖTTER

DAS PANTHEON, d. h. die Familie der griechischen Götter, begann mit Gäa, der Erdgöttin, die den Himmel, die Berge und das Meer gebar. Mit Uranos, dem Himmelsgott, bekam sie weitere Riesenkinder, die Titanen. Uranos hasste seine Kinder und sperrte sie im Erdinneren ein. Mit Gäas Hilfe stürzten sie Uranos und setzten Kronos auf den Thron. Kronos wurde später von seinem Sohn Zeus besiegt, der mit seinem Gefolge auf den Berg Olymp zog.

Die römischen Götter waren den griechischen sehr ähnlich; vielleicht wurden sie nach Roms Sieg über die Griechen einfach umbenannt.

QUETZALCOATL
Der aztekische Schlangengott erhielt von seinem Bruder ein Menschengesicht, für das er sich schämte. Der Kojote Xolotl machte ihm einen Mantel aus Quetzal-Vogelfedern und eine Maske, um sein Gesicht zu verbergen, damit er mehr wie eine Schlange aussähe.

NEPTUN
Neptun, der römische Meeresgott, herrschte auch über Seen und Flüsse und konnte sie austrocknen lassen. Sein Zorn konnte große Stürme entfachen. Seine griechische Entsprechung ist Poseidon.

KELTISCHE GÖTTER

DIE KELTEN GLAUBTEN, dass die Menschen in einer von drei Welten lebten. Darüber, in der Oberwelt, lebten die Götter und darunter, in der Unterwelt, die Feenmächte. In vielen Geschichten über keltische Götter kommen Menschen und Götter vor, die sich zwischen den verschiedenen Welten hin und her bewegen. In den Sagen mischen sich Geschichten von Königen und Königinnen mit solchen über mythische Götter. Vielleicht glaubte man darum später, dass die keltischen Könige von den Göttern persönlich erwählt wurden!

AZTEKENGÖTTER

QUETZALCOATL, DER AZTEKISCHE SCHLANGENGOTT, war für die Stadt der Götter verantwortlich. Er war so bescheiden, dass er die Wege für die Regengötter fegte, damit sie Regen brächten. Sein Vater war Herrscher der Toten und wohnte in der Unterwelt. Quetzalcoatl besuchte ihn und brachte kostbare Knochen mit herauf, aus denen er die Menschen auf der Erde schuf. Quetzalcoatls Bruder war Tezcatlipoca, der Gott der Krieger und des Nachthimmels, der seinem Bruder grausame Streiche spielte. Sein Name bedeutet „rauchender Spiegel". Es hieß, dass er Gedanken lesen konnte.

 SIEHE AUCH: DIE SCHÖPFUNG S. 120-121, HIMMEL UND HÖLLE S. 78

THOR
Wenn es donnerte, glaubten die Wikinger, dass der Himmelsgott Thor seinen Hammer als Warnung an die Riesen von Jotunheim ertönen ließ.

RA
Die Ägypter glaubten, dass der Sonnengott Ra jede Nacht mit der Chaosschlange Apep kämpfte. Er muss wohl jede Nacht gewonnen haben, da die Sonne jeden Morgen wieder aufging!

ISIS
Isis war Zwillingsschwester und zugleich Frau von Osiris und die größte der vier Totengöttinnen. Sie konnte sich in einen Sperber verwandeln.

OSIRIS
Osiris, der mythische erste König Ägyptens, wurde Herrscher des Totenreichs, wo er über die Seelen richtete. Er war mit Isis verheiratet.

FREYJA
Die schöne Schwester des Freyr und nordische Göttin der Liebe, Fruchtbarkeit und Magie konnte sich in einen Falken verwandeln und reiste in einem von zwei Katzen gezogenen Wagen.

SONNENGÖTTER

FAST JEDE KULTUR hatte einen Sonnengott. Etwas Göttliches wurde wohl als die einzige Erklärung für die riesige Feuerkugel empfunden, die Licht und Wärme spendete. Sonnengötter hatten oft noch andere Aufgaben. Der griechische Gott Apollon war auch Gott der Heilkunde, der Dichtkunst, der Musik und des Lichts. Sein Tempel in Delphi war berühmt für seine Orakel.

ERDGÖTTINNEN

ERDGÖTTER SIND MEIST Göttinnen, die die Erde gebären und alles, was darauf ist, beschützen. Gäa ist die griechische Erdmutter. In Russland beten manche Menschen noch zur Erde, die sie Matj-Sira-Semlja nennen: „feuchte Mutter Erde“. Sie bitten sie, die Elemente so zu lenken, dass die Ernte gut wird.

DIE UNTERWELT

IN DER GRIECHISCHEN Mythologie mussten die Seelen auf dem Weg in die Unterwelt durch ein Tor schreiten, das von Zerberus, einem dreiköpfigen Hund, bewacht wurde. Dann mussten sie einen Fährmann bezahlen, damit er sie über den Fluss Styx brachte. Im alten Griechenland gab man den Toten oft Münzen als Fährgeld mit ins Grab. Am anderen Ufer wurde geurteilt, ob sie im Leben gut genug gewesen seien, um nach Elysium ins Paradies zu kommen. Sonst wurden sie in den Tartarus ins Reich der Verdammten geschickt.

NORDISCHE GÖTTER

BEI DEN NORDGERMANEN hieß der Gott, der Himmel und Erde schuf, Odin, der Allvater. Er war der mächtigste Gott, der Gott der Weisheit und der Schlachten. Als die warme Luft aus dem Süden auf die kalte Luft aus dem Norden traf, schmolz das Eis und so entstand der Riese Ymir. Thor, der Himmelsgott, war Odins Sohn. Odins Frau war Frigg oder Freyja, die Göttin des Gebärens. Nach ihr ist der Freitag benannt. Der Donnerstag ist nach Thor benannt, der auch Donar hieß.

ÄGYPTISCHE GÖTTER

DER GOTT, DER NACH ägyptischem Glauben die Welt erschuf, hieß Ra oder Re. In der Kunst wird er meist als Skarabäus dargestellt. Als Ra ausspuckte, entstanden Schu, der Gott der Luft, und Tefnut, die Göttin der Nässe. Zusammen zeugten sie weitere Götter und Göttinnen. Osiris, Schöpfergeist und Gott der Unterwelt, war mit Isis, der wichtigsten ägyptischen Göttin, verheiratet. Ihr Sohn war der Himmelsgott Horus, meist mit Falkenkopf und Sonne und Mond als Augen dargestellt. Ein weiterer Sohn, der schakalköpfige Anubis, führte die Seelen zum Totengericht.

Der Körper

Lebenszyklen

Gesundheit und Heilkunde

Bewegung

GEBURT

FLIEGENDER START
Im Volksmund heißt es manchmal, dass Babys vom Storch gebracht werden oder dass man sie unter Stachelbeersträuchern findet.

AUS EINEM STECKNADELKOPFGROSSEN Embryo wachsen wir neun Monate im Bauch unserer Mutter heran, bevor wir unseren Lebensweg beginnen. Als man noch nicht wusste, wie Babys entstehen, versuchte man, durch verschiedenste Symbole und Mythen zu erklären, wie sie auf die Welt kommen. Der Begriff „Geburt“ kann in vielen Bedeutungen verwendet werden, bezeichnet aber in der ursprünglichsten den Beginn der neuen körperlichen Existenz eines Menschen auf diesem Planeten.

DER LEBENSHAUCH

SOBALD WIR AUF die Welt kommen, holen wir das erste Mal Atem. In manchen Kulturen ist der Atem ein Symbol der kosmischen, schöpferischen Kräfte im Leben. Die Taoisten glauben, dass es neun verschiedene Atemströme gibt, die zusammen den Raum für alles bilden, was existiert.

Die Bibel erzählt, wie Gott Adam, dem ersten Menschen, durch seinen Atem Leben einhauchte.

Der Atem gilt als Geist des Lebens, der uns mit der gesamten Schöpfung verbindet. Hat man dir schon einmal geraten, tief durchzuatmen, wenn du dich aufgeregt hast? Zu flaches Atmen macht dich nur noch nervöser. Tiefes Durchatmen hilft dir, dich zu konzentrieren und entspannter mit den Dingen umzugehen. Wenn du das nächste Mal unruhig oder ängstlich bist, versuch es mit richtigem Atmen: Es wirkt Wunder!

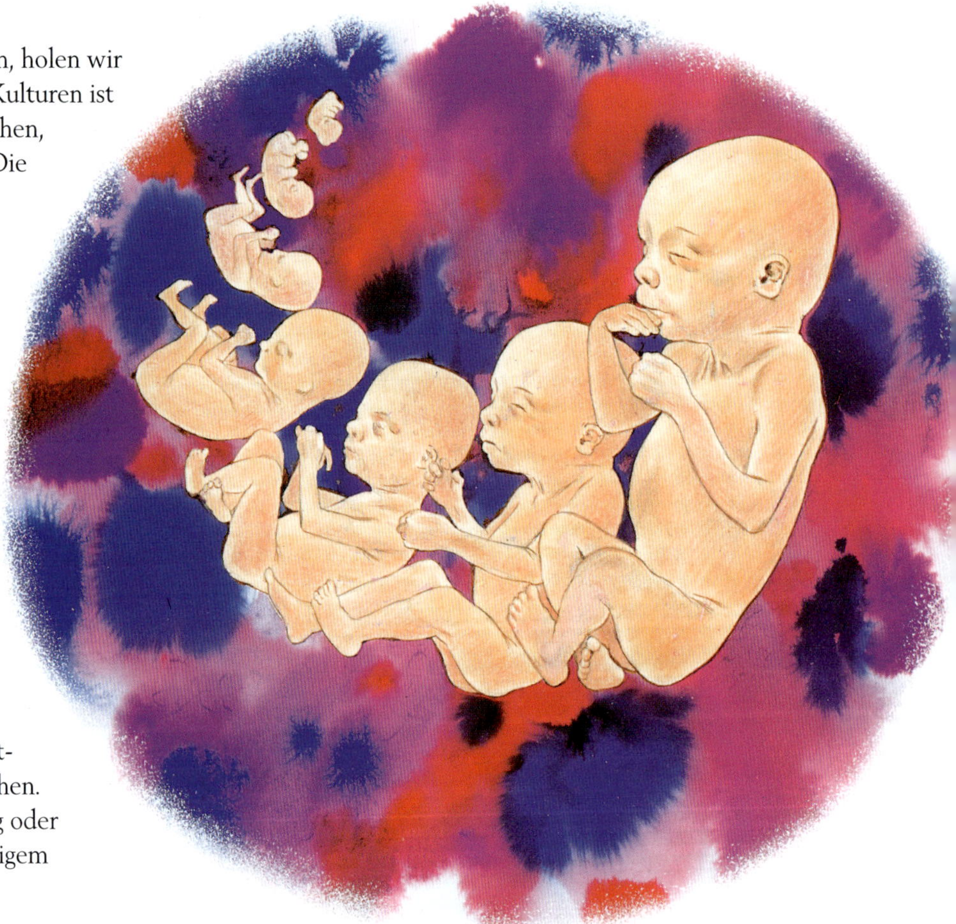

DIE ERSTE LEKTION

IN DER GEBÄRMUTTER wird das Baby von der Mutter durch die Nabelschnur mit Sauerstoff versorgt. Wenn es geboren wird, muss es sehr schnell lernen, an der Luft zu atmen. Oft geben Ärzte oder Krankenschwestern ihm einen Klaps auf den Rücken, um seine Lungen von versehentlich eingeatmeter Flüssigkeit zu befreien, damit es anfangen kann, so zu atmen, wie es das für den Rest seines Erdenlebens tun wird – indem es Luft in die Lungen saugt.

DIE GEBURTSERFAHRUNG

SELBST WENN WIR es könnten, würden wir uns wohl nicht gern an unsere Geburt erinnern. Sich plötzlich an Licht, Lärm und Berührungen durch fremde Menschen gewöhnen zu müssen, muss ein ziemlicher Schock sein, wenn man monatelang sicher und warm im Körper seiner Mutter geborgen war. Dann müssen wir lernen, uns zu verständigen und bald darauf machen wir unsere ersten Schritte.

 SIEHE AUCH: RELIGIONEN S. 130-133, LEBEN S. 56-57, REINKARNATION S. 60-61

REINIGUNGSRITUAL
Vater und Großmutter halten dieses Neugeborene in den Rauch eines Holzfeuers, um es zu „reinigen". Rauch spielt in Geburtsritualen im afrikanischen Ghana eine Rolle, weil man glaubt, dass er reinigend und läuternd wirkt.

GEBURTSRITUALE

SCHON IMMER WURDE die Ankunft eines Babys mit Ritualen und Zeremonien gefeiert, die sich je nach Religion der Familie unterscheiden. Sie dienen auch dazu, das Baby in seine Familie und ihre Lebensweise einzuführen.

In manchen Religionen beginnen die Rituale, sobald das Baby auf die Welt kommt. Wenn bei den Moslems ein neues Baby geboren wird, flüstert sein Vater ihm zu: „Ich bezeuge: Es gibt keinen Gott außer Allah und Mohammed ist sein Prophet." Einem neugeborenen Hindu-Baby wird ein Gebet ins Ohr geflüstert.

So unterschiedlich die Rituale der einzelnen Kulturen auch sind, sie alle sind Ausdruck von Freude, Glück und Dankbarkeit. Buddhistische Eltern sagen, ihr Kind sei kein Buddhist, bis es alt genug ist, um zu erfassen, was das Wort bedeutet. Die Kinder einer buddhistischen Familie erlernen ihren Glauben, genau wie sie etwas in ihren Schulfächern lernen. Sie werden erst dann richtige Buddhisten, wenn sie die Regeln verstehen und die Überzeugungen der Buddhisten für sich annehmen. Auch andere Religionen, wie das Judentum und das Christentum, glauben, dass es für Kinder wichtig ist, ihren Glauben selbst zu wählen. Deshalb haben sie außer den Ritualen nach der Geburt zusätzliche Rituale, wenn das Kind älter ist.

BINDUNGEN

ES IST KAUM VORZUSTELLEN, wie dein Leben aussähe, wenn du niemanden lieben würdest und keine besondere Beziehung zu Freunden oder Familie hättest. Jeder braucht Menschen, die er lieben kann. Es ist wichtig, dass Eltern gleich nach der Geburt eine gefühlsmäßige und körperliche Bindung zu ihrem Kind herstellen; das Baby muss sich nach dem Geburtsschock eng ankuscheln können. Die Art und Weise, wie wir von Anfang an geliebt werden, beeinflusst unser Leben stark.Wer als Baby keine Zuwendung erfährt, ist später vielleicht nicht in der Lage, um Liebe und Unterstützung zu bitten.

REBIRTHING

DIE ERINNERUNG AN UNSERE Geburt liegt in unserem Unbewussten verborgen und wir können sie nur zurückrufen, wenn wir einen Weg finden, mit dem Unbewussten in Verbindung zu treten. Dazu gibt es eine Methode namens „Rebirthing" (englisch für „erneute Geburt"). Kaum jemand erinnert sich bewusst an seine früheste Kindheit, aber die Informationen sind in uns gespeichert, ähnlich wie auf einer Computer-Festplatte, und wir können auf sie zugreifen.

Viele Menschen glauben, dass die Ursachen von Krankheiten oder Problemen in Erfahrungen liegen, die wir vor oder während unserer Geburt gemacht haben. Andere glauben sogar, dass sie vielleicht schon in einem früheren Leben angefangen haben.

Wenn du Angst vor Hunden hast und nicht weißt, warum, erfährst du beim Rebirthing vielleicht, dass deine Mutter, als sie mit dir schwanger war, von einem Hund gebissen wurde und ihre Furcht und Schmerzen sich auf dich übertragen haben. Natürlich kannst du dich daran nicht bewusst erinnern. Aber das Verstehen oder nochmalige Durchleben des Geburtsvorgangs kann helfen, Schmerzen und Gefühle freizusetzen, die für uns keinen Nutzen mehr haben.

DER PHÖNIX
Die alten Griechen und Ägypter glaubten, dass sich dieser sagenhafte Vogel, wenn er alt wurde, in einem Nest aus Zweigen der Kassie und des Weihrauchbaums selbst verbrannte. Alle 500 Jahre erstand er aus der Asche wieder auf. Darum wurde der Phönix zum Symbol der Wiedergeburt und Reinkarnation.

DER MENSCHLICHE KÖRPER

SOLANGE WIR AUF DER ERDE leben, ist der menschliche Körper die Behausung unserer Seele. Menschliche Körper lassen sich grob in die Kategorien männlich und weiblich unterteilen, doch auch wenn wir einige Körpermerkmale mit anderen gemeinsam haben, sind Gestalt und Gesichtszüge jedes Menschen unterschiedlich. Du bist also auch äußerlich ein einzigartiges Wesen.

Der menschliche Körper wird manchmal die verblüffendste Maschine der Welt genannt – er bewegt sich, denkt, kommuniziert und übernimmt unbewusste, aber lebenswichtige Funktionen wie etwa das Atmen. Doch der Körper ist keine Maschine. Computer können es mit der unglaublich komplizierten Funktionsweise des menschlichen Gehirns nicht aufnehmen.

Turner und Tänzer brauchen für ihre Tätigkeit eine Kombination aus Kraft, Geschmeidigkeit, Gleichgewichtssinn und Eleganz. Dies zu erreichen erfordert jahrelanges Training.

DER PHYSISCHE KÖRPER

DEIN KÖRPER IST SCHON etwas Erstaunliches. Dein Skelett dient als Stützgerüst und Schutz für die weicheren Organe. Die Muskeln geben dir Beweglichkeit und Kraft. Dein Herz pumpt sauerstoffhaltiges Blut von den Lungen in jeden Winkel deines Körpers. Deine Haut ermöglicht es dir, Dinge wie Hitze oder Schmerzen zu fühlen, hält Wasser ab und trägt dazu bei, dass dir nicht zu warm oder kalt wird, und deine Haare halten an kalten Tagen Wärme im Körper.

KÖRPERLICHE FÄHIGKEITEN

UNSERE KÖRPERLICHEN FÄHIGKEITEN sind genauso unterschiedlich wie unsere geistigen Talente. Wenn jemand körperlich anders beschaffen ist als die Mehrheit, kann es für ihn, seine Familie und seine Freunde schwierig sein, damit umzugehen. Manche glauben, dass uns all unsere Eigenschaften, geistige und körperliche, als Hilfsmittel gegeben sind, um das zu lernen, was wir für unser seelisches Wohl brauchen.

RAUMGEFÜHL

VON DEINER „räumlichen Intelligenz" hängt es ab, wie du deinen Körper in der materiellen Welt in der Gewalt hast. Unser Raumgefühl ist die Art und Weise, wie wir mit unserer Umgebung in Beziehung stehen, sie berühren, fühlen, empfinden und erfahren. Du besitzt ein ganz natürliches Gleichgewichtsgefühl, das dir das Selbstvertrauen gibt, Neues auszuprobieren. Die Kunststücke von Seiltänzern beruhen auf jahrelang trainiertem Gleichgewichtssinn und Selbstsicherheit.

 SIEHE AUCH: BEWUSSTSEIN S. 31, AUSSERSINNLICHE WAHRNEHMUNG S. 20

SCHALTZENTRALE GEHIRN

ALLE UNSERE GEDANKEN, Ideen und Erinnerungen werden in unserem Gehirn gespeichert. Es ist das Nervenzentrum des Körpers und steuert alle Körpertätigkeiten, wie etwa Herzschlag, Atmung und Verdauung, und auch unsere Sinne. Das Gehirn besteht aus zwei Hälften. Jede davon ist für eine Körperhälfte zuständig. Die rechte Gehirnhälfte wird zum intuitiven Denken und zur Schaffung bildlicher Vorstellungen eingesetzt und steuert die linke Körperhälfte. Darum sind sehr kreative Menschen, wie Künstler und Musiker, oft Linkshänder. Die linke Gehirnhälfte dient u. a. der sprachlichen Verständigung. Sie hilft dir auch, praktische Fertigkeiten zu erlernen, wie einen Schnürsenkel zu binden oder eine mathematische Gleichung zu lösen. Die linke Gehirnhälfte steuert deine logischen Gedankengänge und ist für die rechte Körperhälfte zuständig.

DIE GENE

VIELLEICHT ÄHNELST DU äußerlich deiner Mutter, deinem Vater oder beiden. Das liegt daran, dass du deine Gene von ihnen geerbt hast. Die Gene sitzen in den Körperzellen in einer Struktur, die man „DNS" nennt. Sie enthalten Anweisungen an deinen Körper darüber, wie du wachsen und aussehen wirst. Jeder von uns hat eine einzigartige Genkombination – außer eineiige Zwillinge, die genau die gleichen Gene besitzen.

DIE SINNE

DIE MEISTEN VON UNS sind sich ihrer körperlichen Sinnesorgane bewusst: Augen, Ohren, Nase, Mund und Haut. Aber wusstest du, dass wir Informationen auch durch verborgene Sinne empfangen und senden können? Manche sagen, dass sie in Energiezentren des Körpers sitzen, die man Chakras nennt. In unserer hektischen Welt wird es immer schwieriger, unsere inneren Sinne zu benutzen, aber sie sind unschätzbare Werkzeuge. Im Zweifelsfall folge deinem Instinkt.

GESICHTSAUSDRUCK

MEIST KANN MAN die Stimmung anderer Menschen an ihrem Gesichtsausdruck erkennen. Im Spiegel sehen wir das Spiegelbild von dem, was alle anderen sehen. Vielleicht ist es darum so schwierig, uns so wahrzunehmen, wie andere es tun: Meist sind wir unserem Äußeren gegenüber viel kritischer als die anderen. Indem wir beobachten, wie die Gesichter der anderen auf das reagieren, was wir sagen oder tun, erfahren wir nicht nur etwas über sie, sondern auch über uns selbst.

KÖRPERSPRACHE

SPRACHE IST EIN WEG, sich mit anderen zu verständigen. Menschen verschiedener Kulturen verwenden unterschiedliche Laute oder Sprachen, um mit ihrer Familie und ihren Freunden zu sprechen. Aber auch unser Körper kann „sprechen" – so haben Hörbehinderte eine ganze Zeichensprache erfunden. Wenn du dich angegriffen fühlst oder deine Gefühle verbergen willst, verschränkst du vielleicht die Arme und zeigst so, dass du niemanden an dich heranlassen willst. Auch wenn du traurig oder deprimiert bist, sieht man das deinem Körper an. Und in den erfolgreichen Momenten des Lebens, etwa wenn du einen Wettlauf gewonnen oder eine Prüfung bestanden hast, ist deine Freude für alle sichtbar.

KÖRPERZYKLEN

VIELE GLAUBEN, dass unser Wohlbefinden von unseren Biorhythmen abhängt: einem 23-tägigen körperlichen Zyklus, der sich auf Energie, Immunsystem, Kraft und Selbstvertrauen auswirkt, einem 28-tägigen emotionalen Zyklus, der unsere Gefühle, Stimmungen und kreativen Phasen steuert, und einem 33-tägigen geistigen Zyklus, der Lernfähigkeit, Logik, Gedächtnis und Entscheidungsfähigkeit beeinflusst. Man kann sie berechnen und in seine Lebensplanung einbeziehen.

CHAKRAS UND MERIDIANE

DER KÖRPER IST EINE wichtige Form physischer Energie, aber die unsichtbaren Energiefelder, die uns umgeben, sind ebenso wichtig. Manche Menschen können unsere Aura sehen – ein farbiges Energiefeld um den Körper, das anzeigt, wie es uns geht. Die Chinesen glauben, dass die Energie des Universums, das „Ch'i", in einem System von Kanälen, den so genannten Meridianen, durch unseren Körper fließt. „Chakras" sind unsichtbare Energiezentren entlang unserer Wirbelsäule, an denen wir Krankheiten erkennen können, ehe sie körperlich ausbrechen.

ENERGIESCHUB

WENN DU DICH nicht wohl fühlst, müssen vielleicht deine Chakras ausbalanciert werden. Dazu legen manche Menschen einen Kristall auf jedes Chakra. Du kannst aber auch bunte Papierschnipsel nehmen. Schneide entsprechende Papierstücke in den Farben der Chakras zu. Dann leg dich auf den Boden und verteile die Papierschnipsel auf die zugehörigen Chakras (siehe Abbildung). Bleib eine Weile liegen, während die Farben ihre Frequenzen oder Schwingungen in deinen Körper abgeben. Vielleicht geht es dir danach besser.

DIE SIEBEN CHAKRAS

CHAKRA IST EIN ALTES Sanskrit-Wort für „Rad". Indische Yogis berichteten als Erste von den sieben Chakras im menschlichen Körper. Man hält sie für Zentren, die die Lebensenergie des Universums aufnehmen und durch unseren Körper leiten. Für das normale Sehvermögen sind die sieben farbigen, wirbelnden Lichtkreise nicht sichtbar, aber du kannst sie mit deinem geistigen Auge sehen.

SCHEITEL-CHAKRA
Das Scheitel-Chakra ist das höchste spirituelle Zentrum des Körpers; seine Farbe ist violett. Ein Ort der Weisheit und eine spirituelle Tür.

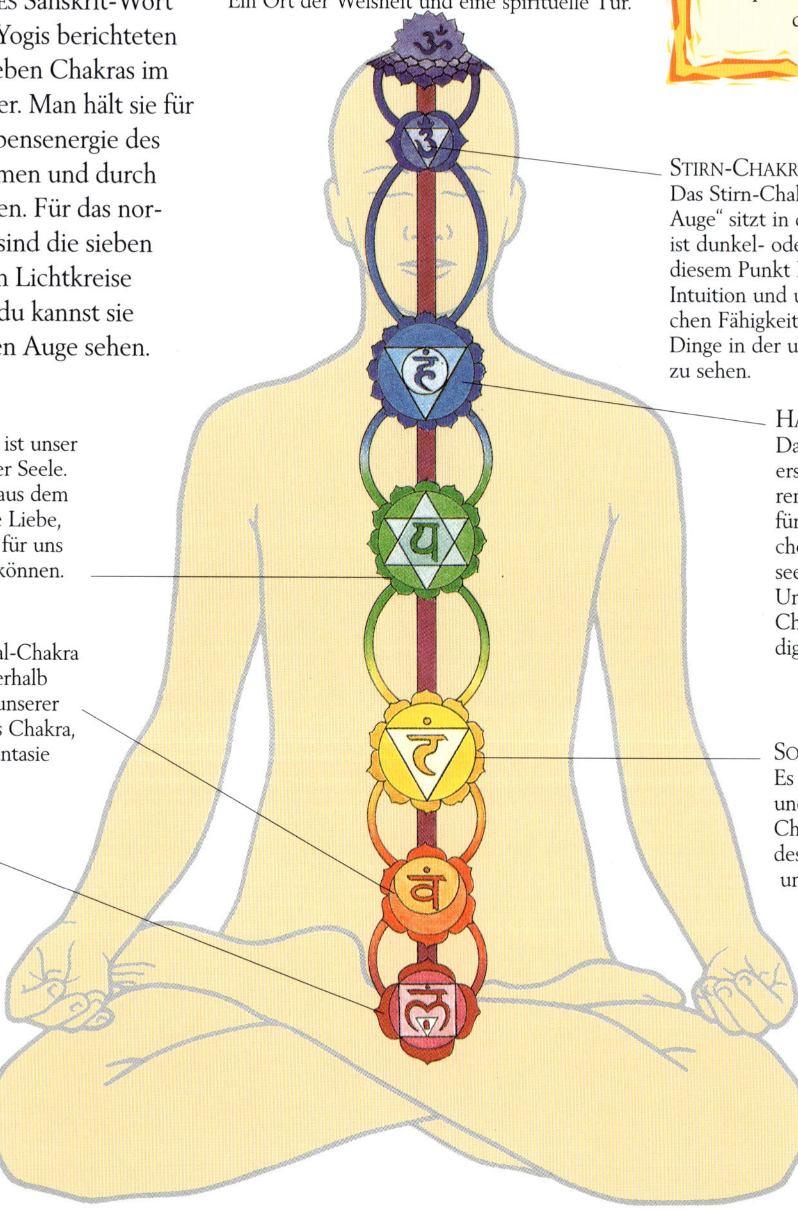

STIRN-CHAKRA
Das Stirn-Chakra oder „dritte Auge" sitzt in der Stirnmitte und ist dunkel- oder indigoblau. An diesem Punkt können wir unsere Intuition und unsere übersinnlichen Fähigkeiten einsetzen, um Dinge in der unsichtbaren Welt zu sehen.

HALS-CHAKRA
Das Hals-Chakra ist blau und das erste der drei spirituellen Zentren des Körpers, d. h. es ist nicht für unser irdisches oder körperliches Dasein, sondern für unsere seelische Verbindung mit dem Universum zuständig. Es ist das Chakra der Kreativität, Verständigung und Wahrheitssuche.

HERZ-CHAKRA
Das grüne Herz-Chakra ist unser Berührungspunkt mit der Seele. Es ist ein Heilzentrum, aus dem heraus wir vorbehaltlose Liebe, Mitgefühl und Fürsorge für uns und andere empfinden können.

SOLARPLEXUS-CHAKRA
Es sitzt gleich über dem Nabel und ist gelb. Dies ist das Haupt-Chakra, durch das die Energie des Universums fließt. Es ist mit unseren Gefühlen, unserem Glück und unserer Gesundheit verbunden. Dass sich Beleidigungen oder schlechte Nachrichten manchmal wie ein Schlag in die Magengrube anfühlen, liegt daran, dass man sie in diesem sehr machtvollen Energiezentrum aufnimmt.

SAKRAL-CHAKRA
Das orangefarbene Sakral-Chakra befindet sich gleich unterhalb des Nabels und ist Sitz unserer Intuition. Es ist auch das Chakra, das uns hilft, unsere Phantasie sinnvoll einzusetzen.

WURZEL-CHAKRA
Das rote Wurzel-Chakra liegt am unteren Ende der Wirbelsäule. Sein Name kommt daher, dass es uns mit der Erde verwurzelt hält. Es ist für Fragen der Selbsterhaltung zuständig, z. B. wie wir essen, uns fortpflanzen und wer uns lieben und sich um uns kümmern wird.

 SIEHE AUCH: HEILKUNDE S. 64-69, LEBENSKRAFT UND ENERGIE S. 90-91, DER MENSCHLICHE KÖRPER S. 50-51

DIE KÖRPERMERIDIANE

DIE MERIDIANE SIND wie eine Landkarte, die den ganzen Körper bedeckt. Es gibt zwölf Hauptmeridiane, an denen überall Akupunktur-Punkte liegen. Sie verbinden das Ch'i, die Lebenskraft, mit dem Blutstrom durch den Körper. Die Chinesen glauben, dass es 59 Meridiane gibt; indische Heiler sagen, es gäbe Hunderte!

Die zwölf Hauptkanäle bilden Paare, die den sechs Yin-Organen und den sechs Yang-Organen des Körpers zugeordnet sind.

Die Meridiane leiten Energie durch den ganzen Körper. Der Körper ist mit unserem Geist, unseren Gefühlen und unserer Seele verbunden. Ereignisse oder Gefühle können uns krank machen. Heiler, die sich mit dem Meridiansystem auskennen, können Blockaden im Energiefluss finden und behandeln, bevor sie zu Krankheiten führen. Sie behandeln dabei den Kanal, der zu dem gestörten Yin- oder Yang-Organ gehört.

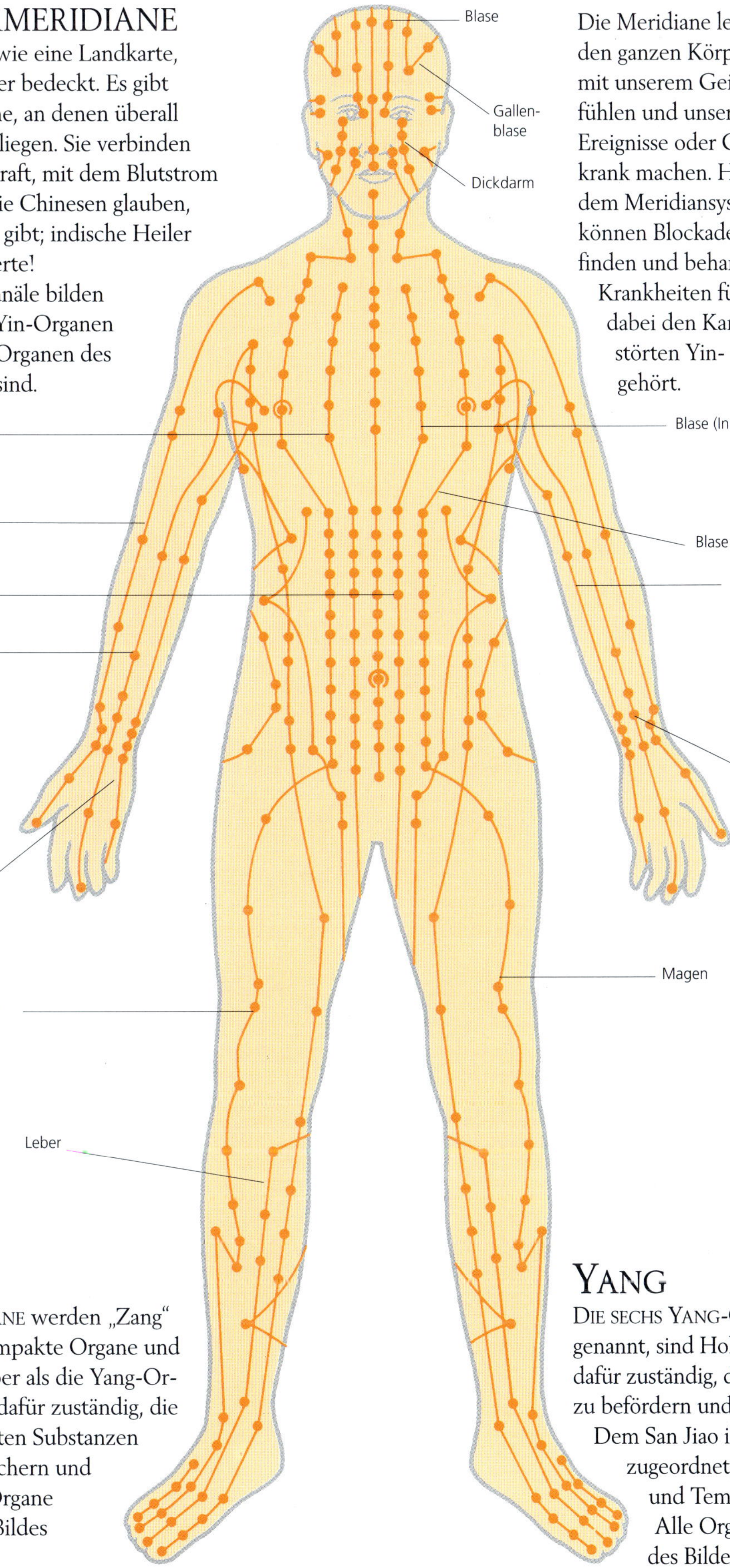

YIN

DIE SECHS YIN-ORGANE werden „Zang" genannt. Sie sind kompakte Organe und liegen tiefer im Körper als die Yang-Organe. Die Zang sind dafür zuständig, die vom Körper benötigten Substanzen zu erzeugen, zu speichern und zu regulieren. Alle Organe auf dieser Seite des Bildes sind Yin-Organe.

YANG

DIE SECHS YANG-ORGANE, auch „Fu" genannt, sind Hohlorgane. Sie sind dafür zuständig, die Körpersubstanzen zu befördern und auszutauschen.

Dem San Jiao ist kein Körperorgan zugeordnet, aber er soll Wasser und Temperatur regulieren. Alle Organe auf dieser Seite des Bildes sind Yang-Organe.

FARBE UND LICHT

KANNST DU DIR VORSTELLEN, wie trist die Welt ohne Farben wäre? Es wäre dunkel, denn Farben existieren nur als Bestandteil des Lichts. Farben, ob in der Natur, zu Hause oder in der Schule, sind wichtig in unserem Leben. Trägst du vielleicht an manchen Tagen lieber Grün, an anderen eher Blau? Die Energiefrequenzen geben den Farben unterschiedliche Eigenschaften. Wir treffen unsere Wahl je nachdem, wie wir uns gerade fühlen. Manche glauben, dass man Farben hören kann – hohe Musiktöne seien hell und strahlend, tiefere Töne dunkler. Jeder Wochentag, jede Ziffer und jeder Buchstabe hat eine eigene Farbe.

FREUDENKLEIDER
Das Safrangelb bzw. Orange dieser buddhistischen Mönchsgewänder hat nach Aussage von Farbtherapeuten eine sanfte, weibliche Energie. Es hilft, Depressionen zu lindern, und bringt Freude.

FARBEN IN DER NATUR

DIE FARBEN DER NATUR sind manchmal so schön, dass sie fast berauschend wirken, etwa ein Sonnenuntergang oder Mondschein auf tiefblauem Meer. Auch die leuchtenden Farben eines Gartens voller Blumen und Insekten sind herrlich.

Seit Urzeiten haben Menschen die natürlichen Farbstoffe der Erde, die Pigmente, genutzt, um ihre Behausungen zu verschönern und ihre Körper zu heilen. Die Indianer verarbeiten immer noch Erdfarben in Kleidung und Kunsthandwerk und bemalen sogar ihre Körper mit den rotbraunen Ockertönen des Landes.

Überall auf der Welt werden Farben bei Festen und Zeremonien eingesetzt.

HEILIGE FARBEN

FARBEN HABEN FÜR viele Religionen und Philosophien der Welt wichtige Bedeutungen, die aber bei verschiedenen Völkern unterschiedlich sein können.

- SCHWARZ ist für Inder oder Christen eine Trauerfarbe, während es für die alten Ägypter Verwandlung, Auferstehung und Wiedergeburt bedeutete.
- ROT, die Glücksfarbe der Chinesen, stand bei den Kelten für Unheil und Verhängnis.
- ORANGE verkörpert für die Japaner und Chinesen Freude und Liebe.
- GELB ist bei Buddhisten und Christen eine wichtige Farbe.
- GRÜN ist für die moslemischen Völker eine heilige Farbe.
- BLAU ist bei vielen Religionen der Welt beliebt; manche bezeichnen das Himmelblau als „Große Mutter". Die Römer brachten Blau mit Venus, der Göttin der Schönheit, in Verbindung. Auch Violett wird bei vielen religiösen Zeremonien und Ritualen verwandt.
- GOLD verkörpert in vielen Kulturen Sonne, Licht und Wahrheit.
- SILBER steht mit dem Mond und der tief innerlichen Seite des Lebens in Verbindung.
- WEISS, die Farbe der Erleuchtung, aus der alle anderen entstehen, wird bei Geburts-, Heirats- und Todeszeremonien eingesetzt.

 SIEHE AUCH: HEILKUNDE S. 64-69, LEBENSKRAFT UND ENERGIE S. 90-91, NATUR S. 108-109

FARBENERGIEN

ES GIBT DREI GRUNDFARBEN: Rot, Blau und Gelb. Alle anderen entstehen durch Mischen dieser Farben. Jede Farbe hat negative und positive Eigenschaften. Einige davon sind hier aufgeführt.

- ROT gibt Kraft und Energie.
- GRÜN steht für Ausgeglichenheit, aber auch für Unausgeglichenheiten wie etwa Selbstsucht.
- ORANGE steht für Unabhängigkeit und Glück.
- GELB steht für geistige Aktivität.
- TÜRKIS steht für Ruhe und Reinheit.
- BLAU steht für Frieden und Schlaf.
- VIOLETT ist Mystik und Hoffnung.
- MAGENTA hilft, loszulassen und uns mit dem Strom des Lebens zu bewegen.
- WEISS ist die Reinheit und Wahrheit.

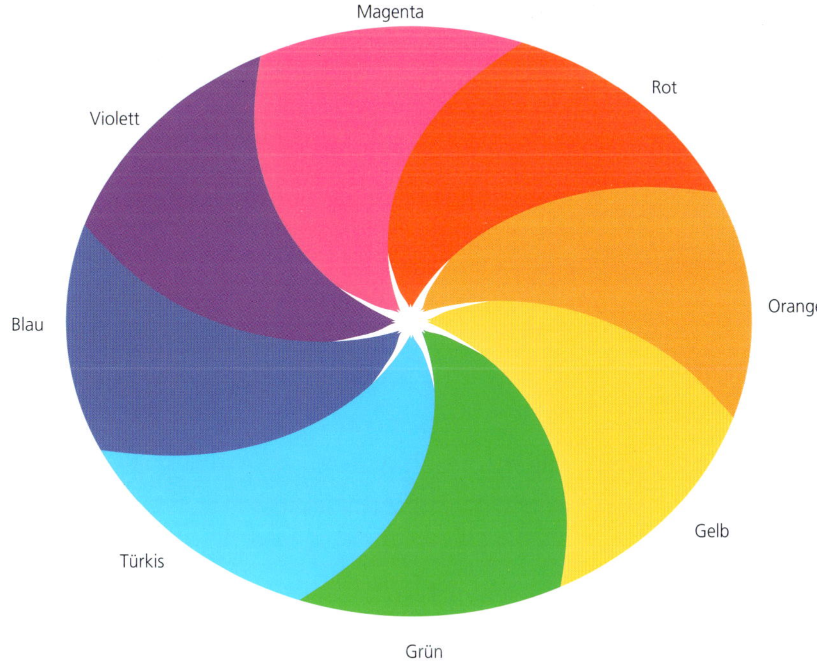

REGENBOGEN

REGENBÖGEN SIND SO prachtvoll, dass wir sie zum Symbol für Glück und Freude gemacht haben. Sie entstehen durch Wassertropfen, die bei Sonnenschein durch die Luft fallen, meist am Ende eines Regenschauers. Aber auch im Sprühnebel von Wasserfällen ist dieser Effekt zu beobachten.

Wenn Licht durch einen Regentropfen fällt, wird es in die Farben des Regenbogens aufgespalten – Rot, Orange, Gelb, Grün, Blau, Indigoblau, Violett. Weißes Licht besteht aus allen Farben des Spektrums. Jede Farbe hat eine eigene Frequenz oder Wellenlänge. Man glaubt, dass die unterschiedlichen Frequenzen den Farben ihre speziellen Eigenschaften verleihen.

HEILKRAFT DER FARBEN

SCHON SEIT LANGER Zeit verwenden Menschen Farbe und Licht, um Heilprozesse zu fördern. Viele Menschen glauben, dass die Farbtherapie bei vielerlei Beschwerden hilft – von Lernstörungen bis zu Krebs. Farben beeinflussen uns in unsichtbarer, aber tief greifender Weise. Man braucht ein Gleichgewicht von Farben mit unterschiedlicher Schwingung oder Frequenz, um sich körperlich, geistig und seelisch gesund zu fühlen. Farbtherapeuten helfen uns, Unausgewogenheiten aufzuspüren und bestimmte Farben oder Farbgruppen auszuwählen, die unser geistiges, körperliches und seelisches Farbgleichgewicht wiederherstellen.

KOMPLEMENTÄRFARBEN

JEDE FARBE HAT EINE Gegen- oder Komplementarfarbe. So sind etwa Orange und Blau oder Grün und Magenta zueinander komplementär. Du kannst das mit einem einfachen Experiment selbst beobachten: Schneide einen Kreis von etwa 15 cm Durchmesser aus farbigem Papier aus und leg ihn auf ein weißes Blatt. Sieh das Papier etwa 15–20 Sekunden an, dann nimm das farbige Papier rasch weg. Schau auf das leere weiße Blatt. Nach einer Weile solltest du wiederum einen Kreis darauf erkennen, aber in der Komplementär- oder Gegenfarbe. Oft erscheint diese Farbe sehr kräftig und leuchtend.

LICHTMANGEL-DEPRESSIONEN

ES GIBT JAHRESZEITLICH bedingte Depressionen, die durch einen Mangel an Tageslicht hervorgerufen werden. Anscheinend brauchen manche Menschen das Sonnenlicht nötiger als andere. Wenn die Tage kürzer werden, kann es zu Energiemangel, Antriebslosigkeit und Depressionen kommen. Das mag eine Folge unseres unnatürlichen Lebensstils sein. Es muss erst genauer erforscht werden, welche Bestandteile des Lichts für uns wichtig sind, aber Kunstlicht, das alle Farben des Spektrums enthält, scheint zu helfen.

LEBEN

WAS IST LEBEN? Es ist ein Wort, das wir auf Geschöpfe anwenden, die sich ernähren, wachsen und sich fortpflanzen, um auf der Erde zu überleben. Auf der Erde gibt es die Lebensbereiche der Pflanzen-, Tier- und Menschenwelt. Man sagt, dass alle Lebewesen eine Seele haben. Für die Dauer des Lebens wohnt die Seele in einem materiellen Körper, um auf der Erde existieren zu können. Die Erde bietet viele Erfahrungsmöglichkeiten, aber im kosmischen Sinn gibt es eigentlich nur ein Ziel: wertvolle Einsichten zu erwerben, die uns helfen, innerlich zu wachsen und unser Bewusstsein zu erweitern.

Bei den Kaiserpinguinen beteiligen sich beide Elternteile an der Aufzucht der Jungen.

LEBENDIG SEIN

WENN DIE LEBENSKRAFT oder Energie des Universums durch deine Adern strömt, spürst du, dass du lebendig bist! Natürlich fühlen wir uns mal mehr, mal weniger lebendig, je nachdem, womit wir unsere Zeit zubringen, was wir unserem Körper als Brennstoff zuführen und wie wir für Geist, Körper und Seele sorgen. Man nennt dieses Gefühl auch Vitalität – das ist die Kraft unseres Energiefeldes. Wie wir leben, hängt stark davon ab, wie rasch unser Körper arbeitet. Auch Faktoren wie Alter, Lebensumstände, Umwelt etc. spielen eine Rolle für unser Lebensgefühl.

DIE EVOLUTION

DIE EVOLUTIONSTHEORIE DES Naturforschers Charles Darwin beschreibt, wie sich die Menschen aus affenähnlichen Wesen entwickelt haben. Bei allen Arten von Lebewesen gibt es unterschiedliche Gestalten, Größen und Farben. Manchmal verschafft eine bestimmte Gestalt oder Farbe einem Einzelwesen eine bessere Chance, bis ins Erwachsenenalter zu überleben und Nachwuchs zu bekommen. Der Nachwuchs erbt oft die Gestalt oder Farbe, die zum Überleben der Eltern beigetragen hat. Durch diese „natürliche Auslese" können sich Lebewesen über viele Generationen hinweg im Aussehen stark verändern.

AMMONITEN
Versteinerte Ammoniten – Meerestiere, die vor Millionen Jahren auf der Erde lebten. Ihr nächster lebender Verwandter ist der Nautilus.

 SIEHE AUCH: GEBURT S. 48-49, LEBENSKRAFT UND ENERGIE S. 90-91, PHILOSOPHIE S. 30

LEBENSZYKLEN

IM KOSMISCHEN SINNE währt das Leben vielleicht ewig und unsere Lebensreise mag viel länger dauern als unsere Zeit auf der Erde. Dabei geht es nicht nur ums Essen, Trinken, Schlafen und Spaßhaben, auch wenn diese Dinge viel Zeit beanspruchen. Es gibt einen Zyklus, der uns helfen soll, etwas über uns und andere zu lernen, etwa wie man mit Problemen und Verlusten umgeht, Ängste überwindet und in verschiedenen Lebensbereichen erfolgreich ist. Zuerst kümmern sich unsere Eltern um uns; wenn sie alt werden, ist es umgekehrt. Das ist der Lebenszyklus: Er lehrt uns, zu nehmen und zu geben, für andere zu sorgen, tolerant und liebevoll zu sein. Nicht jeder von uns erreicht all diese Stadien. Vielleicht gibt es einen höheren Grund, warum manche Menschen viel länger leben als andere.

SYNCHRONIZITÄT

WIE OFT ERLEBST du Zufälle? Etwa, dass du jemanden triffst, den du schon Ewigkeiten nicht gesehen, an den du aber gerade noch gedacht hast? Oder dass zwischen Dingen, die in deinem Leben passieren, ein Zusammenhang zu bestehen scheint, den du aber einfach dem Zufall zuschreibst? Der Psychologe C. G. Jung benutzte den Begriff „Synchronizität“ für zwei scheinbar voneinander unabhängige Ereignisse, die sich als zusammenhängend erweisen. Wir stellen im Leben immer wieder fest, dass wir alle möglichen Verbindungen zu Menschen und Dingen haben, zu denen zunächst keine Beziehung zu erkennen war.

JUGEND

MIT ERREICHEN DER PUBERTÄT und des Teenageralters übernehmen wir mehr Verantwortung, werden unabhängiger von Eltern und Erziehungsberechtigten und beginnen, eigene Entscheidungen über unsere Zukunft zu treffen. Dies ist oft eine schwierige Zeit.

ERWACHSENENALTER

ALS ERWACHSENE werden wir unabhängig und müssen versuchen, uns selbst zu erhalten, ohne uns allzu sehr auf andere zu stützen. Falls wir Eltern werden, beginnt für uns der Zyklus der Verantwortung für andere.

DIE MITTLEREN JAHRE

DIESE VIERTE LEBENSPHASE beginnt, wenn unsere Kinder, falls wir welche haben, erwachsen werden, so dass wir unsere Freiheit wieder genießen können, wenn auch auf gereiftere und weisere Art!

KINDHEIT

AM ANFANG sind wir völlig davon abhängig, dass andere für uns sorgen. Mit zunehmendem Alter werden wir selbständiger: Wir lernen, selbst zu essen, zu sprechen und andere Dinge zu tun. In dieser Zeit lernen wir auch, Freundschaften zu schließen und mit anderen Menschen auszukommen.

DIE SPÄTEN JAHRE

OFT WERDEN WIR mit dem Alter langsamer und unsere körperlichen Kräfte lassen nach; dafür können wir aber auf einen reichen Erfahrungsschatz zurückgreifen. Manchmal geben Enkelkinder unserem Leben neuen Auftrieb.

TOD

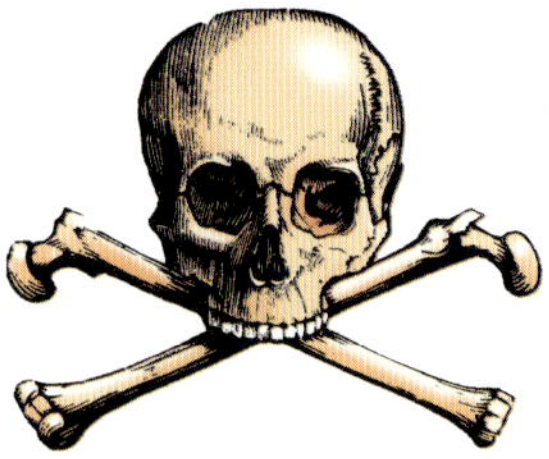

DAS WORT „TOD" löst oft negative Gefühle aus. Der Tod ist das Ende des Lebens, wie wir es kennen. Doch im spirituellen Sinn ist er nur ein Übergang aus einer Dimension – der Erde – in eine andere. Wir alle müssen irgendwann sterben und sollten uns davor nicht fürchten. Aber wir wissen nicht, wie es sich anfühlt und vor dem Unbekannten hat man oft Angst. Wir können es nicht wissen, bis wir es erleben, aber vielleicht ist es angenehm!

ANSICHTEN ÜBER DEN TOD

FAST ALLE RELIGIONEN glauben, dass die Seele nach dem Tod an einen anderen Ort geht. Hindus, Sikhs und Buddhisten glauben, dass wir mehrere Leben führen und in verschiedenen Existenzformen auf die Erde zurückkehren, bevor unsere Seele im Reich des Geistigen verbleibt. Christen, Juden und Moslems glauben, dass wir nur ein Erdenleben haben. Die Taoisten sagen, dass die Seele des Toten eine Brücke ins nächste Leben überquert. Die Juden glauben, dass die Seele in die zukünftige Welt geht, die Sikhs, dass man durch das Sterben Gott einen Schritt näher kommt.

WAS PASSIERT, WENN WIR STERBEN?

VIELE STELLEN SICH VOR, dass wir nach dem Tod den Seelen geliebter Menschen begegnen, die vor uns gestorben sind. Das können Familienmitglieder sein oder andere Menschen, die man auf der Erde gekannt und geliebt hat. Es heißt auch, dass nach dem Tod unsere Schutzgeister oder -engel bei uns sind. Manche Menschen glauben, dass wir jede Nacht im Schlaf etwas Ähnliches wie den Tod erleben, d. h. dass unsere Seele zeitweise unseren Körper verlässt, um in unserem Astralleib zu reisen, wie sie es auch nach dem Tod tut.

TRAUER

MANCHE KULTUREN MACHEN es Menschen schwer, ihre Trauer und Erschütterung über jemandes Tod zu zeigen. Lange Zeit war der Tod vielerorts ein Thema, über das man nicht sprach. Heute hält man es für besser, offen zu trauern und seine Gefühle herauszulassen, um den Schmerz zu lindern. Man sagt, es gäbe drei Hauptstadien der Trauer – Ungläubigkeit, Wut und Akzeptanz. Aufgestaute Gefühle können dich krank machen. Es ist, als ob all die Traurigkeit und Wut, die du zurückhältst, deinen Körper vergiften. Manche sagen, richtiges Trauern sei wichtig, damit die betrauerte Seele nicht zwischen der Erde und dem Reich des Unsichtbaren stecken bleibt, eine Seele könne erst dann weiterreisen, wenn diejenigen, die sie auf der Erde geliebt haben, sie loslassen. Du kannst deine Liebe für jemanden, der gestorben ist, zeigen, indem du deine Gefühle äußerst.

LADY ELAINE
In der Artussage stirbt Lady Elaine aus Liebe zu Sir Lanzelot. Ihr Leichnam wird die Themse hinauf zu König Artus' Hof gesandt – mit einem Brief, der ihm mitteilt, was geschehen ist.

 SIEHE AUCH: LEBEN NACH DEM TOD S. 77, HIMMEL UND HÖLLE S. 78, REINKARNATION S. 60-61

TAG DER TOTEN
In Mexiko ist der Tag der Toten ein Festtag, an dem man Kerzen anzündet und Opfer darbietet, um die Seelen der Toten auf der Erde zu begrüßen. Dieser Laden verkauft Zubehör für die Feierlichkeiten.

BEGRÄBNISSE

EIN BEGRÄBNIS IST EINE Abschiedszeremonie für einen Verstorbenen. Sie unterscheidet sich je nach Kultur und Religion. Oft begräbt man den Toten in der Erde und kennzeichnet das Grab mit einem Stein. So haben Freunde und Verwandte einen Ort, den sie aufsuchen können, um an den Verstorbenen zu denken. Manche Menschen lassen sich lieber einäschern und ihre Asche an einem Ort aufbewahren, wo Freunde und Verwandte sie besuchen können. Es gibt noch andere Zeremonien, etwa Seebestattungen. Zu den meisten Begräbnissen gehören spezielle Rituale, die die Lebenszyklen verkörpern, und Symbole, die Familie und Freunden helfen, das Geschehene zu akzeptieren. Die Zeremonie ist eine Feier zum Gedenken an das Leben des Verstorbenen, die den Hinterbliebenen Gelegenheit gibt, offen zu trauern.

TODESRITUALE

JEDE KULTUR HAT IHRE eigene Art, sich von einem Verstorbenen zu verabschieden. Neben dem Begräbnis gibt es noch andere Rituale, die Menschen je nach ihrem Glauben befolgen. Sie sind den Menschen eine Stütze, an die sie sich halten können und die ihnen hilft, richtig zu trauern. In vielen Kulturen trägt man etwa zum Begräbnis und auch danach, solange man in Trauer ist, eine bestimmte Farbe.

- ORTHODOXE JUDEN gehen nach dem Tod eines Nahestehenden einen Monat zu keinerlei Vergnügung. Nach jemandes Tod beten sie mindestens ein Jahr lang jeden Tag für den Verstorbenen.
- DIE WIKINGER gaben den Toten Gold und andere Edelmetalle mit ins Grab, damit sie ihre Reise in den Himmel bezahlen konnten.
- DIE JAPANER geben ihren Toten spezielle Begräbnisschalen voll Essen mit – als geistige Nahrung für den nächsten Abschnitt ihrer Reise.
- DIE BUDDHISTEN verwenden oft spezielle Urnen für die Asche ihrer Toten als Glückssymbole.
- BEI DEN TAOISTEN verhüllen sich die Trauernden als Zeichen ihrer Achtung vor dem Toten manchmal von Kopf bis Fuß.
- BEI CHINESISCHEN Totenverbrennungen wird oft farbiges Papier mit verbrannt, um der Seele auf ihrer Reise ins Jenseits Glück zu bringen.
- DIE ALTEN ÄGYPTER hatten einen speziellen Totengott, Anubis, der die Toten zum Gericht brachte und über die Gräber wachte. Sie mumifizierten ihre Toten, um sie für das nächste Leben zu erhalten.

NAH-TOD-ERFAHRUNGEN

SO NENNT MAN DIE ERLEBNISSE von Menschen, die klinisch tot waren, aber wieder belebt wurden und sich erinnern können, wie die Lebenskraft ihren Körper verließ und warum sie wieder zurückgekehrt sind. Solche Nah-Tod-Erfahrungen ähneln sich erstaunlich. Oft geschehen sie auf dem Operationstisch. Der Sterbende sieht sein Leben wie in einem Film vorüberziehen und erblickt dann einen Tunnel, oft auch ein Licht. Viele empfinden ein Gefühl von Licht und Liebe. Manchmal begegnen sie am Ende des Tunnels verstorbenen Freunden und Verwandten. Doch weil ihnen bewusst wird, dass sie in diesem Leben noch etwas zu erledigen haben, entscheiden sie sich zur Rückkehr. Menschen, die so etwas erleben, sind danach überzeugt, dass der Tod eine angenehme Erfahrung ist, legen aber auch mehr Wert darauf, ihr Leben voll auszuschöpfen und etwas zu erreichen, solange sie auf der Erde sind.

REINKARNATION

DAS WORT INKARNATION kommt von lateinisch *in carne*, das bedeutet „im Fleisch", d. h. soviel wie „einen physischen Körper haben". Reinkarnation bedeutet, dass man mehr als einmal auf die Welt kommt. Es gibt verschiedene Theorien darüber, was passiert, wenn wir sterben. Viele glauben, dass wir in einem neuen Körper zurückkehren, um weitere Erfahrungen zu machen und Neues zu lernen. Irgendwann ist unsere seelische Entwicklung so weit, dass wir nicht mehr auf die Erde zurück müssen, sondern den nächsten Abschnitt unserer persönlichen Reise antreten können.

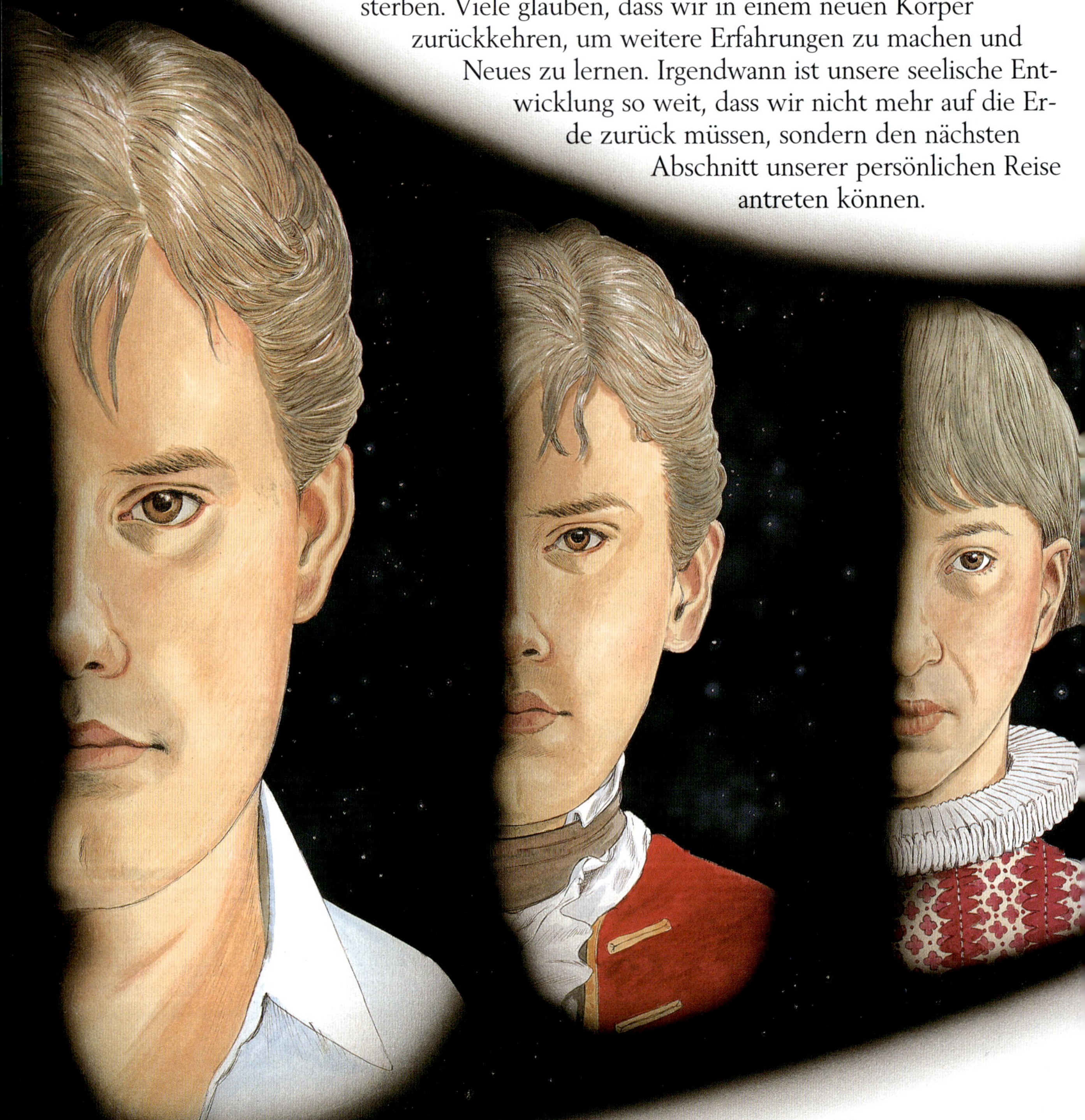

VERSCHIEDENE MENSCHEN
In einem Leben bist du vielleicht ein Kreuzritter des Mittelalters, in einem anderen ein Ingenieur des 20. Jahrhunderts. Bestimmt hast du aus jedem deiner Leben etwas Wertvolles gelernt.

 SIEHE AUCH: GEBURT S. 48-49, TOD S. 58-59, GEFÜHLE S. 24-25, SEELE UND GEIST S. 76

WIEDER GEBOREN WERDEN

MANCHE MENSCHEN FINDEN, es sei einleuchtend, dass wir mehrfach wieder geboren werden, um Hunger und Reichtum, Vater- und Mutterschaft, Gemeinschaft und Einsamkeit zu erleben. Bei unseren vielen Besuchen auf der Erde haben wir vielleicht in ganz verschiedenen Gegenden und Zeiten gelebt. So könnten wir verschiedene Kulturen erleben, unter einem anderen Sternzeichen geboren werden, in einem Leben reich, im nächsten arm sein, andere Menschen kennen lernen und andere Anschauungen haben als in unserem jetzigen Leben. Das würde uns viel umfassendere Lebenserfahrungen ermöglichen.

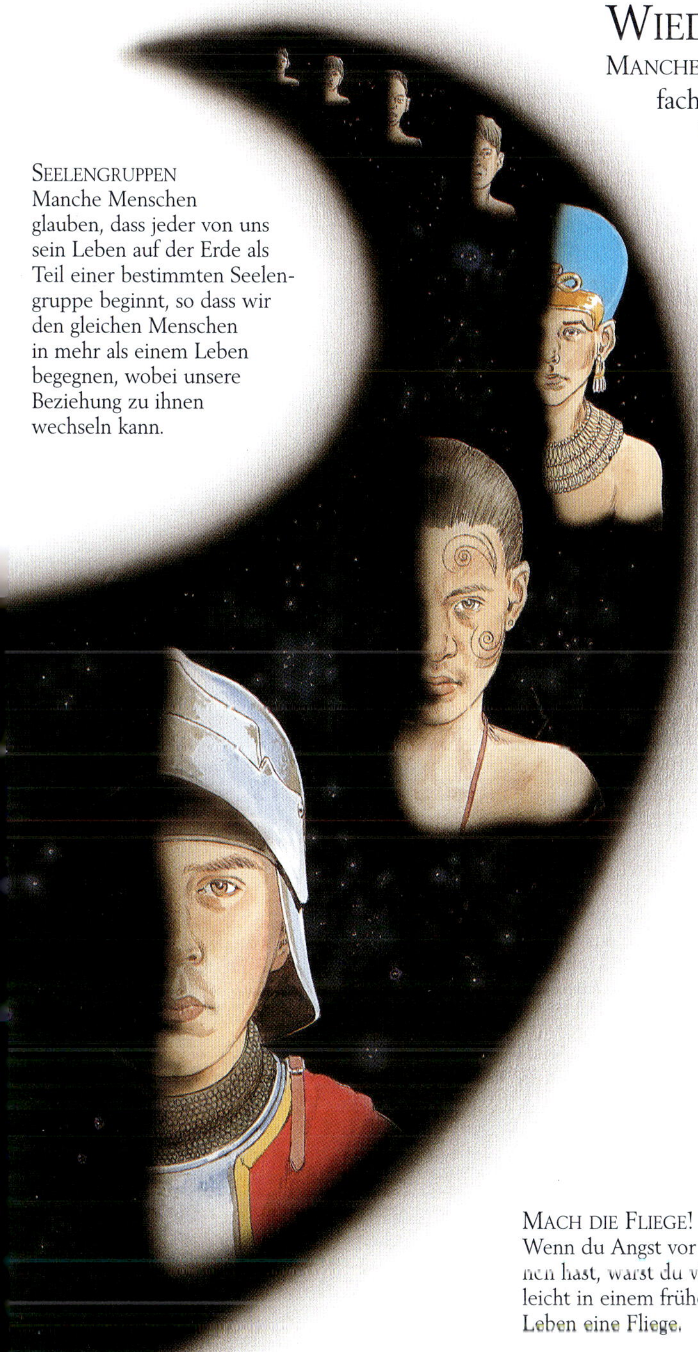

SEELENGRUPPEN
Manche Menschen glauben, dass jeder von uns sein Leben auf der Erde als Teil einer bestimmten Seelengruppe beginnt, so dass wir den gleichen Menschen in mehr als einem Leben begegnen, wobei unsere Beziehung zu ihnen wechseln kann.

KARMA

VIELE MENSCHEN, VOR ALLEM im asiatischen Raum, glauben an Reinkarnation und mehrfache Erdenleben. Sie glauben oft auch an Karma, d. h. dass all unsere Taten Folgen für unser Schicksal haben, wenn auch nicht immer im selben Leben. Wenn du etwas tust, das in diesem Leben keine Folgen zu haben scheint, treten sie vielleicht erst im nächsten Leben ein. Wenn du etwa grausam zu jemandem warst, könnte es passieren, dass du in einem späteren Leben selbst grausam behandelt wirst. Wenn du hingegen großzügig und freundlich zu anderen, auch zu Tieren bist, wird dir das vielleicht nicht immer gedankt, aber du baust dir ein gutes Karma für das nächste Leben auf. Es ist natürlich nicht immer so offenkundig, aber wir haben alle viel zu lernen und Menschen, die an Karma glauben, finden, dass ein Leben einfach nicht genug Zeit bietet, um alles zu lernen.

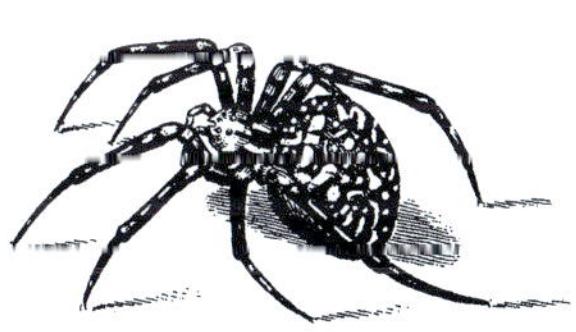

MACH DIE FLIEGE!
Wenn du Angst vor Spinnen hast, warst du vielleicht in einem früheren Leben eine Fliege.

FRÜHERE LEBEN

HAST DU JEMALS EINEN unbekannten Ort besucht und das Gefühl gehabt, du wärst schon einmal dort gewesen, oder jemanden kennen gelernt und gleich eine starke Verbundenheit und Vertrautheit gespürt? Manche Menschen sind von einer bestimmten Epoche oder einem speziellen Thema besonders fasziniert, ohne zu wissen, warum. Vielleicht haben frühere Leben eine Erinnerungsspur in deinem Bewusstsein hinterlassen, die durch einen bestimmten Ort oder eine Person wieder erweckt wird. Ereignisse aus früheren Leben können vielleicht sogar zu Ängsten vor bestimmten Dingen führen.

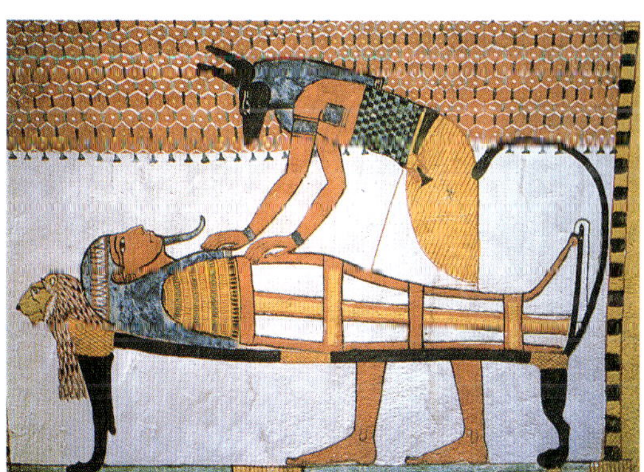

EIN ANDERES LEBEN
Dieses Bild stammt aus einem Grab im ägyptischen Luxor. Es zeigt Anubis, den schakalköpfigen Totengott, der einen Toten auf das Gericht vorbereitet. Die alten Ägypter konservierten die Körper der Verstorbenen und sogar tote Katzen sorgfältig, weil sie glaubten, dass sie in einer anderen Welt weiterlebten.

GESUNDHEIT UND FITNESS

UM UNSER LEBEN VOLL auszuschöpfen, müssen wir uns rundum gesund und fit halten – in körperlicher, geistiger, emotionaler, sozialer und medizinischer Hinsicht. Jeder dieser Bereiche muss auf seine Weise gepflegt werden, aber für ein ausgeglichenes, glückliches Leben sind sie alle gleich wichtig. Positive Gewohnheiten, wie eine ausgewogene Ernährung, regelmäßiges Körpertraining und der richtige Umgang mit Stress, helfen uns, gesund und glücklich zu bleiben. Es gibt Zeiten, in denen wir auf unsere Reserven zurückgreifen müssen, und allgemeine Fitness sorgt dafür, dass die Energie da ist, wenn wir sie brauchen.

EIN GESUNDER KÖRPER

MENSCHEN MIT GESUNDEM Körper können all das tun, was sie im Alltag tun müssen, und behalten immer noch etwas Kraft und Schwung übrig. Wenn du dich regelmäßig bewegst, gesund isst und trinkst und regelmäßig zu ärztlichen und zahnärztlichen Kontrollen gehst, solltest du dich meistens wohl fühlen und nur selten krank werden. Dein Körper funktioniert besser, wenn er richtig gepflegt wird – wie eine Maschine auch. Menschen, die schon in jungen Jahren mit ihrem Körper richtig umgegangen sind, haben meist auch im Alter weniger Probleme. Oft sehen sie auch länger jung aus.

ERNÄHRUNGSWEISEN

UNSERE ERNÄHRUNG IST vor allem von Kultur und Lebensstil abhängig. Es gibt aber spezielle Ernährungsweisen, an die sich Menschen in aller Welt halten, weil sie glauben, dass sie zu einem gesünderen Leben beitragen.

- VEGETARISMUS Menschen können sehr gut von einer Kost ohne Fleisch, Fisch oder andere tierische Produkte leben. Manche Menschen verzichten aus moralischen, andere aus gesundheitlichen Gründen auf Fleisch.
- VEGANISMUS Eine strikte Form vegetarischer Kost, bei der auch auf Tierprodukte wie Eier und Milch verzichtet wird. Veganer stellen ihre Nahrungsmittel oft selbst her, weil viele Fertiggerichte Tierprodukte enthalten.
- MAKROBIOTIK Alle Nahrungsmittel werden in Yin oder Yang eingeteilt. Wenn man sich von beidem ausgewogen ernährt, soll dies den Körper im Gleichgewicht erhalten. Dazu muss man die Kost auch richtig zubereiten. Makrobiotiker bevorzugen regionale Produkte, um die Verbindung zwischen Mensch und Umwelt zu stärken.
- TRENNKOST Nach Dr. Hay sollten wir Nahrungsmittel, die verschiedene Verdauungsflüssigkeiten benötigen, nicht zusammen essen, also Kohlenhydrate und Eiweiß trennen. Vielen Menschen mit Rheuma, Gicht oder Verdauungsstörungen hilft diese Diät.

 SIEHE AUCH: TANZ S. 70-71, DER MENSCHLICHE KÖRPER S. 50-51

SPORT UND FITNESS
Eine neue Sportart, wie etwa Inline-Skating, zu lernen, hält nicht nur deinen Körper, sondern auch deinen Geist in Bewegung.

KÖRPERTRAINING

MAN SOLLTE SICH täglich etwas bewegen, selbst wenn man nur kurz schwimmen oder im Park spazieren geht. Ärzte empfehlen außerdem dreimal die Woche ein gemäßigtes, halbstündiges Körpertraining. Viele Menschen treiben in der Schule noch Sport, geben das aber auf, sobald sie die Schule verlassen. Das führt oft dazu, dass sie schnell dick werden und ihr Energiepegel immer weiter absinkt: ein Teufelskreis, denn je weniger fit man sich fühlt, desto weniger Lust hat man, etwas dagegen zu tun. Dabei ist Schwimmen oder Tanzen nicht nur gesund, sondern macht auch Spaß!

BODYBUILDING

VIELLEICHT HAST DU IM Fernsehen oder Fitness-Center gesehen, wie Bodybuilder ihre Muskeln spielen lassen. Muskeltraining kann unsere Kraft und Körperhaltung verbessern und den Stoffwechsel anregen – das System, das Nahrung in Energie umwandelt. Zu stark entwickelte Muskeln können jedoch die normale Bewegung behindern. Wer z. B. das Gewichtheben übertreibt, wird leicht unbeweglich. Wer in vielen Bereichen aktiv sein will, braucht eine Mischung aus Kraft, Beweglichkeit, Ausdauer, Gleichgewichtssinn und Koordination.

SEELISCHE GESUNDHEIT

ES HEISST, DASS in einem gesunden Körper auch ein gesunder Geist wohnt, und Körpertraining kann helfen, Stress abzubauen und klarer zu denken. Trotzdem müssen wir uns auch speziell um unsere seelische Gesundheit kümmern. Es gibt Fachleute für die Behandlung seelischer Probleme, aber auch hier ist Vorbeugen besser als Heilen. Wir können lernen, Situationen zu vermeiden, die uns Stress und Kummer bereiten, und mit schwierigen Situationen umzugehen, die sich nicht vermeiden lassen.

GESUNDE ERNÄHRUNG

DAS MENSCHLICHE Verdauungssystem kann die verschiedensten Nahrungssorten verarbeiten und unsere Zähne können fast alles zerkauen. Wir können uns also aussuchen, was wir essen, und den meisten von uns steht eine große Auswahl an Nahrungsmitteln zur Verfügung. Leider entscheiden sich viele aus Bequemlichkeit für vorverarbeitete Lebensmittel, die oft viel Fett, Salz und Zucker, aber kaum Vitamine und andere Nährstoffe enthalten. Naturbelassene Nahrungsmittel wie Bohnen, Gemüse und Obst kosten zwar Zeit, sind aber nährstoffreicher und besser verdaulich.

DIÄTEN

MAN KANN DIE IN Lebensmitteln enthaltene Energie in Kalorien oder Joule messen. Viele Menschen versuchen abzunehmen, indem sie weniger essen und so die tägliche Energieaufnahme einschränken. Besser ist es jedoch, sich mehr zu bewegen und gesünder zu essen, statt nur die Kalorienzahl zu senken. So solltest du weniger Fett, Zucker und Weißmehlprodukte, sondern lieber mehr frisches Obst, Gemüse und Vollkornprodukte essen. Bewegung kannst du dir etwa durch Spaziergänge oder Schwimmen verschaffen.

HEILKUNDE

FRÜHER ÜBERLIESS MAN DIE Wahl der Behandlungsmethode meist seinem Arzt. Heute haben wir mehr Auswahl und eine andere Einstellung. Viele Menschen entscheiden selbst, welche Heilverfahren und Therapeuten sie bevorzugen. Unsere Einstellung zu uns selbst, unserer Krankheit und der Behandlung ist wichtig für unsere Heilung. Manchmal kann positives Denken den Unterschied zwischen Leben und Sterben ausmachen.

Es ist wichtig, die Behandlungsmethode auszusuchen, bei der man sich selbst am wohlsten fühlt. Für manche ist das ein Besuch beim Arzt, für andere vielleicht beim Homöopathen oder Chiropraktiker.

HEILENDE SCHLANGEN
Früher glaubte man, dass Schlangen das Geheimnis des ewigen Lebens bewahren. Heute noch sind um einen Stab gewundene Schlangen ein Symbol der medizinischen Berufe.

DIE SCHULMEDIZIN

NOCH VOR DREIHUNDERT Jahren konnten die meisten Menschen von Glück sagen, wenn sie über dreißig wurden. Heute beträgt unsere Lebenserwartung mehr als das Doppelte. Das liegt vor allem daran, dass wir neue Methoden zur Verhütung, Behandlung und Heilung vieler Krankheiten entdeckt haben.

In alter Zeit hielt man Krankheit für einen göttlichen Fluch und glaubte, dass nur die Zauberer und Priester die Macht hätten, sie zu heilen. Doch der Grieche Hippokrates, der als Begründer der modernen Medizin gilt, glaubte, dass Krankheiten ihren Ursprung in der Natur hätten. Damit begann die Suche nach Ursachen und Heilmitteln, aus der sich unsere traditionelle Medizin, die so genannte Schulmedizin entwickelte.

MEDIKAMENTE
Herkömmliche Medikamente gibt es in den verschiedensten Formen, u. a. als Saft, Tabletten, Pulver, Kapseln und Pillen.

TRICHOSANTHES-FRÜCHTE
Sie werden in der chinesischen Kräutermedizin gegen tiefsitzenden Husten eingesetzt.

LIRIOPE
Hilft vor allem gegen Halsentzündungen und dient zur Hautreinigung durch Ausschwemmung von Schlacken oder Giftstoffen.

WOLFSBEEREN
Diese Frucht soll Menschen mit Augen- oder Nierenproblemen helfen.

MILLETTIA
Millettia dient zur Verbesserung der Durchblutung und ist bei Männern und Frauen gleichermaßen wirksam.

CHINESISCHE ENGELWURZ
Gut gegen schlechte Durchblutung – besonders bei Frauen.

GANZHEITLICHE MEDIZIN

WIE DER NAME sagt, geht es hier darum, den ganzen Menschen zu behandeln. Viele alternative Heilkundler glauben, dass wir uns auf allen Ebenen pflegen sollten. Schulmediziner behandeln meist einzelne Krankheiten. Vertreter der Ganzheitsmedizin glauben jedoch, dass Geist, Körper und Seele zusammenhängen und gemeinsam zu behandeln sind. Sie glauben, dass chemische Medikamente die Krankheit im Körper halten, statt ihre Freisetzung auf natürlicherem Wege zu ermöglichen.

KRÄUTERHEILKUNDE

SEIT URZEITEN BENUTZT man Kräuter als Heilmittel. Viele Kulturen glauben, dass Krankheiten durch ein Ungleichgewicht der emotionalen, geistigen und physischen Zusammensetzung entstehen und dass Kräuter es beheben helfen. Kräuterheilkundler glauben, dass die ganze Pflanze zum Heilungsprozess beiträgt. Sie bereiten oft Mischungen oder Aufgüsse zu, indem sie die Kräuter in Wasser aufkochen. Aus Kräutern macht man auch Packungen oder Umschläge für Wunden sowie Kräutertinkturen: Das sind konzentrierte Lösungen aus Kräutern.

SIEHE AUCH: KRISTALLE S. 118-119, GESUNDHEIT UND FITNESS S. 62-63, MAGIE S. 86-87, NATUR S. 108-109

HOMÖOPATHIE

DIESES HEILVERFAHREN WURDE im 18. Jahrhundert von dem deutschen Arzt Samuel Hahnemann begründet. Der Begriff ist von den griechischen Wörtern *homios*, d. h. „gleich", und *pathos*, d. h. „Leiden", abgeleitet. Darum geht es bei der Behandlungsmethode: Gleiches mit Gleichem zu heilen. So behandelt man etwa Bienenstiche mit einer verdünnten *Apis*-Lösung, die aus Bienen gewonnen wird. Dahinter steht die Theorie, dass der Körper, wenn man die Ursache des Problems etwas verstärkt, eine Immunität gegen die Ursache der Krankheit oder sonstige Störungen aufbauen kann.

In den letzten 20 bis 30 Jahren hat sich die Homöopathie als beliebtes Heilverfahren auf der ganzen Welt verbreitet. Sie hilft bei akuten und chronischen Krankheiten und auch bei Verletzungen wie Verbrennungen und Prellungen. Sie ist eine ungefährliche Behandlungsmethode, die auch bei Kindern, alten Menschen und sogar Tieren angewandt werden kann. Geringfügigere Beschwerden wie Husten und Schnupfen kannst du mit homöopathischen Mitteln aus der Apotheke selbst behandeln.

KIESELSÄURE
Die meisten Felsen bestehen hauptsächlich aus Silicea oder Kieselsäure. Im menschlichen Körper kräftigt sie Zähne, Haare und Nägel. Sie hilft bei vielerlei Problemen, u. a. Erkältungen, Haut- und Knochenleiden, Erschöpfung, Stress und Störungen des Nervensystems.

BIENEN
Aus ganzen Bienen macht man Apis, ein Mittel gegen Insektenstiche. Auch Honig, Bienenwachs, Gelée Royale (Futtersaft für junge Bienenköniginnen) und Propolis, ein klebriger Baustoff für den Bienenstock, werden zu Heilmitteln verarbeitet, u. a. gegen Fieber und trockene Haut.

RINGELBLUME
Diese Gartenblume wird oft zu Cremes und Lotionen verarbeitet, die antiseptisch und abschwellend wirken. Sie werden bei leichteren Problemen wie trockener Haut, aber auch bei schweren Erkrankungen wie Hautkrebs eingesetzt. Eine Tinktur hilft bei Schnittwunden.

BLÜTENHEILMITTEL

DIE UREINWOHNER VON Australien und Amerika setzen Blüten seit vielen Jahrhunderten als Heilmittel ein, doch einer der bekanntesten Vertreter der Blütentherapie ist der englische Arzt Dr. Edward Bach. Er erholte sich von einer schweren Blutung, nachdem man ihm gesagt hatte, er habe nur noch drei Monate zu leben. Er führte seine Heilung auf positives Denken zurück und wandte sich der Homöopathie und Naturheilverfahren zu. Er stellte Blütenessenzen her, von denen er glaubte, dass sie die negativen Gefühle heilen könnten, durch die Krankheiten verursacht werden. Bach entwickelte 38 Blütenheilmittel zur Behandlung negativer Gefühlszustände. Heute wird die Bachblütentherapie überall auf der Welt eingesetzt.

ALEXANDER-TECHNIK

DIESE SEHR BELIEBTE Therapieform wurde von dem Schauspieler Matthias Alexander entwickelt, der an Heiserkeit litt. Bei der Suche nach der Ursache erkannte er, dass es an seiner falschen Körperhaltung lag. Seine Techniken helfen, Kopf, Hals und Wirbelsäule auszubalancieren. Wenn wir unsere Haltung und Atmung auf diese Weise verbessern, kann dies sehr zu Gesundheit und Allgemeinbefinden beitragen.

KRISTALL-THERAPIE

EDELSTEINE UND KRISTALLE sollen Eigenschaften besitzen, die uns im Alltagsleben helfen können. Es gibt sie in vielen Formen, Größen und Farben. Jeder soll für die Erde und ihre Bewohner eine bestimmte heilsame Wirkung haben. Manche verwenden Kristalle als Heilmittel. Man kann sie in die Hand nehmen, als Schmuck tragen oder auf die kranken Körperbereiche legen.

FELDENKRAIS

DIESE THERAPIEFORM IST sehr beliebt bei Menschen, die an Rückenbeschwerden, Arthritis oder den Folgen eines Schlaganfalls leiden. Sie hilft einem, durch Bewegung ein besseres Körperbewusstsein zu entwickeln – in der Gruppe und als Einzelner. Viele Sportler, etwa Leichtathleten und Tänzer, arbeiten mit Feldenkrais, um ihren Rücken zu kräftigen und ihre Haltung zu verbessern. Dadurch können sie bessere Leistungen erbringen.

OPFER DER MEDIZIN

FÜR MANCHE HEILMITTEL und -methoden werden tierische Bestandteile verwendet. Die traditionelle chinesische Medizin etwa trägt Mitschuld an der verbotenen Jagd auf Tiger, die ihrer Knochen wegen erlegt werden. Sie sind inzwischen vom Aussterben bedroht. Viele neue Medikamente und Operationsmethoden werden an Tieren getestet, was diesen große Schmerzen zufügen oder zum Tod führen kann. Manche Ersatz-Herzklappen etwa stammen von Schweinen, obwohl es auch künstliche Herzklappen gibt. Wenn du die Tierwelt schonen willst, solltest du möglichst nur „tierversuchsfreie" Medikamente, Seifen und Shampoos verwenden.

WASSERHEILKUREN

HAST DU SCHON EINMAL bemerkt, dass du dich nach einem Besuch im Schwimmbad besser fühlst? Wasser ist das grundlegendste Naturheilmittel überhaupt. Natürliches Quellwasser kann man trinken oder auch Heilbäder darin nehmen. In der Römerzeit wurden spezielle Wasserkurorte in ganz Europa eingerichtet, die heute noch beliebt sind. Ob Sauna, türkische Dampfbäder, Meerwasserbäder oder Wassergüsse: Alle diese Formen der Wasserheilkunde oder „Hydrotherapie" sind gut zur Verbesserung der Durchblutung und Entspannung des Nervensystems.

IRISDIAGNOSTIK

BEI DIESER GANZHEITLICHEN Methode wird die Iris des Auges betrachtet, um etwas über den Gesundheitszustand eines Menschen zu erfahren. Jedes Organ und jede Drüse des Körpers ist auf der Iris in Form von Streifen, Pünktchen oder Flecken „abgebildet".

Irisdiagnostiker können Allergien feststellen und dir sagen, wie du deine Ernährung und Lebensweise ändern solltest, um eine Besserung zu erreichen. Wie bei anderen ganzheitlichen Methoden kann der Irisdiagnostiker dir zwar sagen, was nicht in Ordnung ist, aber du musst selbst etwas dagegen tun, indem du deinen Lebensstil änderst.

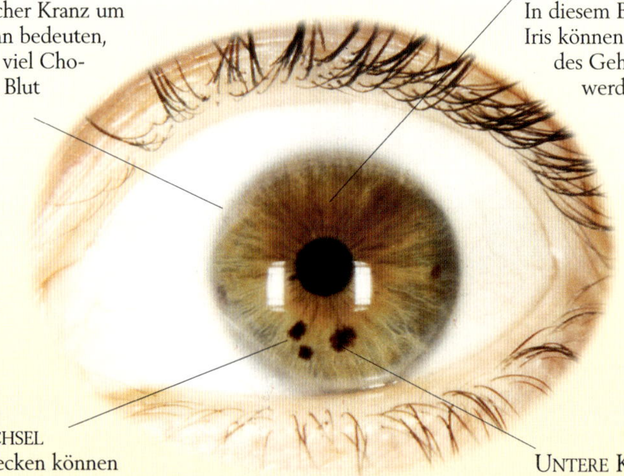

KINESIOLOGIE

EIN KINESIOLOGE KANN deine Energiepegel kontrollieren, indem er feststellt, wie deine Muskeln auf Druck reagieren. So fordert er dich etwa auf, deinen Arm auszustrecken, und drückt dann darauf, um festzustellen, ob die Muskeln kräftig genug sind, um Widerstand zu leisten. Wenn er die Schwachstellen gefunden und das Problem ermittelt hat, kann er dir durch Massage der Akupunkturpunkte und Reflexzonen des Körpers helfen. Dadurch wird blockierte Energie freigesetzt, so dass der Körper sich selbst heilen kann. Manchmal empfiehlt der Therapeut auch, bestimmte Nahrungsmittel zu vermeiden, die eine Muskelschwächung verursachen könnten.

NATURHEILKUNDE

DIE VIER GRUNDGEDANKEN der Naturheilkunde sind: saubere Luft, sauberes Wasser, gesundes Essen und reichlich körperliche Bewegung. Ein Naturheilkundler empfiehlt dir meist keine Behandlung, sondern eher eine Änderung deiner Lebensweise, etwa auf bestimmte Lebensmittel zu verzichten bzw. andere zusätzlich zu essen. Auf jeden Fall wirst du dazu angeregt, frische, gesunde Kost zu verzehren und dich mehr zu bewegen. So soll der Körper genug Kraft, Vitamine und Mineralien bekommen, um sich selbst von etwaigen Störungen heilen zu können. An der Luft, die man atmet, kann man meist nicht viel ändern, außer zum Abbau der Luftverschmutzung beizutragen. Wenn das Leitungswasser in deiner Gegend nicht gut ist, kannst du Mineralwasser trinken. Wenn du die vier Grundsätze der Naturheilkunde konsequent befolgst, solltest du in Zukunft seltener an Krankheiten und Verletzungen leiden.

MAGNETTHERAPIE

MANCHE MENSCHEN GLAUBEN, dass das Magnetfeld der Erde starken Einfluss auf den menschlichen Körper hat, oder sogar, dass es für jeden eine ideale Schlafrichtung gibt, je nach Wirkung des Magnetfeldes auf seinen Körper. Der Glaube, dass auf den Körper gelegte Magnete Krankheiten heilen, war im 18. und 19. Jahrhundert verbreitet und hat auch heute noch Anhänger.

 SIEHE AUCH: CHAKRAS UND MERIDIANE S. 52-53, GESUNDHEIT UND FITNESS S. 62-63, DIE ELEMENTE S. 123

AKUPUNKTUR

DIESE ÜBER 5000 Jahre alte chinesische Behandlungsmethode beruht auf dem Meridiansystem, einem Netz von Kanälen im Körper, durch die das Ch'i, die Lebenskraft, fließt. Die Akupunktur soll Ungleichgewichte im Körper beheben, die die gesamte Gesundheit beeinträchtigen, und kann gegen viele Beschwerden, von Depressionen bis zu Süchten, helfen. Dabei werden feine Nadeln in bestimmte Körperstellen gestochen, um das Ch'i anzuregen und Gleichgewicht und Harmonie wiederherzustellen.

BIOENERGETIK

DIESE METHODE, GEFÜHLE und blockierte Energie durch Körperbewegungen zu lösen, wurde seit Anfang des 20. Jahrhunderts entwickelt. Sie beruht auf der Theorie, dass aufgestaute Wut und andere Gefühle körperliche Schmerzen verursachen können. Massage, Atem- und andere Körperübungen werden kombiniert, um Gefühle freizusetzen und so die Schmerzen zu lindern.

AYURVEDISCHE HEILKUNDE

AYURVEDA IST DIE „Lehre vom Leben", eine uralte indische Form der Heilkunde. Sie beruht auf der Überzeugung, dass der Mensch ein verkleinertes Abbild des Kosmos ist, d. h. wir Teil der Gesamtheit des Universums und der vier Elemente Luft, Feuer, Erde und Wasser sind. Ayurvedische Heiler glauben, dass die Elemente direkt mit unseren Körpersinnen – Hören, Sehen, Fühlen, Riechen und Schmecken – verbunden sind. Wärme und Energie, Pitta genannt, hängen mit der Sonne zusammen und sorgen für unsere Verdauung. Kapha, das Wasser und die Gezeiten, ist mit dem Mond verbunden und für unseren Stoffwechsel zuständig. Der Wind, Vata, steht mit Nervensystem und Körperbewegungen in Zusammenhang. Zum Ayurveda gehören Ernährungslehren, Fasten und Reinigungen sowie Meditation und Yoga. Dauerhafte Änderungen der Lebensweise sollen bestehende Krankheiten heilen und zukünftige verhindern.

PSYCHOTHERAPIE

ES IST WICHTIG, UNSERE Gefühle und Gedanken anderen mitteilen zu können. Wenn Menschen schwere Erfahrungen durchmachen, wie etwa den Tod einer nahe stehenden Person, brauchen sie oft jemanden, der ihnen mit ganzer Aufmerksamkeit zuhört. Richtiges Zuhören ist eine Art der Zuwendung, die manche von uns niemals erhalten. Die Menschen, die uns nahe stehen, können uns nicht immer zuhören, wenn wir es nötig hätten, und über manche Dinge möchten wir vielleicht mit niemand aus unserem engeren Umkreis sprechen. In solchen Situationen kann ein ausgebildeter Psychotherapeut eine große Hilfe sein. Es gibt viele Arten psychologischer Beratung und Therapie, aber die meisten von ihnen beruhen auf Zuhören. Der Therapieraum ist ein sicherer Zufluchtsort, wo du deine Gefühle ergründen kannst, ohne bewertet oder kritisiert zu werden. Bei einer Therapiesitzung kannst du viel über dich selbst lernen und bist hinterher oft wieder unbeschwerter und glücklicher.

AROMATHERAPIE

SO NENNT MAN DEN Einsatz ätherischer Pflanzenöle – meist in Kombination mit Massage. Besonders wirksam ist sie bei stressbedingten Beschwerden. Man kann auch entsprechende Spezialöle ins Badewasser geben. Am besten fragt man vorher einen Spezialisten, welche Öle man in welchen Mengen verwenden sollte. Beliebte ätherische Öle sind Lavendel, der beruhigt, Eukalyptus, der ausgezeichnet gegen Husten und Erkältungen ist, Orange, die anregend wirkt, sowie Rosmarin und Basilikum, die gegen Kopfschmerzen helfen.

DUFTÖLLAMPEN
In solche Duftöllampen füllt man oben Wasser und gibt dann einige Tropfen ätherisches Öl hinein. Durch das Teelicht wird das Öl sanft erwärmt, so dass es seinen angenehmen Geruch nach und nach in den Raum abgibt.

MASSAGE

SCHON ZUR ZEIT DES Hippokrates nutzten die Griechen Massage zur Entspannung. Die rhythmischen Streich-, Klopf- und Knetbewegungen des Masseurs können Anspannungen lösen und bewirken, dass wir uns lockerer und wohler fühlen. Massage kann bei Rückenschmerzen, Sportverletzungen, Kopfschmerzen und sogar Schlafstörungen helfen. Im Laufe der Jahrhunderte wurden verschiedene Arten von Massage, wie etwa die Aromatherapie, entwickelt, von denen viele weltweit beliebt sind.

CHIROPRAKTIK

PROBLEME MIT KNOCHEN und Gelenken können sich nachteilig auf Nerven und Muskeln auswirken. Dies kann zu Beschwerden und Schmerzen in anderen Körperteilen führen. Chiropraktiker rücken die Gelenke wieder zurecht und lösen Verspannungen, die durch Blockaden entstehen. Ihre Arbeit konzentriert sich dabei oft auf die Wirbelsäule, da diese, direkt oder indirekt, mit dem ganzen Körper in Verbindung steht. Chiropraktiker bearbeiten die Wirbelsäule genau an der Stelle, wo die Störung liegt.

REIKI

EINE JAPANISCHE FORM spiritueller Heilkunst durch Handauflegen. Dabei sollen heilige Symbole als Kanal fungieren, durch den die kosmische Energie strömen kann, um dem Patienten bei der Heilung zu helfen. Reiki ist eine zunehmend beliebte alternative Behandlungsweise.

SHIATSU

DIE JAPANISCHE KUNST der Shiatsu-Massage konzentriert sich auf die gleichen Druckpunkte des Körpers, die man auch bei der Akupunktur benutzt. Sie soll den Blutfluss verbessern und Muskelverspannungen lösen, damit die Energie ungehindert durch den Körper fließt.

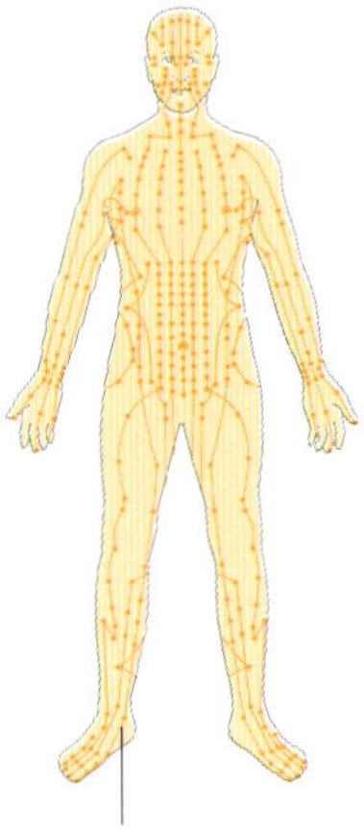

Die Körpermeridiane

AKUPRESSUR

DIESE BEHANDLUNG ÄHNELT der Akupunktur darin, dass sie ebenfalls auf der chinesischen Vorstellung vom Ch'i, der Lebensenergie, und dem Meridiansystem basiert. Statt feine Nadeln in den Körper zu stechen, bearbeiten Akupressur-Therapeuten die Druckpunkte mit den Daumen.

CHIROTHERAPIE

WIE CHIROPRAKTIKER STELLEN die Chirotherapeuten ihren Patienten Fragen und betrachten ihre Körperhaltung. Sie können Rücken-, Gelenk- und Kopfschmerzen sowie Verdauungsstörungen behandeln und auch bei der Erholung des Körpers nach einer Geburt helfen. Im Gegensatz zu Chiropraktikern arbeiten Chirotherapeuten manchmal an schmerzfreien Körperbereichen, um schmerzende Bereiche zu behandeln. So könnte ein Chirotherapeut etwa die Beine manipulieren, um Probleme im Schulterbereich zu behandeln. Chirotherapeuten arbeiten auch oft mit Massage. Manche Beschwerden, vor allem solche, die durch eine falsche Körperhaltung verursacht sind, erfordern eine lange Behandlungszeit, manchmal mehrere Monate.

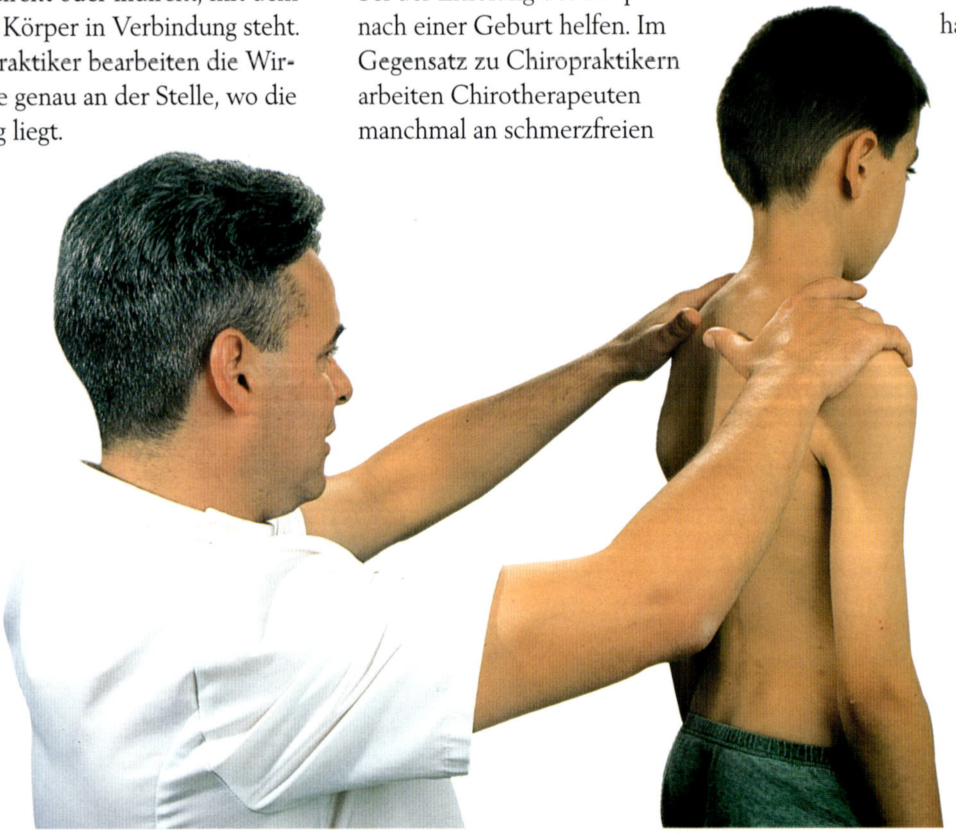

UNTERSUCHUNG DER WIRBELSÄULE
Chiropraktiker und Chirotherapeuten untersuchen zunächst deine Wirbelsäule, um zu sehen, ob sich irgendwelche Knochen verschoben haben. Manchmal kann schon eine leichte Körperdrehung das Problem beheben. Vielleicht beraten sie dich auch, wie du deine Körperhaltung, d. h. die Art, wie du sitzt oder stehst, verbessern kannst, um zukünftige Probleme zu vermeiden.

 SIEHE AUCH: CHAKRAS UND MERIDIANE S. 52-53, HELLSEHER UND MEDIEN S. 104-105, DER MENSCHLICHE KÖRPER S. 50-51

ZEHEN
Alle fünf Zehen stehen mit Stirn- und Kieferhöhlen, Zähnen und oberem Kopfbereich in Verbindung.

BEHANDLUNG
Reflexzonen-Therapeuten massieren die Füße, um Blockaden und Spannungen zu lösen und durch Druck auf einzelne Punkte die zugehörigen Körperbereiche zu behandeln.

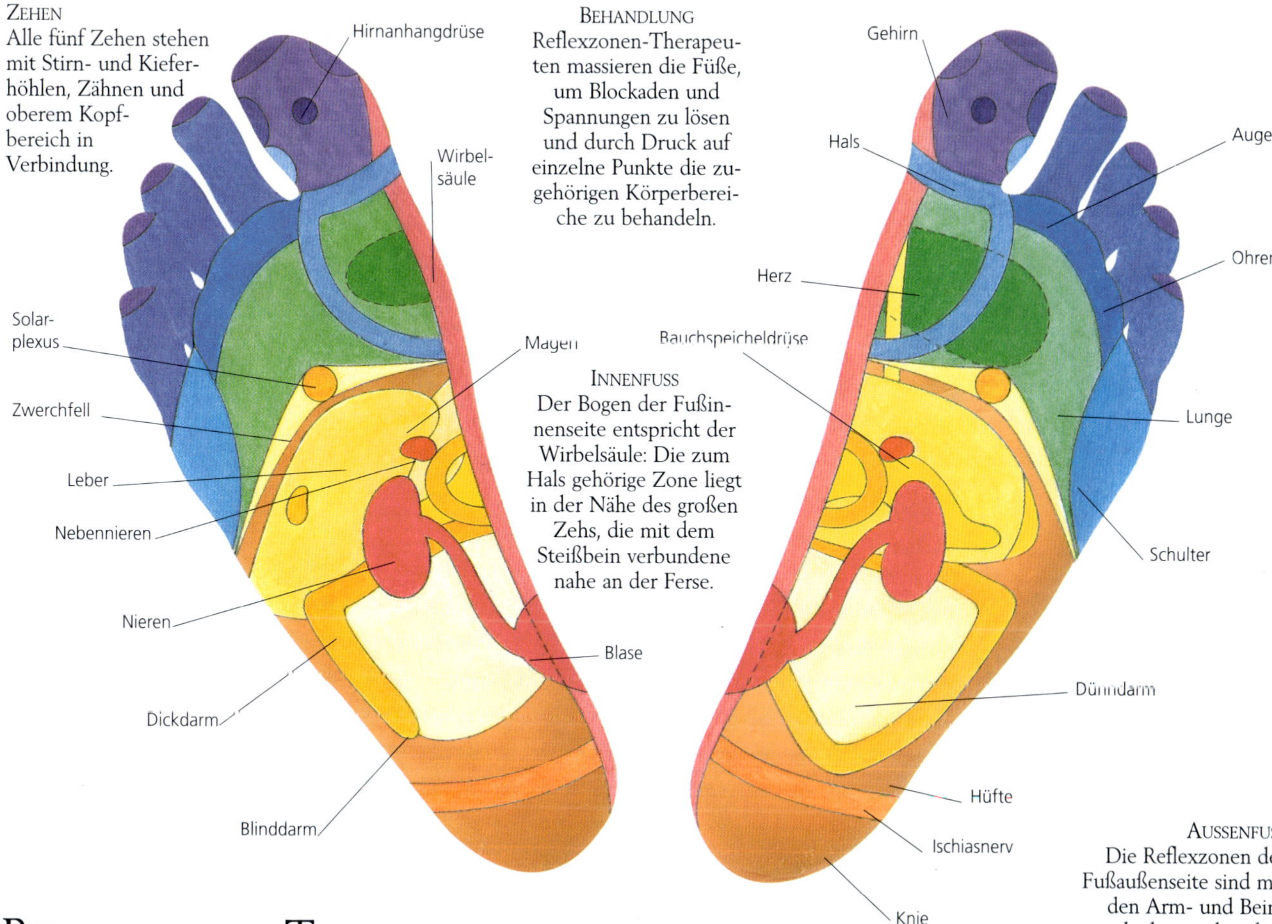

INNENFUSS
Der Bogen der Fußinnenseite entspricht der Wirbelsäule: Die zum Hals gehörige Zone liegt in der Nähe des großen Zehs, die mit dem Steißbein verbundene nahe an der Ferse.

AUSSENFUSS
Die Reflexzonen der Fußaußenseite sind mit den Arm- und Beingelenken verbunden.

REFLEXZONEN-THERAPIE

SIE GEHT VERMUTLICH auf die Zeit der alten Ägypter zurück, wird aber auch von nord- und südamerikanischen Indianern eingesetzt. Manche sagen, dass uns unsere Füße, weil wir auf ihnen gehen, mit der Erde und somit mit der Energie des Universums verbinden. Deine Füße können mehr, als nur deinen Körper umhertragen. Sie verraten einem Reflexzonen-Therapeuten, was in deinem Körper vor sich geht. Jede Zone der Füße ist einem Organ, einer Drüse oder einem anderen Körperteil zugeordnet.

Diese ganzheitliche Heilmethode beruht auf der Theorie, dass die heutigen Krankheiten und Beschwerden oft durch unser Denken und unsere Lebensweise entstehen. Der Körper hat erhebliche Selbstheilungskräfte, aber wenn die von ihm genutzten Kanäle blockiert werden, ist die Heilung behindert. Reflexzonen-Therapeuten bearbeiten die Reflexzonen der Füße, um Blockaden zu lösen, die sie in den Füßen und Zehen aufspüren. Das verbessert die Durchblutung, entfernt Giftstoffe und löst Anspannungen.

GEISTHEILUNG

MENSCHEN, DIE VON Geistheilern behandelt werden, sagen oft, sie konnten die Energie in ihren Körper strömen fühlen. Der Heiler legt seine Hände auf den Körper des Patienten, um dessen Schmerzen freizusetzen. Dabei soll er als Kanal für die kosmische Energie fungieren. Manche Geistheiler können angeblich Menschen heilen, die Hunderte von Kilometern entfernt sind, indem sie ihre positive Energie durch Gedankenkraft zu dem Kranken senden.

HANDAUFLEGEN

NEUERDINGS IST EINE nicht religiös orientierte Version des „Handauflegens" beliebt geworden. Bei dieser Therapie legt eine Person, der Sender, ihre Hände auf den kranken Körperteil der anderen Person, des Empfängers. Der Sender schickt entspannende, heilende Kräfte durch seine Hände zu dem Empfänger. Das kann bewirken, dass der Patient sich entspannt, in ruhigerem Tonfall spricht und langsamer atmet.

HELFENDE HÄNDE

DU KANNST DAS Handauflegen selbst mit einem Freund ausprobieren. Der „Empfänger" sollte sich bequem hinsetzen oder -legen. Der „Sender" legt seine Hände auf oder nahe an den zu behandelnden Körperteil des Empfängers und schickt heilende Gedanken durch seine Hände. Nach einer Weile spürst du den Energiefluss zwischen euch beiden.

TANZ

WARST DU SCHON einmal so glücklich oder aufgeregt, dass dir nach Tanzen zumute war? Tanz ist eine Art, sich zu bewegen, die oft mit Freude, Feiern und Glücklichsein in Verbindung steht. Aber man kann durch Tanzen jede Art von Gefühl ausdrücken, allein oder in einer Gruppe, öffentlich oder privat. Beim Tanzen geht es um Bewegungsenergie. Jede Art von Tanz ist ein ausgezeichnetes Körpertraining. Wenn du dich das nächste Mal deprimiert oder schlapp fühlst, leg Musik auf und bewege deinen Körper. Das wirkt Wunder!

VOLKSTÄNZE

VIELE LÄNDER UND KULTUREN haben eigene Volkstänze mit festen Schritten. Manche werden zu bestimmten Zeiten des Jahres, zu religiösen Festen oder bei Feiern wie etwa Hochzeiten getanzt. Oft tragen die Tänzer spezielle Trachten, die die optische Wirkung des Tanzes steigern. Manchmal schwingen sie auch Gegenstände wie Stöcke oder Tücher oder tanzen um Schwerter oder andere symbolische Objekte herum. Manche Tänze sind seit Jahrhunderten praktisch unverändert.

FRÜHE FORMEN VON TANZ

DAS TANZEN IST VON JEHER Teil des menschlichen Lebens. Frühe Tänze ähnelten vielleicht denen, die zum Werbe- oder Revierverhalten vieler Tiere gehören. Man tanzte in Reihen, Kreisen, Paaren oder allein, um Tiere, historische Ereignisse und religiöse Rituale darzustellen oder den Regen herbeizulocken, der die Ernte wachsen lassen sollte. Selbst die wechselnden Mondphasen und die Bewegung der Sonne regten zu Tänzen an. Heute tanzt man oft bei gesellschaftlichen Anlässen. Die Schritte bestimmter Tänze zu beherrschen, kann Menschen ein Gemeinschaftsgefühl mit anderen geben. In gewisser Weise verbinden wir uns beim Tanzen mit der Erde unter unseren Füßen und dem ganzen Universum, dem sie angehört.

PERUANISCHE FARBEN
Bei traditionellen Volkstänzen trägt man oft farbenprächtige Trachten, wie hier in Peru.

 SIEHE AUCH: FESTE S. 140-142, GEFÜHLE S. 24-25, RELIGIONEN S. 130-133, GESUNDHEIT UND FITNESS S. 62-63

TANZENDE DERWISCHE

VIELE TÄNZE HABEN EINE tiefe geistige Bedeutung. Oft dienen sie dazu, mit den Göttern in Verbindung zu treten. Bei den islamischen Sufis gibt es die „tanzenden Derwische“. Indem sie sich bis zu einer halben Stunde lang um die eigene Achse drehen, verlieren sie das Gefühl für sich selbst und erleben eine spirituelle Ekstase, in der sie sich mit Gott verbunden fühlen. Solche Tänze gibt es auch anderswo auf der Welt; man glaubt, dass sie das Kreisen der Sterne verkörpern.

GESELLSCHAFTSTÄNZE

SEIT HUNDERTEN, vermutlich Tausenden von Jahren tanzen Menschen zusammen in Paaren oder Gruppen. Das ist eine Möglichkeit, Menschen zu treffen und neue Freunde zu gewinnen. Viele lernen sogar ihren Lebenspartner bei einem Tanz kennen. Manche Paare tanzen ihr ganzes Leben lang zusammen. Wie jede Form der Verständigung kann das gemeinsame Tanzen zu einer glücklichen Beziehung beitragen.

IM RAUSCH Tanzen kann das Bewusstsein verändern. Tanzende Derwische versuchen auf diese Weise, Gott geistig näher zu kommen.

FREUDENTÄNZE

ALLE TÄNZE HABEN IHREN Ursprung in Gefühlen. Wir tanzen, weil wir glücklich oder auch, weil wir traurig sind. Am ehesten ist uns wohl nach Tanzen, wenn wir sehr glücklich sind. Es ist eine Art, ein Ereignis oder ein gutes Gefühl zu feiern; deshalb tanzt man bei Partys und Festen jeder Art. Aber wir können auch tanzen, wenn wir traurig sind, und damit unerwünschte Gefühle freisetzen und abschütteln. Erst fällt es vielleicht schwer, aber wenn du merkst, wie es wirkt, wirst du vermutlich schwungvoller und glücklicher – und am Ende tanzt du vielleicht vor lauter Freude!

TANZ DICH FIT

VIELE MENSCHEN TANZEN nicht nur zum Spaß, sondern auch, um fit zu bleiben. Fitness-Kurse enthalten oft Tanzelemente als gutes Konditionstraining. Tänze wie Ballett oder Jazzdance verbessern auch die Beweglichkeit und Geschmeidigkeit.

TANZTHERAPIE

TANZ IST EINE ZUNEHMEND beliebte Möglichkeit, mehr über unser inneres Ich zu erfahren, unsere Phantasie auszudrucken und unsere kreativen Fähigkeiten zu nutzen. Wir können durch Tanz Dinge pantomimisch oder spielerisch darstellen. Tanz ist ein ausgezeichnetes Verständigungsmittel und eine gute Therapie für Menschen, denen es schwer fällt, sich in Worten auszudrücken. Es gibt sehr schöne „Friedenstänze“, die speziell entwickelt wurden, um innere Harmonie und Ruhe zu vermitteln. Manchmal singt man dazu auch, aber schon die anmutigen Bewegungen des Tanzes können dem Einzelnen oder einer Gruppe ein Gefühl von Wohlbehagen und Glück verschaffen.

TANZEN IST GAR NICHT SCHWER

JEDER HAT GEFÜHLE wie Wut, Angst, Liebe, Freude oder Glück. Und jeder kann tanzen, um seine Gefühle auszudrücken. Warum probierst du es nicht einfach mal aus? Bei den Tanzstilen ist die Auswahl riesig: von der anmutigen Eleganz des Balletttanzes bis zum rhythmischen Stampfen des Rock'n'Roll. Auch lateinamerikanische Tänze, Square Dance, Jazzdance, Breakdance, spanischer Flamenco, Walzer und traditionelle Volkstänze machen vielen Menschen Spaß. Wenn du eine bestimmte Art von Tanz erlernen möchtest, probierst du am besten ein paar Kurse in deiner Gegend aus, um festzustellen, welcher Tanzstil dir am meisten liegt.

KAMPFSPORT

WENN DU DEINE KÖRPERLICHE Fitness fördern und zugleich Geist, Körper und Seele in Einklang bringen willst, könntest du es mit einer der vielen Kampfsportarten versuchen. Die meisten davon wurden in China, Japan und anderen Teilen Asiens entwickelt. Sie können zur Selbstverteidigung oder als Fitness- und Konditionstraining dienen und auch als Wettkampfsport betrieben werden. Außer den typischen Bewegungen lehren die Kampfsportarten auch eine innere Stärke, zu der Konzentrationsfähigkeit, Selbstbeherrschung und Selbstwahrnehmung gehören.

> *„Ich hoffe, dass Kampfsportler mehr an den Wurzeln des Kampfsports als an seinen dekorativen Zweigen, Blüten oder Blättern interessiert sind ... Wenn du die Wurzel verstehst, wirst du auch all sein Blühen verstehen.“*
>
> BRUCE LEE

ES SPIELT SICH ALLES IM KOPF AB Jede Kampfsportart erfordert Selbstbeherrschung, Konzentration und einen ruhigen, gesammelten Geist. Gute Kampfsportler lassen sich niemals ablenken und sind sich stets ihrer Atmung und Haltung bewusst.

Beim Karate trägt man traditionell einen weißen Karate-*gi*. Der Gürtel oder *obi* wird zweimal um die Taille gewickelt und vorne geknotet.

Die Fußstellung ist beim Kampfsport sehr wichtig; eine breitbeinige Haltung sorgt für sicheren Stand.

DIE FRÜHEN FORMEN

NIEMAND WEISS GENAU, seit wann es die Kampfsportarten gibt, aber man ist sich weitgehend einig, dass die heute bekannten Formen auf der vom Buddhismus vertretenen Gewaltlosigkeit beruhen.

Im 6. Jahrhundert kam ein indischer Mönch namens Bodhidharma zum Shaolin-Tempel in China, wo er die Lehren des Zen-Buddhismus predigte. Die Shaolin-Mönche reisten viel und wurden unterwegs oft überfallen. Bodhidharma brachte ihnen achtzehn Übungen zur Selbstverteidigung bei, die heute als die „achtzehn Shaolin-Boxtechniken“ bekannt sind und die Grundlage aller bei uns verbreiteten Kampfsportarten bilden.

Der erste Teil dieser Tai-Chi-Bewegung ist eine Position, die man „Abwehr“ nennt.

Der zweite Schritt heißt: „Den Vogelschwanz greifen“.

SELBSTVERTEIDIGUNG

VIELE MENSCHEN LERNEN einen Kampfsport zur Selbstverteidigung und viele Selbstverteidigungskurse enthalten Elemente verschiedener Kampfsportarten. Es kann für jeden nützlich sein, eine Form der Selbstverteidigung zu erlernen, selbst wenn man sie nie anwenden muss. Die Verbesserung von Gleichgewichtssinn und Körperhaltung und die Gewissheit, sich gegen einen Angreifer wehren zu können, geben dir auch im Alltag mehr Selbstbewusstsein.

 SIEHE AUCH: RELIGIONEN S. 130-133, GESUNDHEIT UND FITNESS S. 62-63, MEDITATION S. 12-13

BRUCE LEE

WÄHREND DER KOMMUNISTISCHEN Revolution in China griffen Soldaten die Tempel an und die Mönche flohen. Darunter waren auch Kung-Fu-Meister, die nach Hongkong gingen und Kampfsportschulen gründeten. Einer von ihnen, Yip Man, brachte dem berühmten Bruce Lee eine Form von Kung Fu bei, die man Wing Chun nennt. Bruce Lee kombinierte mehrere Kampfsportstile zu einer Form, die er Jeet Kune Do nannte, „die Kunst der ersten Abwehr". Seinen Schülern soll er gesagt haben: „Ich bin nicht ein Stil, sondern alle Stile."

Schon mit sechs spielte Bruce Lee Hauptrollen in Filmen. Er wirkte in vielen Kung-Fu-Filmen mit, starb aber leider auf dem Höhepunkt seines Ruhms mit nur 32 Jahren, kurz bevor sein Film *Mein letzter Kampf* in den Kinos startete.

Die von Bruce Lee ausgelöste Kung-Fu-Welle der 70er-Jahre machte Hongkong zum heute noch florierenden Zentrum der Actionfilm-Industrie.

VERSCHIEDENE KAMPFSPORTARTEN

- AIKIDO Aikido, eine der sanftesten japanischen Kampfsportarten, beruht auf fließenden, kreisförmigen Bewegungen mit großer Wirkung auf den Angreifer. Aikido bedeutet: „Weg der Harmonie".
- JIU-JITSU Die traditionelle japanische Form der unbewaffneten Selbstverteidigung, einst von den Samurai eingesetzt. Aus dem Jiu-Jitsu hat sich auch das Judo entwickelt.
- JUDO Diese Selbstverteidigungstechnik, im späten 19. Jahrhundert in Japan begründet, ist seit den 60er-Jahren olympischer Wettkampfsport. Es geht vor allem darum, die Angriffskraft des Gegners zum eigenen Vorteil zu nutzen.
- KARATE Karate beruht nicht auf Wurf-, sondern auf Schlagtechniken. Angriffsziele sind Gesicht, Kopf, Magen, Brust und Rücken des Gegners.
- KENDO Traditioneller japanischer Kampfsport – eine Art Fechtkampf mit Bambusstäben, manchmal auch mit Schwertern. Durch schnelle Beinarbeit und Sprünge besonders sehenswert.
- KICKBOXEN Kickbox-Wettkämpfe finden im Boxring statt. Eine sehr dynamische Sportart und ein gutes Fitnesstraining.
- KUNG FU Kung Fu ist, ähnlich wie Karate, ein chinesischer Boxsport und eine der beliebtesten Kampfsportarten. Mit seinen Sprüngen, Drehungen, Abroll- und Ausweichbewegungen auch als Zuschauersport interessant. Kung Fu ist chinesisch und bedeutet: „Gut gemacht".
- TAE-KWON-DO Dieser koreanische Kampfsport gehört mit seinen Sprungtritten und Faustschlägen zu den aggressiveren Kampfsportarten.

TIERBEWEGUNGEN
Bei Namen wie „Affe, der nach dem Pfirsich greift" und „Neun Drachen auf See" kann man sich leicht denken, dass viele Kampfsporttechniken von Tierbewegungen abgeschaut sind. Die Boxtechnik Bak Hok Pai ist dem Flügelschlagen der Kraniche nachempfunden.

Diese Tai-Chi-Stellung nennt man „Schlange gleitet hinab".

Der letzte Schritt dieser Übung heißt „Drücken".

TAI CHI

DIESE SEHR SANFTE Kampfsportart gibt es seit über 2000 Jahren; ihre jetzige Form entwickelte sich im 18. Jahrhundert. Sie beruht darauf, die gegensätzlichen Yin- und Yang-Energien auszugleichen. Es geht darum, Gleichgewicht und Geschmeidigkeit zu entwickeln und zugleich Geist, Körper und Seele zu größerer Harmonie zu führen. Die fließenden Bewegungen des Tai Chi werden langsam ausgeführt und einzeln trainiert, bis sie irgendwann automatisch werden.

DER ENTENGANG

VIELE TAI-CHI-ÜBUNGEN sind leicht auszuführen, etwa der „Entengang"

- BEUGE die Knie und geh in die Hocke; lege die Hände auf die Oberschenkel.
- DREHE die Zehen im 45°-Winkel nach außen.
- VERLAGERE dein Gewicht nach links und setz das rechte Bein einen Schritt vorwärts.
- DABEI zuerst die Ferse aufsetzen, dann auf den Fußballen abrollen.
- DEN Vorgang links wiederholen. Versuche, den Rücken gerade und den Kopf hoch zu halten, und sieh geradeaus, um das Gleichgewicht besser zu halten.

Die Seele

Seele und Geist

Paranormale Phänomene

Energie

Prophezeiungen

SEELE UND GEIST

SEELE UND GEIST sind Teil jedes Lebewesens und verbinden uns mit der nichtmateriellen Welt, den Astralebenen. Der Weltgeist ist die Energie des gesamten Universums, gewissermaßen der Lebensfunken. Die Seele ist der Teil unserer selbst, der uns mit dieser geistigen Energie verbindet. Wenn du etwas „tief innerlich" fühlst, ist es deine Seele, die zu dir spricht.

HIMMLISCHES PROTOKOLL
Manche Menschen stellen sich die Akasha-Chronik als eine riesige Schriftrolle vor mit Aufzeichnungen über jeden, der je gelebt hat.

GEISTIG-SEELISCHE ENERGIE

JEDES ATOM IM KOSMOS besteht aus Energie, auch unser Geist und unsere Seele. Diese Energie ist nicht gut oder schlecht, sondern neutral. Menschen und Tiere haben einen innersten Wesenskern, der aus dieser geistig-seelischen Energie besteht und unseren Charakter prägt. Schwankungen unserer Energiepegel, die wir auch als seelische Hochs und Tiefs bezeichnen, stehen oft mit den uns umgebenden Energiepegeln in Zusammenhang. An grauen, trüben Tagen, wenn sich die ganze Welt nur träge zu bewegen scheint, fühlen wir uns oft schlapp und lustlos. Wenn wir hingegen mit energiegeladenen, lebhaften Menschen zusammen sind oder die Sonne plötzlich herauskommt, verschwindet unsere Trägheit und wir bekommen geistigen Auftrieb.

GEISTHELFER

MANCHE GLAUBEN, dass wir nicht nur Schutzengel, sondern auch einen oder mehrere „Geisthelfer" haben. Das sind Menschen oder Tiere, die einst auf der Erde gelebt haben. Die Geisthelfer mischen sich nie in unser Leben ein, weil es wichtig für uns ist, unseren freien Willen zu haben. Aber es heißt, dass sie uns stets unterstützen – wir müssen nur darum bitten!

DAS HÖHERE ICH

MANCHE MENSCHEN NENNEN die Seele unser „höheres Ich". Viele Menschen glauben, dass jedes Lebewesen eine Seele hat, die das Muster unseres Lebens bestimmt. Sie beeinflusst unsere Gefühle und Beziehungen zu anderen und wird ihrerseits von ihnen beeinflusst. Die Seele kann sich an all unsere früheren Leben und an die Dinge, die wir aus ihnen gelernt haben, erinnern.

DIE AKASHA-CHRONIK

DIE AKASHA-CHRONIK IST eine Art Bücherei des Universums, in der, so heißt es, jede Seele ihre Aufzeichnungen über Vergangenheit, Gegenwart und Zukunft habe und alle Gedanken und Gefühle festgehalten sind. Dabei werde nicht zwischen dem unterschieden, was wir für Recht oder Unrecht, Erfolge oder Misserfolge halten, denn für unsere seelische Entwicklung ist es nur wichtig, dass wir aus unseren Erfahrungen lernen.

TRANSZENDENZ

INDEM WIR ZWIESPRACHE mit unserer Seele halten, erreichen wir einen höheren Bewusstseinszustand und können besser mit unseren Problemen fertig werden. Transzendenz heißt, über eine Stufe unserer Entwicklung hinaus zur nächsten zu gelangen.

 SIEHE AUCH: DIE SCHÖPFUNG S. 120-121, LEBENSKRAFT UND ENERGIE S. 90-91

LEBEN NACH DEM TOD

DIE MEISTEN VON UNS finden den Gedanken, dass mit dem Tod alles zu Ende sein soll, trostlos. Wir wissen nicht, was wirklich geschieht, wenn wir sterben. Menschen, die dem Tod nahe waren, berichten von einem hellen Licht, einem Gefühl tiefer Liebe und dem Wiedersehen mit Verstorbenen. Manche Kulturen glauben, dass wir viele Male auf die Erde zurückkehren, andere, dass uns hiernach eine andere Art von Leben erwartet.

DIE ASTRALEBENE

MANCHE MENSCHEN SAGEN, nah bei der Erde gebe es eine nichtmaterielle Ebene, die man Astralebene nennt, auf die wir nach unserem Tod gelangen. Hellseher sagen, sie sehe der uns bekannten Welt ähnlich, aber die Menschen seien dort weder männlich noch weiblich. Dort soll ein starkes Gefühl von Liebe und auch ein Gefühl der Zeitlosigkeit herrschen.

DER ASTRALLEIB

VIELE MENSCHEN GLAUBEN, dass wir beim Sterben unseren physischen Körper und alle Leiden und Schmerzen hinter uns lassen. Es heißt, wir hätten außer diesem Körper noch den astralen, den ätherischen und den spirituellen Leib, die nach dem Tod auf die Astralebene gelangen. Angeblich tun sie das auch im Schlaf: Vielleicht ist Sterben so angenehm wie Einschlafen.

DIE SILBERSCHNUR

MANCHE MENSCHEN SAGEN, sie hätten sich selbst schlafend im Bett liegen sehen. Angeblich verlässt unser Astralleib im Schlaf den physischen Körper und begibt sich auf die Astralebene. Er bleibt mit dem Körper durch magnetische Energie verbunden wie mit einer silbernen Schnur. Bist du je plötzlich aufgewacht und hast dich ganz verwirrt gefühlt? Das soll passieren, wenn unsere verschiedenen Körper zu schnell auf die materielle Ebene zurückkehren und vorübergehend nicht im Einklang sind.

ASTRALREISEN

MANCHE MENSCHEN, besonders Kinder, sollen in der Lage sein, sich auf die Astralebene zu versetzen und dort Dinge zu erleben, während ihr physischer Körper schläft. Das nennt man Astralreisen. Wer in seinem Astralleib reist, kann Dinge tun, die im physischen Körper nicht möglich wären, wie etwa durch Wände gehen und einfach durch seinen Willen überall hin reisen.

Viele Erwachsene verschließen sich solchen Erfahrungen, weil sie nicht gern über Dinge außerhalb der irdischen Ebene sprechen. Kinder verlieren manchmal ihre Fähigkeit zu Astralreisen, wenn Erwachsene ihnen nicht glauben. Deshalb ist es für jeden wichtig, Vertrauen in die eigenen Erfahrungen zu haben.

SIEHE AUCH: TOD S. 58-59, HIMMEL UND HÖLLE S. 78, HELLSEHER UND MEDIEN S. 104-105

HIMMEL UND HÖLLE

DIE BILDER, DIE WIR uns von Himmel und Hölle machen, sind ganz unterschiedlich. Viele Menschen halten sie für real existierende Orte und in vielen Kulturen gibt es die Vorstellung von einer schrecklichen Hölle in der Unterwelt und einer herrlichen Himmelswelt über uns. Andere Menschen sagen, Himmel und Hölle seien eher Geisteszustände. Manchmal fühlen wir uns gut, weil wir zu jemandem freundlich waren. Ein anderes Mal sind wir beunruhigt, weil wir etwas Unehrliches oder Unfreundliches getan haben. Dann glauben wir zu wissen, wie es im Himmel oder in der Hölle sein muss.

DER HIMMEL

UNSER BILD VOM Himmel ist meist von unserer Gesellschaft geprägt. Er ist der bestmögliche Ort, an den wir nach unserem Tod kommen könnten. Das mag für dich ein Ort voll Freude und Lachen oder auch voll Ruhe und Frieden sein. Die Indianer träumen von den „ewigen Jagdgründen", wo die Tapferen und Treuen belohnt werden, die Christen meist von einem herrlichen Ort voller Licht und strahlender Engel.

DAS PARADIES
Wir stellen uns das Paradies oft als eine Art Himmel auf Erden vor – vielleicht einen Ort unberührter Natur ohne Probleme. Die Bibel berichtet, dass die ersten Menschen Adam und Eva im Paradies lebten, bis sie Gott ungehorsam waren. Zur Strafe wurden sie aus dem Paradies in die Welt verbannt.

DIE HÖLLE

NIEMAND WEISS, OB ES die Hölle wirklich gibt und wie sie aussehen mag. Deshalb malen die Menschen sie sich ganz verschieden aus – von Feuerschlünden bis hin zu einer trostlosen Eiswüste. Solche Bilder sind sehr wirkungsvoll, um Menschen Angst zu machen, damit sie die Vorschriften ihres Glaubens befolgen. Manche Menschen, wie etwa die Hindus und Buddhisten, betrachten Himmel und Hölle ohnehin nur als Durchgangsstationen auf unserem Weg zum nächsten Leben.

 SIEHE AUCH: LEBEN NACH DEM TOD S. 77, ENGEL S. 80-81, RELIGIONEN S. 130-133

DÄMONEN UND TEUFEL

DER GEDANKE AN DÄMONEN und Teufel schreckt viele von uns, aber sie können uns nur Angst machen, wenn wir es zulassen! Manche Menschen sagen, Teufel und Dämonen seien Dinge in uns selbst, die wir nicht sehen wollen. Wenn wir sie heraus ans Licht bringen, wirken sie gar nicht mehr so mächtig. Indem wir uns unseren Ängsten und Schwächen stellen, gelangen wir oft zu mehr Mut, Erfolg und persönlicher Stärke. Das beste Mittel gegen Angst sind Glaube und Vertrauen. Egal, an was du glaubst: Es sollte etwas sein, das dir ein gutes Gefühl und innere Sicherheit gibt und dich stark genug macht, deine persönlichen Dämonen zu überwinden.

DER FÜRST DER FINSTERNIS
Einer von Satans vielen Namen ist „Fürst der Finsternis", weil man sich die Hölle als düstere Unterwelt ausmalt – nur von den Feuern erhellt, die die Teufel schüren, um die Verdammten zu bestrafen.

TEUFELSGESTALTEN

MAN SAGT, DASS Teufel schaurige Gestalten annehmen können – teils mit Ungeheuer- oder Tierköpfen. Die Geschichten über Dämonen und Teufel unterscheiden sich je nach Kultur und Religion. Manche sagen, es gebe bei den Teufeln – wie bei den Engeln – eine Rangordnung: Satan in den tiefsten Schlünden der Hölle, die weniger bösen Teufel in den oberen Abschnitten (nicht ganz so weit vom Himmel entfernt) und die Menschen auf halbem Weg zwischen Engeln und Teufeln.

DER DÄMON DES ZORNS
Asmodi, der Dämon des Zorns, hat Klauenfüße und mehrere Köpfe. Dämonen werden oft rot dargestellt – vielleicht in Farbe des Höllenfeuers.

LUZIFER

LUZIFER, DER „LICHTBRINGER", war einst der Erzengel, der Gott am nächsten stand. Es gibt verschiedene Geschichten über ihn. Eine erzählt, dass Gott, als er Adam, den ersten Menschen, schuf, die Erzengel aufforderte, sich vor ihm zu verneigen. Als Luzifer sich weigerte, stürzte Gott ihn aus dem Himmel. Luzifer war so töricht, sich gegen Gottes Herrschaft aufzulehnen. Für seine bösen Taten warf ihn der Erzengel Michael in den Abgrund der Hölle. Satan, Fürst des Bösen und Beelzebub sind nur einige seiner vielen Namen.

Satan soll auch als Schlange im Garten Eden Eva dazu verführt haben, in den Apfel der Erkenntnis zu beißen. So verkörpert er die Versuchung etwas Falsches zu tun, mit der jeder von uns manchmal zu kämpfen hat!

GEFALLENE ENGEL

ES HEISST, DASS Luzifer bei seinem Sturz aus dem Himmel ein Drittel der anderen Engel mit sich in die Hölle nahm. Diese gefallenen Engel wurden zu Dämonen oder Teufeln, die angeblich Menschen verführen, Unrecht zu tun und ihnen die Hoffnung auf das ewige Leben nehmen. Sie sollen auch die Menschen für ihre Sünden strafen.

LILITH

IN DER JÜDISCHEN Überlieferung heißt es, dass Adam neidisch wurde, als er erkannte, dass alle anderen Tiere Gefährtinnen hatten. So machte Gott ihm eine Frau namens Lilith – nicht aus Staub, wie Adam, sondern aus Erde. Doch das Paar vertrug sich nicht und Gott schuf Eva als Ersatz. Lilith wurde eine der Frauen Satans.

ENGEL

SCHLIESS DIE AUGEN und stell dir einen Engel vor. Was siehst du? Ein strahlendes Wesen mit Flügeln, heiter gelassenem Gesichtsausdruck und einem Heiligenschein um den Kopf? So denken sich die meisten Menschen einen Engel. Es heißt, das Licht symbolisiere die kosmische Quelle oder Gott und die Flügel verkörperten Freiheit und Macht. Seit Anbeginn der Zeit sind wir von Engeln umgeben und es gibt viele Geschichten aus der ganzen Welt, die sie in sehr ähnlicher Weise beschreiben.

ERZENGEL

SIE BRINGEN BOTSCHAFTEN von Gott zu den Menschen. Erzengel stehen mit der materiellen Welt in enger Verbindung. Vielleicht hast du schon von dem uns beschützenden Erzengel Michael, dem heilenden Raphael oder dem Himmelsboten Gabriel gehört.

Michael, der oberste Erzengel, soll Luzifer in der Himmelsschlacht besiegt haben. Dieser Mythos wird oft als Kampf zwischen dem heiligen Georg und dem Drachen wiedergegeben. Gabriel ist der Engel, der Maria erschien und ihr sagte, dass sie Gottes Sohn gebären werde.

Raphael wird oft mit einer Schlange gezeigt, dem Symbol der Heilkunst. Er wacht in Eden über den Baum des Lebens, auf der Erde über die Menschen.

SCHUTZENGEL

ES HEISST, DASS jeder von uns einen Schutzengel hat, der von Geburt an über uns wacht. Er unterstützt uns unser Leben lang aus dem Reich des Unsichtbaren. Wenn wir ein Problem haben oder anderen helfen wollen, können wir unseren Schutzengel um Hilfe bitten. Da er seit unserem ersten Lebensmoment bei uns ist, kennt er uns genauso gut wie unsere Familie, wenn nicht besser, und kann uns den bestmöglichen Rat geben. Wir können auch andere Engel um Hilfe bitten, wenn wir sie brauchen.

GABRIELS SIGNATUR
Es heißt, dies sei der Namenszug des Erzengels Gabriel. Magier verwenden Engelsignaturen als Symbole für die Wochentage. Gabriels Signatur steht für den Montag.

DIE ENGELSPRACHE

JOHN DEE, HOFASTROLOGE der englischen Königin Elisabeth I., glaubte, dass man mit Engeln in ihrer eigenen Sprache sprechen kann. John Dee und „Medium" Edward Kelley zeichneten Botschaften auf, die sie angeblich von Engeln erhielten, und arbeiteten eine ganze Sprache aus. Der folgende Satz dieser Sprache soll einen Engel auf die Erde herabrufen: *„Ils dialprt, soba upaah chis nanba zixlay dodsih."*

 SIEHE AUCH: DÄMONEN UND TEUFEL S. 79, HIMMEL UND HÖLLE S. 78, BÄUME S. 112-113

ENGEL IN DER KUNST

ENGEL SPIELEN AUCH im jüdischen und moslemischen Glauben eine wichtige Rolle, aber die Angehörigen dieser Religionen dürfen keine Abbilder religiöser Gestalten schaffen. Die christliche Kunst zeigt hingegen viele Engel. Sie sind seit Tausenden von Jahren bei Malern, Schnitzern, Dichtern, Kunsthandwerkern, Glaskünstlern und anderen beliebt.

Im Lauf der Jahrhunderte wurden allerlei Materialien und Gestaltungsstile eingesetzt um zu zeigen, dass Engel keinen physischen Körper wie wir haben. Ihre Flügel erinnern in der Kunst oft an die Federn exotischer Vögel wie Papageien oder Pfauen. Im Mittelalter wurden Heiligenscheine, Gesichter und Gewänder oft vergoldet. Manche modernen Künstler verwenden mystische Lichteffekte und knallige Farben für ihre Engeldarstellungen.

ALTE ENGELBILDER
Die Kunst zeigt Engel oft im Flug, wie auf dieser Marmortafel, die zu einem jahrtausendealten Gebäude in Ephesus in der heutigen Türkei gehörte. Auch heute noch stellt man Engel oft in sehr ähnlicher Weise dar.

SERAPHIM UND OPHANIM
Seraphim werden meist mit sechs Flügeln und oft auf einem der Ophanim oder Throne stehend dargestellt. Die Throne werden als feurige Räder abgebildet, denn in dieser Form sollen dem Propheten Ezechiel im 6. Jahrhundert v. Chr. vier Engel in einer Vision erschienen sein, wie die Bibel berichtet.

ENGELSGESTALTEN

FRÜHER GALTEN DIE ERZENGEL als die wichtigsten Engel, doch inzwischen hat man sich weitgehend auf folgende Rangfolge geeinigt:

- SERAPHIM Die Seraphim oder „Brennenden“ sollen Gott am nächsten stehen. Ihre glühende Liebe zu Gott lässt sie rot erscheinen.
- CHERUBIM Sie arbeiten aus, wie der göttliche Plan zu verwirklichen ist, und führen Aufzeichnungen über Gottes Werk.
- THRONE Die Throne oder Ophanim wägen ab, wie Gottes Entscheidungen zu verstehen sind. Sie werden als vieläugige Feuerräder dargestellt.
- HERRSCHAFTEN Sie geben Anweisungen, wie Gottes Wille auszuführen ist, und werden in ihrem Tun von den Cherubim angeleitet.
- TUGENDEN Die Tugenden lassen Wunder auf der Erde geschehen und helfen den Mächten bei der Arbeit mit den kosmischen Gesetzen.
- MÄCHTE Sie sind für die Aufrechterhaltung der kosmischen Gesetze, etwa der Naturkräfte, zuständig.
- FÜRSTENTÜMER Sie bestimmen über Aufstieg und Untergang von Völkern und beschützen die guten vor den bösen Geistern.
- ERZENGEL Sie wachen über die Verehrung Gottes auf der Welt und überbringen häufig Gottes Botschaften an die Menschen.
- SCHUTZENGEL Die Schutzengel sind für Bereiche wie Musik, Kunst, Liebe, Lehre und Weisheit zuständig. Ihnen begegnet man am ehesten persönlich, da sie als Vermittler zwischen Gott und den Menschen dienen.

RUF DEINEN ENGEL

UM DEINEN SCHUTZENGEL herbeizurufen, musst du dich richtig konzentrieren. Such dir einen ruhigen Platz, setz dich bequem hin, schließ die Augen und atme ein paar Mal tief durch, um dich zu entspannen. Nun stell dir vor, wie du deinem Engel zum ersten Mal begegnest, und ruf nach ihm. Du könntest ihn zunächst einmal nach seinem Namen fragen. Du hörst vielleicht keine Stimme, aber möglicherweise kommt dir ein Name in den Sinn.

Begrüße deinen Engel im Geiste und unterhalte dich mit ihm. Wenn du Sorgen hast, bitte deinen Engel, sie von dir zu nehmen und er wird es tun. Du musst nur daran glauben!

DEVAS

DAS SIND ENGEL oder himmlische Wesen, die ihr Licht aussenden, um Dingen beim Wachstum zu helfen. *Deva* ist Sanskrit für „die Leuchtenden“. Es heißt, man könne zu den Devas von Pflanzen beten, um ihr Wachsen zu fördern. Devas sieht man am ehesten im Wald oder im Garten zwischen Pflanzen und Bäumen.

AUSSERIRDISCHE UND UFOs

AUSSERIRDISCHE SIND WESEN aus dem Weltall, d. h. von einem anderen Planeten. Über solche Wesen aus dem All spricht man seit vielen Jahren. Manche Menschen sagen, UFOs (unbekannte Flugobjekte) und Außerirdische seien nur Hirngespinste. Andere glauben, dass wir diese Wesen nur in veränderten Bewusstseinszuständen sehen können.

Egal, was wir glauben: Es wäre dumm, die Möglichkeit, dass es auf den Planeten anderer Sterne im Weltall Leben gibt, von vornherein auszuschließen. Etwas Genaues weiß nach wie vor niemand darüber.

BERÜHMTE SICHTUNGEN

EINER DER WICHTIGSTEN Vorfälle in der Geschichte der UFOs, der Fall Roswell, ereignete sich 1947. Damals soll die US-Luftwaffe in der Wüste von New Mexico ein abgestürztes Raumschiff gefunden haben, in dem sich etwa 90 cm große Wesen befanden! Der Vorfall erregte großes Aufsehen. Besonders berühmt wurde er, weil es wohl das einzige Mal war, dass eine Regierung zugab, dass UFOs möglicherweise existieren. Es gibt eine Kopie eines FBI-Telegramms, das die Entdeckung bestätigt, doch schon wenige Tage nach ihrem Bekanntwerden wurde sie von den Behörden der USA abgestritten. UFO-Forscher glauben, dass die Geschichte zur Geheimsache erklärt wurde. 1952 gab es mehrere Vorfälle in den USA, bei denen u. a. kreisende Lichter über dem Parlamentsgebäude in Washington beobachtet wurden. 1976 wurde im Iran ein Beinahe-Zusammenstoß zwischen Militärjets und UFOs gemeldet. 1978 wollen zwei Piloten über dem Pazifik in der Nähe von Blenheim in Neuseeland drei UFOs gesichtet haben: ein „Mutterschiff" mit zwei „Tochterschiffen". Die Piloten berichteten, sie hätten glühende Lichter gesehen, und schätzten die Geschwindigkeit der Raumschiffe auf etwa 1500 km/h.

FRÜHE BESUCHER?

VIELLEICHT GAB ES schon um 2000 v. Chr. Besuche aus dem Weltall. In Peru finden sich riesige, in den Wüstenboden eingegrabene Zeichnungen von Menschen und Tieren. Manche glauben, dass sie Raumschiffen den Weg zu der Region weisen sollten, in der die Nazca-Indianer vor rund 4000 Jahren lebten.

UFOs

DIE ERSTEN „FLIEGENDE UNTERTASSEN" wurden in den 40er Jahren in den USA gesichtet. Seitdem gab es rund vierzig Millionen Meldungen über UFOs. Die meisten Menschen, die ein UFO gesehen haben wollen, berichteten von glühenden Lichtern und untertassen- oder zigarrenförmigen Raumschiffen.

FLIEGENDE UNTERTASSEN
Stephen Pratt nahm 1966 dieses Foto auf, das anscheinend drei UFOs über den Dächern von Conisbrough in England zeigt.

 SIEHE AUCH: ENGEL S. 80-81, BEWUSSTSEIN S. 31, PHANTASIE S. 18

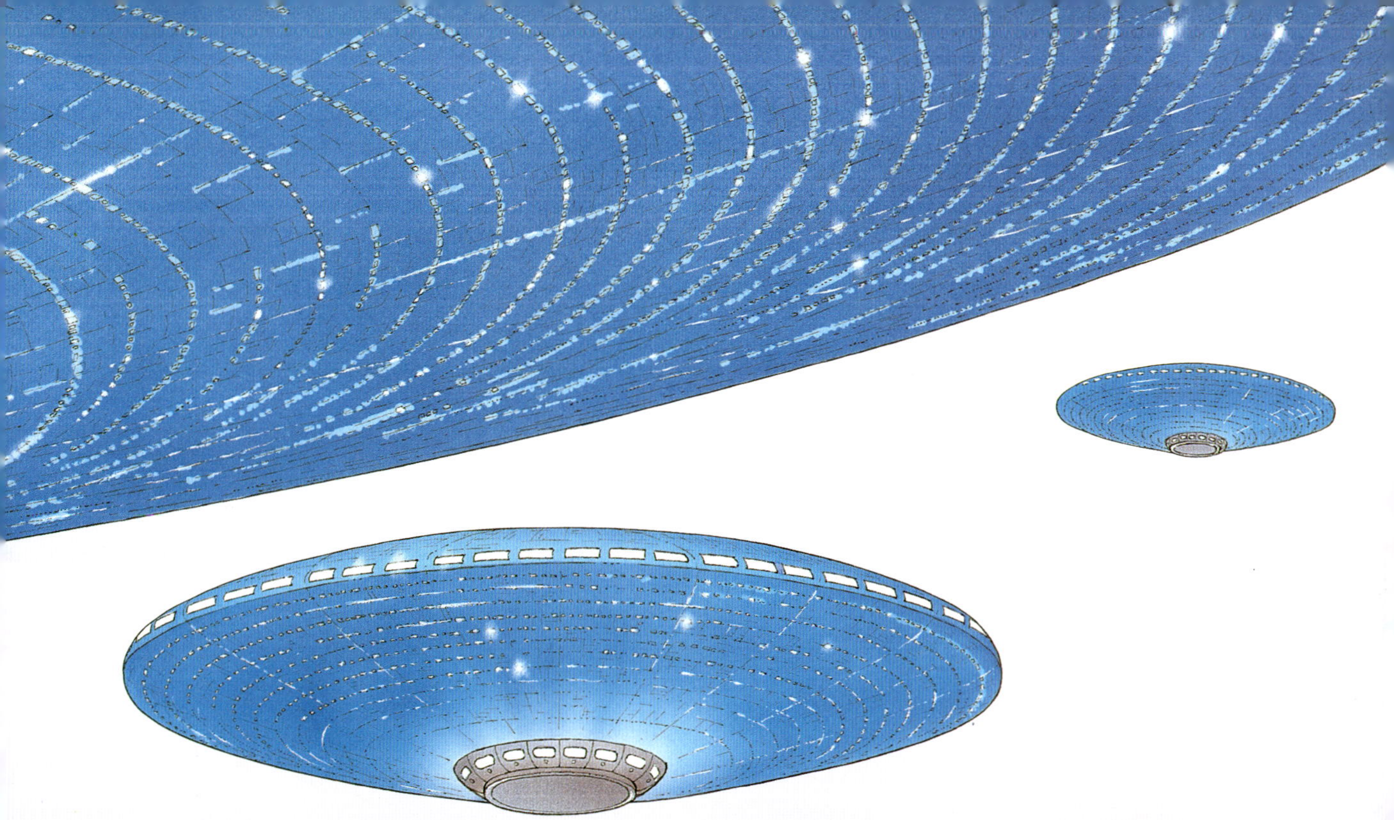

Begegnungen mit Ausserirdischen

Man unterteilt mögliche Begegnungen mit Außerirdischen in folgende Kategorien:

- Die erste Art: Wenn man ein UFO aus der Nähe sieht.
- Die zweite Art: Wenn es auch greifbare Beweise gibt.
- Die dritte Art: Wenn man einem außerirdischen Wesen begegnet.
- Die vierte Art: Wenn jemand vorübergehend von Außerirdischen entführt wird. Dabei kann es zu zeitweiligem Gedächtnisverlust kommen.
- Die fünfte Art: Wenn die gleiche Person mehrmals entführt wird. Oft kann sie sich unter Hypnose an die Geschehnisse erinnern.

Ausserirdische

Man sagt, dass uns Engel meist mit Flügeln und Heiligenschein erscheinen, weil man sich Engel eben so vorstellt. Mit den Außerirdischen könnte es ähnlich sein. Glaube, Erziehung und Kultur beeinflussen unser Urteilsvermögen und unser Gedächtnis. Eine alte Vorstellung ist die von „grünen Männchen" aus dem All; sehr verbreitet ist inzwischen der „graue" Typ: kleine, magere, grauhäutige Wesen mit riesigen Augen. Manche, die Außerirdische gesehen haben wollen, erzählen, dass sie von schwarzgekleideten Männern („Men in Black") darüber ausgefragt wurden. Diese scheinen bei Menschen aufzutauchen, die sich allzu sehr für UFOs interessieren.

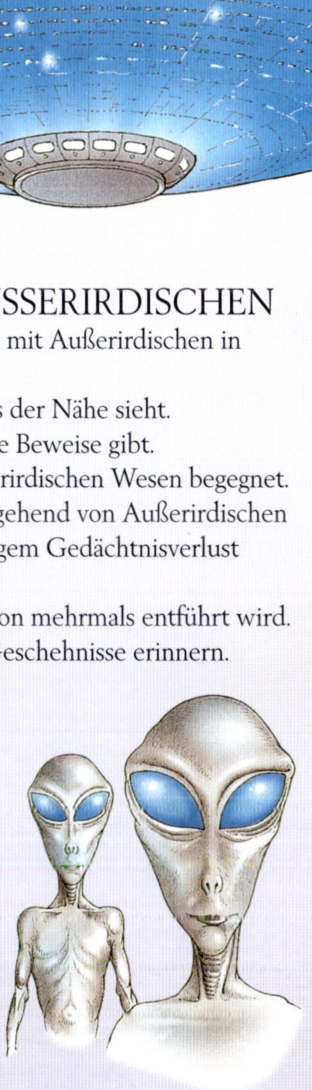

Wie sehen sie aus?
Wenn wir *glauben*, dass Außerirdische etwa 90 cm groß sind, mit großen, ovalen Augen und langen, mageren Armen, würden sie uns vielleicht auch genau so erscheinen. Was glaubst du, wie ein Außerirdischer aussähe, falls du je einem begegnen würdest?

Abduktionen

Manche Menschen behaupten, sie seien von Außerirdischen entführt worden, was man Abduktion nennt. Einer der berühmtesten Fälle ereignete sich in New Hampshire, USA, wo Betty und Barney Hill angeblich auf einer Fahrt durch die White Mountains entführt wurden. Das Paar berichtete unter Hypnose von Außerirdischen mit riesigen Augen und merkwürdiger Kopfform. Ein Film über den Fall, der auf der ganzen Welt gezeigt wurde, führte zu vielen weiteren, ähnlichen Berichten. Ein weiterer bekannter Fall ist der von „Ilkley Moor" im englischen Yorkshire. Hier war in den 80er Jahren der junge Polizist Philip Spencer zu Fuß unterwegs, als er angeblich ein merkwürdiges grünes Wesen mit großen Augen, langen Ohren, dünnen Armen und Beinen, dicken Fingern und einem Schlitz als Mund sah. Zu Hause stellte er fest, dass zwei Stunden vergangen waren, an die er sich nicht erinnern konnte. Unter Hypnose berichtete er, wie er von Außerirdischen verhört worden sei.

Das Bermuda-Dreieck

Dies ist eine Region im Atlantik, in der viele Schiffe und Flugzeuge auf geheimnisvolle Weise verschwunden sind – oft ohne jede Spur. Manche sagen, absonderliche Magnetkräfte brächten Flugzeuge und Schiffe hier vom Kurs ab, andere meinen, sie seien von UFOs entführt worden.

GESPENSTER UND SPUK

FAST ALLE KULTUREN scheinen an Gespenster zu glauben. Die meisten sind sich einig, dass der Mensch außer seinem physischen Körper auch eine Seele hat. Gespenster hält man meist für die Seelen von Verstorbenen. Sie können gut- oder bösartig sein. Einige der frühen Höhlenmenschen begruben ihre Toten unter Steinen und fesselten ihnen Hände und Füße, damit sie nicht auf nächtliche Spuktour gehen konnten. Manche, die nicht glauben, dass Seelen auf die Erde zurückkehren, sagen, Gespenster seien Dämonen, die sich als die Seelen von Toten ausgeben. Gespenster, Spuk- und andere schwer erklärbare Erscheinungen faszinieren uns jedenfalls von jeher und wir versuchen, immer noch mehr über sie herauszufinden.

GHULE

GHULE SIND BÖSE GEISTER, Phantome oder Gespenster. Im islamischen Volksglauben ist der Ghul eine bestimmte Art von Dämon, der sich von Menschenfleisch nährt. Es hieß, Ghule wanderten nachts auf Friedhöfen oder an anderen einsamen Orten umher und fräßen tote und lebendige Menschen – vor allem Reisende sollten sich vor ihnen hüten. Am gefürchtetsten war eine weibliche Form des Ghuls, die angeblich häufig in Gestalt einer menschlichen Frau auftrat und einen lebendigen Mann heiratete, der dann ihr Opfer wurde.

VERIRRTE SEELEN

VIELLEICHT GELANGEN UNSERE Seelen nach dem Tod zunächst auf die Astralebene, bevor sie ihr Reiseziel erreichen. Gespenster könnten verirrte Seelen sein, bei denen der Übergang aus dieser Welt in eine andere nicht richtig geklappt hat. Die Chinesen glauben, dass die Seele aus zwei oder drei Teilen besteht, so dass Tote an mehreren Orten zugleich erscheinen können. Manche Gespenster sind vielleicht die Seelen von Menschen, die gar nicht wissen, dass sie tot sind. Sie könnten unerwartet ums Leben gekommen sein, etwa bei einem Autounfall, und wandern vielleicht verwirrt umher, ohne zu ahnen, dass ihr Körper tot ist.

Es heißt, dass Seelen, die von den Zurückgebliebenen nicht richtig betrauert werden, manchmal zwischen dieser Welt und der nächsten stecken bleiben. Um ihnen weiterzuhelfen, muss man ihnen angeblich nur sagen, dass sie nicht auf die Erde gehören und es Zeit zur Weiterreise ist.

EINE GESPENSTISCHE GESTALT
Manche Menschen glauben, dass wir beim Sterben ein energetisches Abbild unserer selbst hinterlassen. Die geisterhafte Gestalt auf diesem 1936 in Raynham Hall im englischen Norfolk aufgenommenen Foto ist als „Die braune Dame von Raynham“ bekannt geworden.

 SIEHE AUCH: LEBEN NACH DEM TOD S. 77, SEELE UND GEIST S. 76

DER FLIEGENDE HOLLÄNDER

DIE SAGE VOM *Fliegenden Holländer* ist wohl die bekannteste Geschichte über ein Geisterschiff. Das Schiff und seine Mannschaft sollen dazu verdammt sein, für alle Zeit um das Kap der Guten Hoffnung zu segeln. Es heißt, das Schiff sei in einem schrecklichen Sturm untergegangen, weil sein Kapitän Gott beleidigt habe. Andere behaupten, er habe beim Würfeln gegen den Teufel verloren. 1881 soll der spätere König Georg V. von England den „Fliegenden Holländer" im Südatlantik gesehen haben. 1923 sahen vier Matrosen ein Schiff, das sie für den „Fliegenden Holländer" hielten. Es segelte auf sie zu und verschwand dann nur eine halbe Meile von ihrem Schiff entfernt. Seeleute glaubten, dass es Unglück bringe, den „Fliegenden Holländer" zu sehen.

POLTERGEISTER

POLTERGEISTER SIND GESPENSTER, die nicht nur poltern und klopfen, sondern anscheinend überhaupt gern Geräusche, Licht und Gerüche verbreiten, Türen und Fenster öffnen und Gegenstände bewegen. Manche Menschen behaupten von Poltergeistern gekniffen, geknufft oder angespuckt worden zu sein. Anscheinend gibt es freundliche Poltergeister, die nur ein bisschen Schabernack treiben, aber auch boshafte, die einen Groll hegen und anderen das Leben schwer machen wollen. Poltergeister sollen sich eher einer Person als einem Ort verbunden fühlen und sie erscheinen oft in Haushalten, in denen ein – meist weibliches – Familienmitglied gerade in der Pubertät ist. Es heißt, dass diese lärmenden Gespenster für ihr Treiben eine bestimmte Art emotionaler Energie benötigen. Vielleicht lässt sich dieses Treiben auch durch Psychokinese erklären: die Fähigkeit einer Person, Gegenstände durch Gedankenkraft zu bewegen. Das schelmische oder manchmal bösartige Wesen des Poltergeists könnte jemandes unbewusste Art sein, seinen Zorn oder andere Gefühle auszudrücken, ohne dass man ihm die Schuld gibt.

ERSCHEINUNGEN

EINE „ERSCHEINUNG" IST die Begegnung mit einer toten Person, einem toten Tier oder aber einer lebendigen Person, die eigentlich weit weg ist. Die Bezeichnung „Gespenst" verwendet man eher für wiederholte Erscheinungen einer toten Person – meist am selben Ort. Oft sind Erscheinungen nicht sichtbar, sondern auf andere Weise wahrnehmbar: durch merkwürdige Geräusche, Klopf- und Pochlaute, Gerüche oder das Gefühl einer unsichtbaren Anwesenheit. Man sagt, dass sichtbare Erscheinungen meist in einer Form auftreten, die wir erkennen können. Viele Menschen behaupten, Engel gesehen zu haben – meist mit Flügeln und Heiligenschein. Da sie sich Engel als geflügelte Boten vorstellen, erscheinen sie ihnen eben auch in dieser Form. Wenn du glaubst, dass alle Gespenster in weiße Bettlaken gehüllt mit dem Kopf unter dem Arm umherschweben, dann werden sie dir wohl am ehesten in dieser Gestalt begegnen!

SPUK

WENN EIN GESPENST oder die Seele eines Verstorbenen immer wieder am gleichen Ort erscheint, sagt man, dass es dort spukt. Dabei handelt es sich oft um das Zuhause oder einen Lieblingsplatz des Toten oder den Ort, wo er gestorben ist. Es hat auch immer wieder Berichte über ganze Geisterarmeen gegeben, ebenso wie Erzählungen von kopflosen Phantomen und Pferdekutschen, die durch Mauern fahren.

Die meisten Spukerscheinungen sind jedoch unsichtbar. Berichte über merkwürdige Klopf- und Pochlaute, Flüstern, Musik, Schritte auf der Treppe und andere geheimnisvolle Geräusche sind viel häufiger als wirkliche Sichtungen.

PARANORMAL UND ÜBERNATÜRLICH

ETWAS, DAS SICH NICHT ohne weiteres auf wissenschaftliche oder irdische Weise erklären lässt, nennt man „paranormal", etwa spukhafte Vorfälle und Erscheinungen. „Übernatürlich" nennen wir alles, von dem wir glauben, dass es mächtiger ist als die Natur. So hielt man Donner und Blitz früher nicht für natürliche Vorgänge, sondern für göttliche Warnungen. Man könnte wohl sagen, dass die Natur alles erklären kann – nur können unsere Gehirne die Informationen nicht immer verarbeiten! Doch je mehr Entdeckungen die Wissenschaftler machen und je mehr wir über uns selbst erfahren, desto klarer wird unser Bild des Universums.

MAGIE

MAGIE IST EINE ART, Macht einzusetzen. Der Begriff umfasst Kartentricks ebenso wie Hexerei und Zauberei mit Zaubersprüchen und -tränken. Für viele ist Magie die Lehre von den Geheimnissen der Natur, die Nutzbarmachung der Kräfte in der Erde und in uns selbst.

Das Christentum unterscheidet zwischen weißer und schwarzer Magie. Weiße Magie soll von Gott kommen, schwarze vom Satan. Die weiße Magie nutzt ihre Macht, um anderen zu helfen. Die schwarze Magie missbraucht solche Kräfte, um anderen zu schaden. Das fällt meist auf den Urheber zurück.

DAS PENTAGRAMM
Solche fünfzackigen Sterne nennt man Pentagramm oder Drudenfuß. Sie sollen vor bösem Zauber schützen und dienen auch zur Herstellung von Zauberkreisen.

HEXEN

BEI HEXEN DENKT man oft an alte Frauen, die auf Besen fliegen oder sich um einen großen brodelnden Kessel versammeln, um andere zu verhexen. Es gibt aber auch männliche Hexer, obwohl früher tatsächlich die weiblichen Hexen in der Mehrheit waren. Die Vorstellung des magischen Hexenbesens geht vielleicht auf die Besen zurück, mit denen die Frauen ihre Häuser fegten. Der Gedanke, dass Hexen fliegen, mag von früheren Festen kommen, bei denen man auf Haushaltsgeräten wie Schaufeln, Stöcken und Besen auf den Feldern umhersprang.

Die Bräuche der Hexenkunst sind überall auf der Welt verschieden; es kann viele Jahre dauern, sie zu erlernen. Moderne Hexen arbeiten mit magischen Verfahren aus keltischen und anderen vorchristlichen Überlieferungen, die Spiritualität und Kreativität fördern sollen. Sie versuchen meist, anderen zu helfen, statt ihnen zu schaden.

WEISE ODER BÖSE?
Im Mittelalter wurden viele weise Frauen bestraft, weil sie alte heidnische Rituale wie den Erdzauber ausübten.

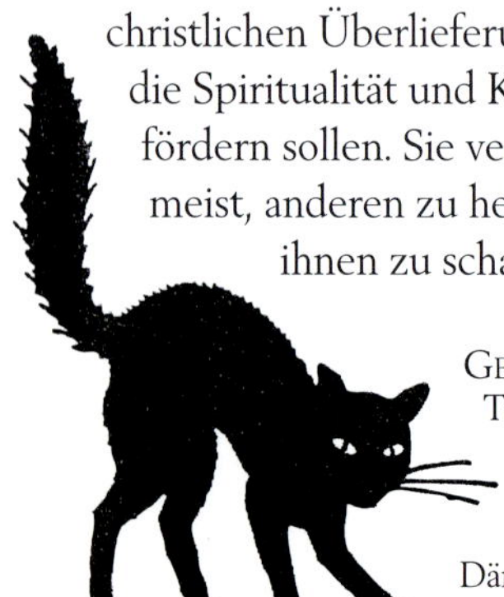

GEHILFEN
Tiere oder Geister, die einer Hexe helfen, bezeichnet man als ihre Gehilfen. In den Hexenprozessen der Vergangenheit behauptete man, dies seien Dämonen in Tiergestalt. Vor allem Katzen galten als Hexengehilfen – vielleicht weil sie klüger aussehen als andere Tiere.

DER MAGISCHE KREIS

DER KREIS GEHÖRT ZU DEN beliebtesten Zauberzeichen, obwohl auch jede andere Form magisch wirken kann. Symbole beziehen ihre Kraft aus der Konzentration oder Energie, die man auf sie richtet. Kreise können auf viele Weise gebildet werden, etwa durch Tanzen, Gehen oder Zeichnen. Der magische Kreis verkörpert den Kreislauf des Lebens, des Universums und der Planeten. Alles, was sich im Kreis befindet, kann ein spirituelles Element einbringen. Ein Dreieck kann himmlisches Feuer oder die Verbindungspunkte von Gott, Mensch und Schöpfung darstellen, ein Viereck die vier Elemente Erde, Luft, Wasser und Feuer.

 SIEHE AUCH: DÄMONEN UND TEUFEL S. 79, MYTHEN UND SAGEN S. 42-43, DIE ELEMENTE S. 123

IM BAUM GEFANGEN
Der Sage zufolge verliebte sich Merlin in Nimue, die Herrin des Sees, die ihn überredete, sie in Magie zu unterrichten. Dann verwendete sie das Gelernte, um Merlin in eine Eiche einzusperren.

ZAUBERER

MÄNNLICHE MAGIER NENNT man auch Hexer oder Zauberer. Früher gab es in fast jedem Dorf oder Ort einen Zauberer, der Menschen heilte, Zaubermittel und -tränke herstellte und die Zukunft voraussagte. Damit konnten sie jedoch meist nicht viel Geld verdienen und mussten deshalb noch andere Tätigkeiten ausüben. Man bezeichnete die Zauberer auch als „Hexenmeister" und manche Menschen behaupteten, sie hätten einen Pakt mit dem Teufel geschlossen. Überhaupt erzählten die Menschen viel Schlechtes über Hexen und Zauberer, meist aus Unwissenheit und Angst.

DER ZAUBERER MERLIN

ES HEISST, MAGIER und Zauberer seien weise Menschen, die ihre Willenskraft und die Naturgesetze nutzen, um Dinge geschehen zu lassen. Diese Art von Magie ist eigentlich eine weiterentwickelte Form des positiven Denkens. Einer der berühmtesten Magier war Merlin, der in der Artussage vorkommt. Er soll ein Hohepriester der Druiden und die treibende Kraft in König Artus' außergewöhnlichem Leben gewesen sein.

ALCHIMIE
Die alten Ägypter betrieben eine Art früher Chemie, die so genannte Alchimie. Man glaubte, dass alles auf der Erde aus den vier Elementen bestehe und man jedes Material in jedes andere umwandeln könne, wenn man nur wüsste wie. Alchimie ist keine richtige Magie. Heute bezeichnet man auch das Streben nach seelischer Weiterentwicklung als Alchimie.

NIEDERE MAGIE

HOHE MAGIE UND MODERNE Hexenkunst beruhen auf bestimmten Glaubensvorstellungen. Bei der niederen Magie dagegen tut man Dinge, damit andere Dinge passieren, d. h. man macht etwa einen Knoten in ein Stück Schnur, um den Wind für eine Seereise zu speichern. Zaubersprüche und -mittel lassen das Ganze eindrucksvoller wirken. Das Wahrsagen ist mit der niederen Magie verwandt und wird oft von denselben Personen ausgeübt.

ZAUBERTRICKS

BÜHNENZAUBERER UNTERHALTEN ihr Publikum mit magischen Kunststücken: Sie geben vor, Menschen in der Mitte durchzusägen, ohne sie zu verletzen, oder riesige Gegenstände aus einem kleinen Hut zu ziehen. Manche scheinen sogar zu fliegen. Mit solchen Zaubertricks oder Illusionen täuscht der Zauberer die Zuschauer, indem er etwas tut, das wie Magie aussieht, aber tatsächlich auf geschickten Kunstgriffen beruht. Ein guter Zauberer verrät seine Geheimnisse nie.

OKKULTISMUS

„OKKULT" BEDEUTET „geheim" oder „verborgen". Der Okkultismus umfasst viele Arten von Geheimwissen, etwa Alchimie, Dämonologie, Astrologie und Hexenkunst. Okkultistische Schriften enthalten oft verborgene Bedeutungen in Geheimcode, die nur Eingeweihte, d. h. andere Okkultisten, verstehen können.

Zahlen sind sehr wichtig beim Studium des okkulten Wissens. In der Geheimlehre der alten Griechen verkörperte die Zahl Drei die männliche Energie und die Zahl Vier die weibliche Energie. Addiert ergeben sie die Sieben, die noch heute als eine der machtvollsten Zahlen gilt.

Die kosmischen Gesetze

Die meisten von Menschen gemachten Gesetze sollen uns helfen, in einer Gesellschaft in Freiheit zu leben, ohne das Leben anderer zu beeinträchtigen. Menschliche Gesetze und Verhaltensweisen stehen aber nicht immer im Einklang mit dem Universum. Vielleicht gibt es darum so viel Disharmonie auf der Erde, wie Krieg, Armut und Hunger. Viele glauben an die Existenz kosmischer Gesetze und daran, dass das Gleichgewicht unserer Welt gestört wird, wenn man nicht nach diesen lebt, was schlimme Folgen haben kann.

Das Gesetz der Energie

Alles auf diesem Planeten besteht aus Energieteilchen – auch wir selbst. Da alles aus dem gleichen Material besteht, sind wir alle miteinander und mit allem anderen im Universum verbunden. Deshalb ist es so wichtig, die Harmonie des Systems nicht zu stören.

Das Gesetz der Schwingung

Die Energie existiert seit Anbeginn der Schöpfung. Energieteilchen schwingen mit unterschiedlicher Geschwindigkeit. Wenn Energie sehr schnell schwingt, ist sie unsichtbar; deshalb können wir manche Dinge sehen und andere nicht. Die Energieteilchen eines Schranks bewegen sich zum Beispiel viel langsamer als die, aus denen Funkwellen bestehen. Deshalb können wir den Schrank sehen, die Funkwellen hingegen nicht.

Das Gesetz der Umwelt

Deine Kleidung, dein Zuhause und auch deine Freunde sind alle Erweiterungen deiner Persönlichkeit, ein Abbild deines Lebens und deiner Anschauungen. Die Lebensweise, die wir wählen, zeigt nach außen, wie wir über uns selbst, andere und die Welt um uns herum denken.

Das Gesetz des freien Willens

Wir alle haben in allem, was wir tun, das Recht auf eigene Entscheidung. Es mag uns nicht immer so vorkommen, aber in gewisser Weise hat jeder die Freiheit, selbst zu wählen, wie er leben will, welchen Beruf er ergreift, ob er heiraten will oder nicht. Das heißt aber auch, dass wir die Verantwortung für unser Handeln übernehmen müssen. Wenn du gelernt hast, dass Stehlen falsch ist, musst du auch die Folgen tragen, wenn du es doch tust. Wenn du hingegen etwa in einem Wald aufgewachsen wärst und dich plötzlich mitten in einem Einkaufszentrum wieder finden würdest, wäre es verzeihlich, wenn du einfach etwas aus den Regalen nähmest, weil dir niemand je beigebracht hätte, dass man das nicht darf.

 Siehe auch: Gefühle S. 24-25, Lebenskraft und Energie S. 90-91

DAS GESETZ DER GNADE

VERZEIHEN KANN SEHR schwer sein. Aber wenn du jemandem verzeihen kannst, der etwas Falsches getan oder dich verletzt hat, befolgst du damit das Gesetz der Gnade. Auch uns selbst sollten wir Fehler verzeihen. Indem wir uns für etwas, was wir getan haben, selbst bestrafen, richten wir oft mehr Schaden an als durch den Fehler selbst!

DAS GESETZ DER POLARITÄT

GLEICHGEWICHT ENTSTEHT erst durch Gegensätze: Licht und Dunkel, Freude und Traurigkeit, Gut und Böse. Zur Polarität gehört die Vorstellung von den Yin- und Yang-Energien, die zusammen eine Harmonie im Universum schaffen. Wir sollten unsere dunklere, negative Seite ebenso kennen wie die positive. Durch Ausgeglichenheit können wir die Belastungen des Lebens besser bewältigen.

DAS GESETZ DER KREISLÄUFE

DIE JAHRESZEITEN SIND ein Beispiel dafür, wie das Gesetz der Kreisläufe in der Natur wirkt. Auch die Menschen haben ihre eigenen Kreisläufe von Geburt, Leben und Tod. Selbst unsere seelischen Verhaltensmuster folgen einem solchen Zyklus. Manche Menschen glauben, dass wir alle hier sind, um seelische Lektionen zu lernen, die uns in diesem Leben zugeteilt sind.

DAS GESETZ VON URSACHE UND WIRKUNG

WAS WIR AUCH TUN, es hat immer Folgen. Wenn wir betrügen oder stehlen, werden wir entweder ertappt und bestraft oder wir müssen mit unserem Schuldgefühl leben. Wenn wir jemandem helfen, können wir uns darauf verlassen, dass uns ein anderes Mal, wenn wir es nötig haben, auch irgendjemand helfen wird.

Man ist leicht versucht Gutes nur dann zu tun, wenn es jemand bemerkt. Aber selbst wenn dir niemand für eine gute, freundliche oder mitfühlende Tat dankt, werden die Kräfte im Reich des Unsichtbaren sie zur Kenntnis nehmen und dafür sorgen, dass du belohnt wirst!

DAS GESETZ DER GÖTTLICHEN LIEBE

BEDINGUNGSLOSE LIEBE ist eine Liebe, wie Eltern sie ihren Kindern entgegenbringen – ganz gleich, was sie tun. Es heißt, die göttliche Liebe sei so – unbeschreibbar rein und strahlend. Menschen, die eine „Nah-Tod-Erfahrung" gemacht oder eine höhere spirituelle Ebene erreicht haben, berichten von einem überwältigenden, ganz und gar positiven Gefühl von Liebe.

DAS GESETZ DER EINHEIT

DA WIR ALLE ZUM gleichen Universum gehören, sollten wir uns um andere ebenso kümmern wie um uns selbst. Jeder hat hier seinen Platz und eine Aufgabe zu erfüllen. Es ist zuweilen schwer einzusehen, dass jeder auf diesem Planeten Teil unserer Familie ist. Manchmal lehnen wir Menschen ab, weil wir glauben, dass sie anders sind, doch auf kosmischer Ebene sind wir alle eins.

LEBENSKRAFT UND ENERGIE

MANCHMAL VERGESSEN WIR, dass die natürlichsten Dinge der Welt wichtige Quellen von Energie oder Lebenskraft sind. Sonnen-, Wind- und Wasserenergie tragen die Kraft des Lebens in sich. Wenn du barfuß gehst, kannst du die Erdenergie durch deine Füße fühlen. Ohne sie könnten wir nicht funktionieren. Wenn der Körper stirbt, wandert seine Energie einfach weiter. Lebenskraft ist in allem – von rauschenden Wasserfällen bis zu reglosen Steinen. Diese neutrale Energie ist Grundlage der ganzen Schöpfung.

NATÜRLICHE ENERGIE

DIE ERDE IST SEIT IHRER Entstehung voller Energie. Von der Flammenhitze der Sonne bis zur gewaltigen Kraft der Gezeiten sind wir überall von Energie umgeben. Die Bewegung der Planeten im All könnte ohne Energie nicht vor sich gehen. Es ist schwer vorstellbar, wie alles anfing, aber wir fühlen heute noch die Auswirkungen des „Urknalls", mit dem das Universum den Wissenschaftlern zufolge begonnen hat. Licht und Wärme der Sonne lassen die Pflanzen wachsen. Ihre Anziehungskraft lässt die Erde und andere Planeten um sie kreisen. Sonne und Mond lassen Ebbe und Flut und unser Wetter entstehen. Regen, Hagel und Schnee erzeugen Bäche und Flüsse, aus denen Tiere und Pflanzen trinken. Wir können heute sogar aus Wasser- oder Windkraft Elektrizität – auch Energie – erzeugen.

YIN UND YANG

IM MITTELPUNKT DER chinesischen Philosophie steht die Vorstellung von Yin und Yang. Diese positiven und negativen Energien gelten als Bausteine unseres Planeten, des menschlichen Lebens und des Universums. Yin und Yang enthalten jeweils Elemente des anderen – als Punkte innerhalb der beiden Formen dargestellt. Das macht das Leben ausgewogener und interessanter. Die negative, passive Kraft heißt Yin. Sie gilt als weiblich und steht für dunkle, kalte, innere Energie. Die positive, aktive Kraft heißt Yang. Sie gilt als männlich und steht für helle, warme, äußere Energie.

 SIEHE AUCH: FARBE UND LICHT S. 54-55, RELIGIONEN S. 130-133, FENG SHUI S. 124-125

AUREN
Diese Aura enthält viel Gelb und kaum andere Farben. Gelb ist die Farbe des Intellekts und der Logik. Einfach interpretiert könnte man sagen, dass diese Person intelligent ist, logisch denkt und einen wachen, regen Geist hat.

AUREN

UNSER KÖRPER IST VON unsichtbaren Feldern ätherischer, astraler, geistiger und kausaler Energie umgeben. Zusammen bilden sie die so genannte Aura. Manche Heilpraktiker glauben, dass Krankheiten in der Aura beginnen und sich von da in den dichteren physischen Körper ausbreiten. Es heißt oft, unterdrückte Gefühle könnten zu schweren Krankheiten führen. Anstatt aus den Körperzellen durch die Aura hindurch freigesetzt zu werden, stauen sie sich im Körper an und können uns krank machen. Manche Menschen können die Farben der Aura anderer Menschen klar sehen und dadurch Krankheiten erkennen und behandeln. Die Farben haben je nach Körperbereich unterschiedliche Bedeutungen. Die rechte Körperseite zeigt dein äußeres Ich, die linke dein emotionales Ich. Der Bereich über deinem Kopf zeigt, wie du dich selbst siehst.

DER PULS DER ERDE

DIE ERDE HAT IHREN eigenen magnetischen Pulsschlag, den wir anscheinend brauchen, um gesund zu bleiben. Astronauten im All oder Menschen, die von dem Puls durch elektromagnetische Störfelder abgeschirmt sind, können krank werden. Der deutsche Forscher Schumann entdeckte diesen Pulsschlag 1952 und maß seine Frequenz. Die amerikanische Raumfahrtbehörde NASA baut heute Magnetpulserzeuger, die so genannten Schumann-Simulatoren, in alle bemannten Raumschiffe ein, damit die Astronauten nicht krank werden.

DIE KIRLIAN-FOTOGRAFIE

EIN KIRLIAN-FOTO IST meist eine Aufnahme des Energiefeldes um jemandes Hand. Es ist eine Art, die Aura einer Person auf Film festzuhalten. Aus den Formen und Mustern, die die Hand auf dem Foto umgeben, kannst du herauslesen, was in deinem Körper vorgeht, nicht nur körperlich, sondern auch emotional und geistig. Lücken in den Mustern um die Finger herum könnten bedeuten, dass du mehr Freiraum brauchst und dich im Leben eingeengt fühlst.

KRAFTFELD

ENERGIE IST DIE LEBENSKRAFT, die deinen Körper erfüllt und umgibt. Selbst wenn du sie nicht siehst, kannst du sie doch fühlen. Wenn du auf einem Stuhl sitzt und jemand sich leise von hinten nähert, wirst du ihn vielleicht nicht sehen oder hören, aber du kannst ihn spüren, sobald er dein Energiefeld, den Bereich deiner Aura, betritt. Das kannst du mit einem Freund oder mit deiner Familie ausprobieren. Stellt euch einander gegenüber und streckt die Hände nach vorne aus, so dass eure Handflächen einander zugekehrt sind. Jetzt geh langsam auf den anderen zu. Sobald du nah genug bist, beginnen deine Hände, sich wärmer anzufühlen oder leicht zu kribbeln. Dies ist die Energie oder Lebenskraft, die den anderen durchströmt und Schwingungen um seinen Körper herum verursacht. Steh einen Augenblick still und spür die Energie, die von seinen Händen abstrahlt. Geh dann wieder rückwärts und du merkst, wie die Energiestrahlung des anderen allmählich schwächer wird.

ENERGIEARTEN

- PRANA Für die Hindus ist Prana die Lebenskraft, die das ganze Universum durchströmt. Wir atmen sie ein und sie verlässt uns mit dem letzten Atemzug, wenn wir sterben.
- CH'I In China glaubt man an eine positive Energie, das Ch'i, das in Kanälen, den so genannten Meridianen, durch den Körper und die Erde fließt. Das Gegenteil von Ch'i ist Sha, die negative Energie.
- KUNDALINI Die Inder sehen diese Energie als eine unten an der Wirbelsäule zusammengerollte Schlange. Wenn wir sie durch die Energiezentren der Wirbelsäule nach oben leiten, verändert und erleuchtet sie das Bewusstsein.

GEBETE

BEI DEM WORT „BETEN" denkst du vielleicht an Menschen, die in einer Kirche, Synagoge oder einem Tempel auf den Knien liegen und zu ihrem Gott beten, aber es gibt vielerlei Arten zu beten und ebenso viele Orte, wo man es tun kann. Gebete können ein Weg sein, mit Gott, dem Universum oder sogar unserer eigenen Seele in Verbindung zu treten. Wahrscheinlich haben wir alle schon einmal gebetet, selbst wenn es uns nicht bewusst geworden ist. Wie oft hast du schon still um Hilfe gebeten, nicht deine Familie oder Freunde, sondern ein unbekanntes Wesen oder eine unsichtbare Macht? Auch das ist schon ein Gebet. Im Lauf der Jahrhunderte haben die Menschen viele Regeln aufgestellt, wie und wann man beten soll, aber tatsächlich kannst du jederzeit und überall beten.

BETWEISEN

JEDES VOLK HAT seine Art des Betens. Manche Indianerstämme haben spezielle Gebetsstöcke und singen ihre Gebete an die Götter. In Tibet verwenden die buddhistischen Mönche „Gebetsmühlen" mit Symbolen auf der Außenseite oder im Inneren. Die Moslems haben spezielle Hand- und Körperhaltungen für verschiedene Gebete.

Viele Menschen sagen, es sei nicht wichtig, wie und wo man betet. Ein Gebet kann auch darin bestehen, mit einem ruhigen Ort in uns selbst Verbindung aufzunehmen.

WAS SOLL ICH SAGEN?

VIELE LEUTE BETEN still, aber du kannst im Gebet genauso sprechen, wie du mit einem anderen Menschen sprechen würdest. Vielleicht möchtest du beichten, dass du etwas Falsches getan hast, oder ein Dankgebet für etwas Schönes sagen. Wenn du nicht weißt, was oder wie du es sagen sollst, kannst du dich natürlich auch an ein Gebetbuch halten.

MEKKA
Die Moslems wenden sich zum Beten stets in Richtung Mekka – das ist ihre heilige Stadt in Saudi-Arabien. Jedes Jahr pilgern im letzten Monat des islamischen Kalenders Tausende von Moslems nach Mekka. Von jedem Moslem wird erwartet, dass er diese Reise als Zeichen seines Glaubens mindestens einmal im Leben macht.

PILGERFAHRTEN

MENSCHEN, DIE ZU einem heiligen Ort reisen, um dort zu beten, nennt man Pilger und ihre Reise Pilger- oder Wallfahrt. Pilgerfahrten gibt es seit alter Zeit. So pilgern die Hindus zu ihren heiligen Stätten namens „Tirtha", die Juden und Christen nach Israel.

DIE KRAFT DES GEBETS

KANNST DU DIR VORSTELLEN, wie viel positive Energie sich auf eine Person konzentriert, wenn Hunderte oder Tausende von Menschen dafür beten, dass sie gesund wird? Es gibt viele Beispiele von Menschen, denen die Gebete anderer geholfen haben. Unsere Gebete werden nicht immer so erhört, wie wir es erwarten. Manchmal bitten wir vielleicht um die falsche Art von Hilfe für ein Problem, bekommen aber die richtige Hilfe gesandt! Es kann schon helfen, einfach nur zu glauben, dass irgendjemand oder irgendeine Macht sich um uns sorgt.

JEDER KANN BETEN

SELBST MENSCHEN OHNE Glauben beten manchmal. Sie flehen zu einer Macht, an die sie nicht richtig glauben, und hoffen doch, dass sie ihnen helfen kann, wenn sie Probleme haben. Das ist auch nicht verkehrt. Es kann helfen, einfach über etwas zu reden, selbst wenn unsere Gebete nicht erhört werden. Eine verzweifelte Situation kann für manche Menschen sogar zum Neuanfang werden, vor allem wenn ihre Gebete erhört werden. Manchmal entschließen sie sich zu einer inneren Reise auf der Suche nach einem Gott oder einer Macht nach ihrem Verständnis.

 SIEHE AUCH: RELIGIONEN S. 130-133

WUNDER

EIN WUNDER IST EIN unerklärliches oder eben „wunder"volles Ereignis. Es ist schwer zu sagen, was genau ein Wunder ausmacht. Manche Ereignisse der Geschichte, die man damals für Wunder hielt, lassen sich heute einfach erklären, andere hingegen nicht. Bei Diskussionen über Wunder geht es meist darum, ob sie wirklich passiert sind. Doch vielleicht sind Wunder eigentlich die Kraft des Glaubens, etwas zustande zu bringen, das unmöglich scheint. Sie können sich jederzeit, an einem ganz normalen Tag, ereignen.

DAS WUNDER DES LEBENS
Auch alltägliche Dinge haben oft etwas Wundervolles an sich. Wenn du je das Wachstum einer Pflanze oder eines Tieres beobachtet hast, weißt du, wie schnell das geht und wie erstaunlich es ist. Allein die Existenz und Vielfalt des Lebens auf der Erde ist schon ein Wunder.

STIGMATA

DER HEILIGE FRANZISKUS war einer der ersten Menschen, bei dem Stigmata auftraten. Das sind Wundmale, die auf Händen und Füßen vieler Christen auftauchen und so aussehen wie die Wunden, die Jesus bei seiner Kreuzigung erlitt. Sie erscheinen an den gleichen Körperstellen, an denen sie auch bei Jesusskulpturen oder -bildern zu sehen sind. In Wirklichkeit wurden bei Kreuzigungen jedoch Nägel in Hand- und Fußgelenke geschlagen, nicht durch Hände und Füße. Deshalb entstand die Theorie, dass Menschen mit Stigmata sehr stark beeinflussbar sind. Der Anblick der Wunden auf einem Jesusbild beeindruckt sie so stark, dass ihr Unterbewusstsein entsprechende Wundmale, manchmal sogar Blutungen, an ihren eigenen Körpern entstehen lässt. Es ist auf jeden Fall ein wundersames Geschehen!

PERSÖNLICHE WUNDER

HAST DU JE ETWAS GETAN, was dir wie ein Wunder vorkam, weil du nicht sicher warst, dass du es schaffst? Selbst wenn es sonst niemand bemerkt: Wichtig ist nur, dass du deine normalen Grenzen überwunden hast. Persönliche Erfolge – wie sportliche Siege oder das Bestehen einer Prüfung – können uns freuen, erstaunen und wie ein Wunder erscheinen. Es ist gut, wenn wir unsere persönlichen Wunder zu schätzen wissen. Sie geben uns ein gutes Gefühl und Selbstvertrauen.

WUNDERTATEN

DIE BIBEL BERICHTET von vielen Wundern, wie der Teilung des Roten Meers durch Moses und Jesus' Auferstehung vom Tode. Viele Göttersagen sind voller Wunder, da man den alten Gottheiten übermenschliche Fähigkeiten zuschrieb.

Nicht alle Wunder haben mit göttlichen Wesen zu tun. Es gibt auch Wunder der Technik. Wer hätte vor hundert Jahren geglaubt, dass wir je zum Mond fliegen würden? Es gab eine Zeit, da hätte man Flugzeuge und Raumschiffe als unerfüllbare Träume abgetan. Unsere technischen Möglichkeiten sind ein Wunder in sich.

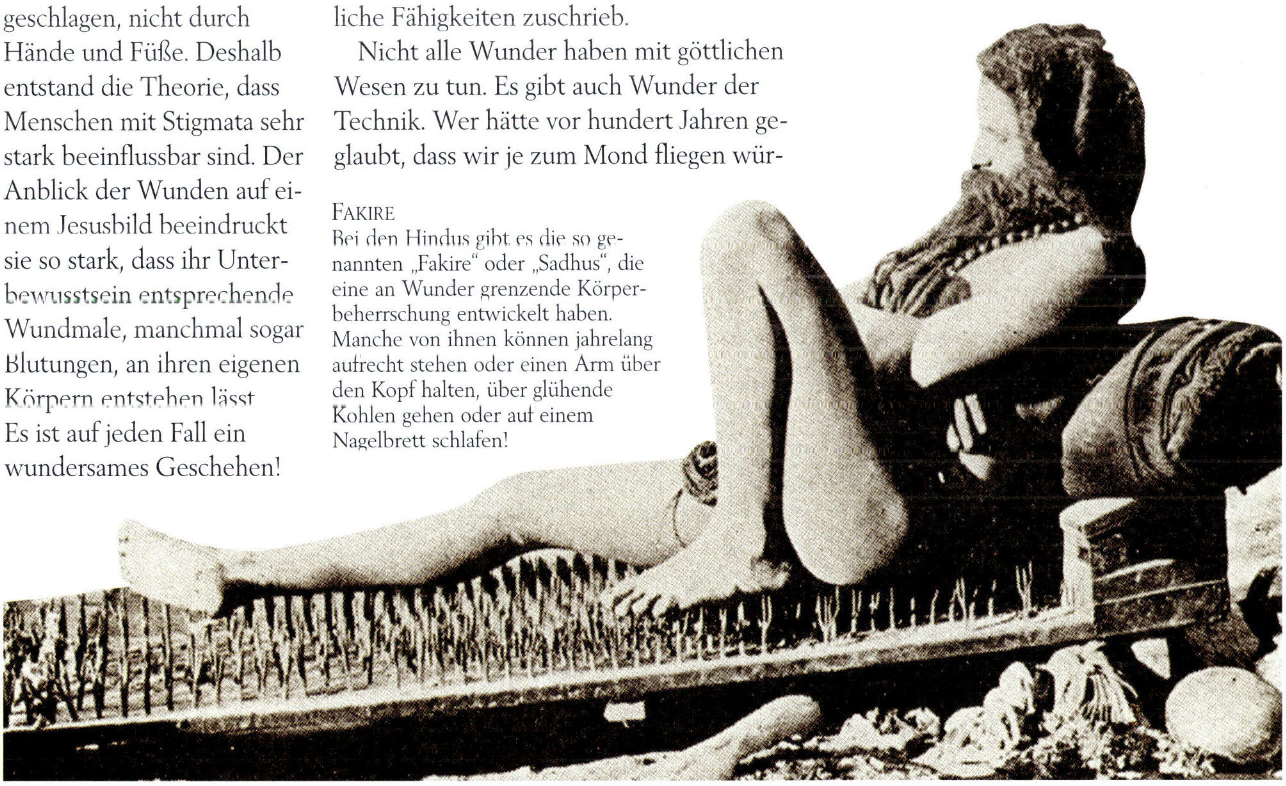

FAKIRE
Bei den Hindus gibt es die so genannten „Fakire" oder „Sadhus", die eine an Wunder grenzende Körperbeherrschung entwickelt haben. Manche von ihnen können jahrelang aufrecht stehen oder einen Arm über den Kopf halten, über glühende Kohlen gehen oder auf einem Nagelbrett schlafen!

ORAKEL UND WAHRSAGUNGEN

EIN ORAKEL IST EIN WEISER Ratgeber. Orakel sind Personen oder Gegenstände, die uns Botschaften aus der spirituellen Welt übermitteln, damit wir mehr über uns und unser Leben herausfinden. Manchmal können wir dadurch eine Situation aus einem anderen Blickwinkel sehen. Vielleicht wissen wir die Antwort tief in unserem Inneren, aber die Wahrsagung hilft uns, sie zu erkennen. Es gibt viele Arten des Wahrsagens, vom Kristall bis zum Tee- oder Kaffeesatz. Natürlich ist alles eine Frage der Deutung, weshalb wir die Botschaften nicht zu ernst nehmen sollten!

DAS ORAKEL VON DELPHI
Die alten griechischen Götter standen oft mit Orakeln in Verbindung. Man erbaute ihnen große Heiligtümer, in denen Priesterinnen das Orakel im Auftrag der Bürger befragten. Das Orakel von Delphi war eines der berühmtesten. Der Name „Delphi" ist von der Schlange der Muttergöttin hergeleitet, die das Heiligtum bewacht haben soll, bis sie von Apollon getötet wurde. Der Tempel wurde Apollon geweiht.

DAS ORAKEL BEFRAGEN

IM VERLAUF DER GESCHICHTE hat es die verschiedensten Arten von Orakeln gegeben. Manche forderten vor der Befragung die Opferung von Speisen oder Tieren. Professionelle Orakeldeuter und Wahrsager verlangen in der Regel irgendeine Bezahlung. Orakel geben meist Antwort auf bestimmte Fragen. Die Antwort erfolgt oft in verschlüsselter Form und ist deshalb schwierig zu deuten. Die alten Kulturen des Orients nahmen Naturerscheinungen als Orakel: Muster am Himmel oder auf dem Boden oder sogar das Verhalten ihrer Tiere. Man konnte den meisten Dingen einen tieferen Sinn oder Symbolgehalt geben und sie so als Orakel nutzen. In vielen Kulturen der Welt verlässt man sich heute noch auf Orakel, indem man vor wichtigen Entscheidungen zum Beispiel Knöchelchen wirft oder ein Tieropfer bringt. Selbst Kirmes-Wahrsagerinnen nutzen die Kraft des Orakels, um uns in unserem Leben zu raten und zu helfen.

Dies sind die acht Trigramme des *I Ging*.

HIMMEL, CH'IEN
Die geistige Kraft des Drachen, die ihre Gestalt wechselt und Kreativität und Stärke verkörpert.

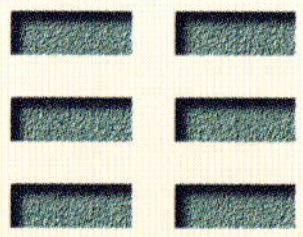

ERDE, K'UN
Mutter Erde – Empfänglichkeit und Hingabe mit der Macht, Gedanken sichtbar zu machen.

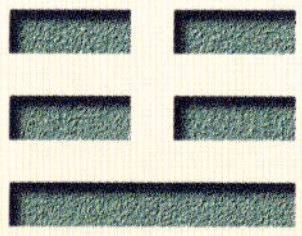

DONNER, CH'EN
Geist des Donners, der Dinge in Bewegung und Unordnung bringt. Macht Verborgenes sichtbar.

WIND, SUN
Geist von Wald und Wind, der beeinflusst, wie du denkst und fühlst, und dir wachsen hilft.

WASSER, K'AN
Geist des fließenden Wassers, der Leidenschaft und Gefahr verkörpert.

FEUER, L'I
Geist des Vogels, der seine Gestalt wechselt und Feuer, Licht, Wärme und Bewusstsein verkörpert.

BERG, KEN
Berggeist, der Ruhe symbolisiert, Dinge beendet und Neuanfänge ermöglicht.

SEE, TUI
Geist des ansteigenden Wassers und des Nebels, der Freiheit und Freude fördert.

DAS *I GING* BEFRAGEN
Es gibt viele Arten, das *I Ging* zu befragen: Man kann drei Münzen dreimal werfen, spezielle Stäbchen werfen oder das Buch aufs Geratewohl öffnen, um einen Ratschlag für den Tag zu finden.

DAS *I GING*

DAS CHINESISCHE *Buch der Wandlungen, I Ging* ist eines der ältesten Orakel und heute noch sehr beliebt. Es wurde vor über dreitausend Jahren verfasst. Es geht darum, die Yin- und Yang-Energien mit Hilfe von Zeichen aus durchgehenden und unterbrochenen Linien zu deuten. Diese entstehen durch Kombination der oben abgebildeten Trigramme (Dreierzeichen). Je nach Auslegung ergeben sie bis zu 4000 verschiedene Bedeutungen!

KRISTALLSEHEN

BEI DIESER FORM DES Wahrsagens muss man sich von den Ablenkungen des Alltags freimachen und in die Kristallkugel oder auf eine andere spiegelnde Oberfläche, etwa eine Tintenlache, schauen, bis sie sich dunstig verschleiert. Die Bewegungen des Dunstschleiers kann man unterschiedlich deuten. Nach und nach erscheint ein dunkleres Fenster im Dunstschleier. Es verkörpert die Öffnung des geistigen Auges, in der Menschen, Orte und Symbole für Gefühle erscheinen können.

 SIEHE AUCH: LEBENSKRAFT UND ENERGIE S. 90-91, DIE ELEMENTE S. 123, BÄUME S. 112-113

RUNEN

DAS WORT „RUNE" BEDEUTET „Geheimnis". Runen sind Schriftzeichen, die der altnordische Gott Odin geschaffen haben soll. Der Sage zufolge hing er neun Tage kopfüber am Weltbaum Yggdrasil, um die Weisheit der Runen zu lernen. Die frühen Germanenstämme Nordeuropas nutzten die Runenschrift, um Heldentaten aufzuzeichnen; Runensteine dienten als Zaubermittel und zum Wahrsagen. Sie sind noch heute beliebt zum Wahrsagen – auch weil sie so einfach zu verwenden sind.

ING
Steht für Vollendung, Schutz, Familie und Heim.

ODAL
Dies ist dein Erbe – ob Heim, Reichtum oder Eigenschaften.

MAN
Steht für Menschen, ihre geistigen Fähigkeiten und Gemeinschaften.

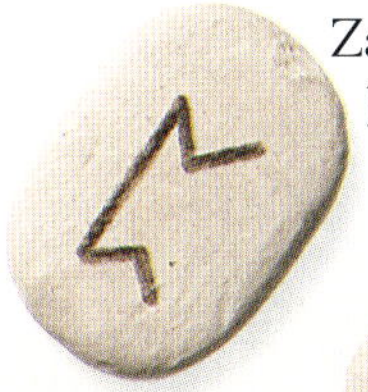

PEORTH
Kann für ein Glücksspiel oder das Schicksal stehen.

GER
Steht für Ernte und kann das Ergebnis früherer Handlungen bedeuten.

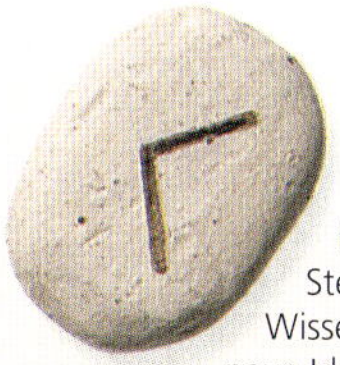

KEN
Steht für das Sehen, Wissen, Verstehen und neue Ideen.

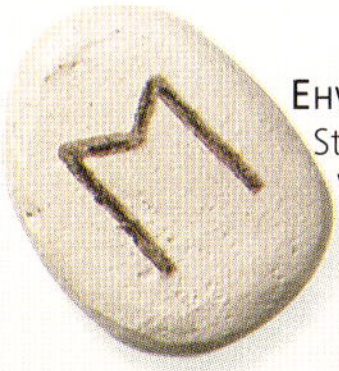

EHWAZ
Steht für Treue, Weiterentwicklung, manchmal für eine Reise.

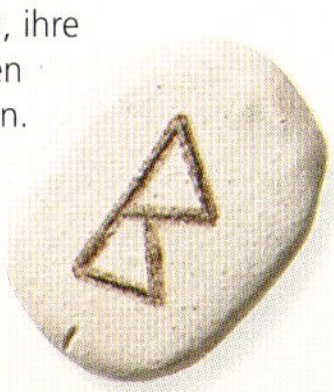

BEORC
Steht für Familie und Heim, Erneuerung und Erholung.

UR
Steht für Kraft, Mut, Gesundheit und die Macht der Freiheit.

EOH
Steht für Tod und Wiedergeburt.

THORN
Steht für Schutz und für Energie, die zum Guten wie zum Schlechten genutzt werden kann.

DIE LEERRUNE
Manche Runensätze enthalten einen leeren Runenstein. Man nennt ihn Wyrd. Er steht für Schicksal und Verhängnis, die auch in anderen Runen enthalten sind. Viele halten diese Rune für überflüssig.

DAG
Steht für Tag, Licht und Leben, vor allem Morgendämmerung und die Kraft der Sonne auf ihrem Höhepunkt.

RAD
Ein Rad, eine Fahrt oder Reise. Dies kann auch eine geistige Reise oder Suche sein.

NYD
Steht für Bedürfnisse und innere Stärke. Kann auch vor einem riskanten Weg warnen.

GIFU
Steht für ein Geschenk und verlangt ein Gegengeschenk.

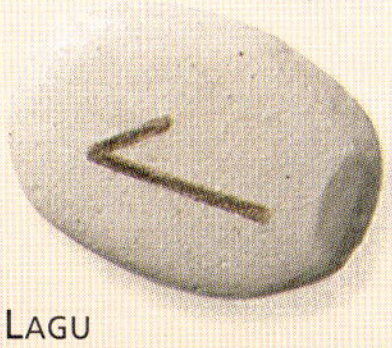

LAGU
Steht für Wasser – unentbehrlich für das Leben, aber eine Gefahr für Schiffe.

IS
Steht für Eis, das schön, aber auch gefährlich sein kann.

SIGEL
Symbol des Sieges; Triumph des Guten über das Böse.

FE
Steht für Vieh und die Energie und harte Arbeit, die zu Reichtum führt.

EOLX
Diese Rune ist ein starkes Schutzsymbol und verkörpert die Hinwendung zum Göttlichen.

TYR
Diese Rune bedeutet Krieg, Gerechtigkeit und Opfer für den Erfolg.

WYNN
Steht für Belohnung und ein Gefühl von Harmonie, Freude und Erfolg.

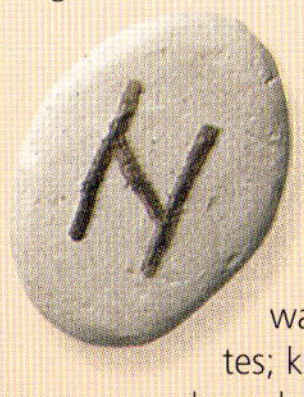

HAGAL
Steht für Hagel oder etwas Unerwartetes; kann auch Leiden oder Verletzung bedeuten.

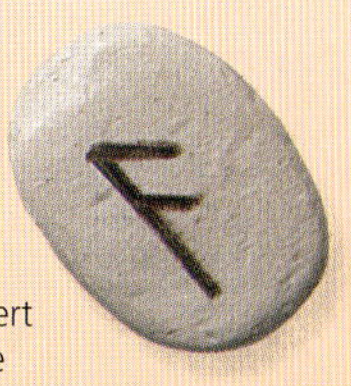

AS
Verkörpert göttliche Macht und Schaffenskraft. Zugleich die Rune der Prophezeiung.

TEEBLÄTTER

DAS LESEN AUS DEM Teesatz ist eine einfache, amüsante Form des Wahrsagens. Du brauchst eine Teekanne, frische Teeblätter, eine Tasse und eine Untertasse. Bereite den Tee in der Kanne zu und gieße ihn dann in die Tasse, ohne die Teeblätter herauszuziehen. Trink den Tee und denke dabei über die Frage nach, auf die du eine Antwort suchst. Schwenke die Tasse mit dem restlichen Tee mit der linken Hand dreimal im Kreis und kippe den Bodensatz auf eine Untertasse. Das Muster, das die Teeblätter bilden, gibt dir eine symbolische Antwort auf deine Frage. Eine Hufeisenform etwa bedeutet, dass das Glück zu dir unterwegs ist; eine Herzform könnte heißen, dass du bald deine große Liebe findest.

RUNEN WERFEN
Der Fragesteller hält einen Beutel oder eine Schachtel mit den Runensteinen, während er eine Frage stellt. Dann wirft er die Steine auf den Boden oder legt sie nach einem Schema aus. Sie bilden Muster, die bei richtiger Deutung eine Antwort auf die Frage ergeben sollen.

NUMEROLOGIE

ZAHLEN SIND NICHT einfach nur Zahlen! Jede hat eine ganz bestimmte Energie und spezielle Eigenschaften. Jedem Buchstaben des Alphabets ist eine Ziffer von 1 bis 9 zugeordnet – man beginnt mit der Ziffer 1 bei A (bis I) und dann wieder bei J usw. Wenn du alle Buchstaben deines Namens addierst und dann die Quersumme bildest, erhältst du wichtige Informationen über dich. Wenn etwa die Gesamtsumme von Vor- und Nachnamen 26 beträgt, addiert man die Ziffern 2 und 6 und erhält die 8. Schon unser Name und unser Geburtsdatum können eine Menge Informationen darüber liefern, wie wir sind und welche Richtung unser Leben nehmen könnte.

HANDSCHRIFTEN
Wie schnell oder langsam du schreibst und selbst die Breite deiner Seitenränder – all das können Grafologen interpretieren.

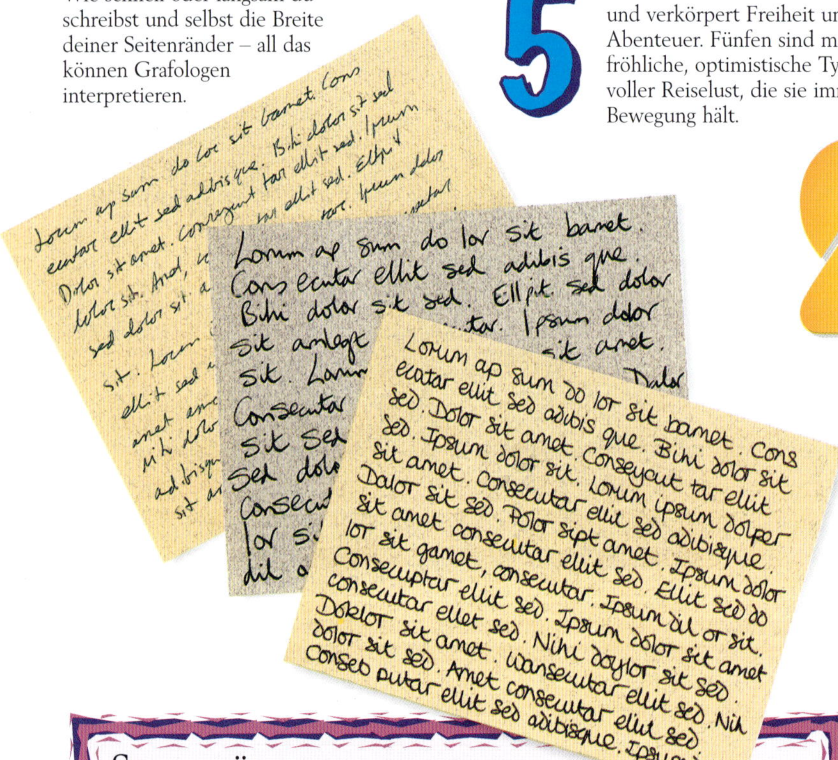

1 Die Eins verkörpert Führungsqualitäten und Ehrgeiz, Mut, Unabhängigkeit, geistige und körperliche Regsamkeit, Individualität und Erfolg. Die Eins gilt auch als Symbol für Anfänge.

2 Menschen mit der Persönlichkeitszahl Zwei sind eher Mitläufer als Anführer. Sie sind oft sensibel, verfügen über viel Intuition und bringen Ausgewogenheit in Situationen ein. Sie sind gute Partner.

3 Im spirituellen Sinn gilt die Drei als Kraft der Einheit von Geist, Körper und Seele. Die Drei ist anpassungsfähig, lebhaft, kontaktfreudig und auf Harmonie und Ausgeglichenheit im Leben bedacht.

4 Die Vier ist eine Erdzahl und verkörpert Stabilität, Treue und praktisches Denken. Sie ist Symbol der vier Jahreszeiten, Elemente und Himmelsrichtungen. Die Vier ist meist ehrlich und tüchtig.

5 Die Fünf ist die Zahl der Sinne und verkörpert Freiheit und Abenteuer. Fünfen sind meist fröhliche, optimistische Typen voller Reiselust, die sie immer in Bewegung hält.

6 Die Sechs deutet auf eine phantasievolle, intellektuelle Persönlichkeit hin, die nach Perfektion strebt. Sechsen liegt viel an Familie und Beziehungen und sie sind sehr verantwortungsbewusst.

7 Die Sieben ist eine sehr wichtige spirituelle Zahl. Sie verkörpert die sieben Wochentage und die sieben Regenbogenfarben. Die Sieben ist weise, tiefsinnig und an mystischen Dingen interessiert.

8 Die Acht ist eine praktische Zahl, oft die Zahl von Menschen, die gut im Organisieren und im Geschäftlichen sind. Achten arbeiten hart – in der materiellen wie auch in der spirituellen Welt.

9 Die Neun interessiert sich für andere Menschen und für Menschenrechte und besitzt künstlerische oder andere kreative Talente. Neunen sind meist erfolgreich, prahlen aber nie mit ihren Erfolgen.

11 Die Elf ist eine spirituelle Zahl und steht für Verständnis und Intuition. Die Elf bringt Freude und Anregung und ist meist vernünftig und realistisch, aber oft unkonventionell.

22 Die Zweiundzwanzig ist die Zahl der Vollendung und Vollkommenheit. Menschen mit dieser Zahl können große Visionäre sein und Dinge in Bewegung setzen. Sie haben ihr Leben und ihr Umfeld gern unter Kontrolle.

SCHREIBÜBUNG

PROBIER ES DOCH mal aus. Nimm ein Blatt Papier, unterschreibe darauf und analysiere dann deine Unterschrift. Einige grundlegende Richtlinien:

- EINE NACH RECHTS geneigte Schrift spricht für Kontaktfreudigkeit.
- EINE SENKRECHTE Schrift zeugt von Selbständigkeit und Stabilität.
- EINE LINKSNEIGUNG kann auf Kontaktschwierigkeiten hindeuten.
- EINE KLEINE HANDSCHRIFT kann ein Zeichen von Bescheidenheit sein.
- EINE GROSSE SCHRIFT spricht für Begeisterungsfähigkeit und Großzügigkeit.
- EINE MISCHUNG VON ALLEM kann auf Unausgeglichenheit hindeuten.

GRAFOLOGIE

UNSERE HANDSCHRIFT IST NICHT nur ein Mittel der Verständigung, sondern kann uns auch einiges über unsere Persönlichkeit, unsere Vorlieben und Abneigungen sagen. Viele große Firmen beschäftigen Grafologen, um die Handschrift von Stellenbewerbern zu prüfen und etwas über ihren Charakter herauszufinden. Auch die Polizei nutzt die Grafologie, um zu ermitteln, nach was für einer Art von Person sie im Zusammenhang mit einem Verbrechen suchen muss. Ob deine Buchstaben sich nach rechts oder links neigen, rund, eckig oder spitz sind – das sind alles Zeichen deiner Persönlichkeit. Eine große Handschrift kann Zeichen für Kontaktfreudigkeit und Großzügigkeit, aber auch für Egoismus sein. Eine kleine Handschrift kann Geduld oder einen Mangel an Selbstbewusstsein offenbaren.

 SIEHE AUCH: PERSÖNLICHKEIT S. 22, DIE ELEMENTE S. 123

WÜRFEL

EINE DER ÄLTESTEN FORMEN des Wahrsagens mit Würfeln findet man heute eher in Spielkasinos. Das chinesische Mah-Jongg-Spiel arbeitet mit den Erdelementen und den vier Himmelsrichtungen, die als Symbole auf spezielle Spielsteine gezeichnet sind.

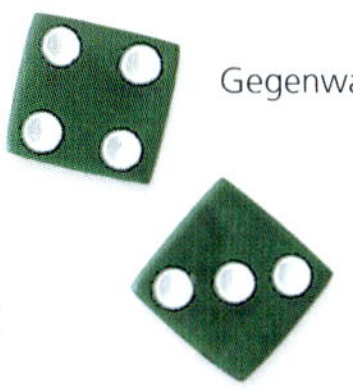

Aus einer einfacheren Version des Mah-Jongg wurde ein astrologisches „Schicksalsspiel" entwickelt. Würfel, die die Planeten verkörperten, wurden auf ein Brett geworfen. Wo sie landeten, zeigte an, was einem bevorstand.

Auch die traditionelle tibetische Wahrsagemethode „Mo" benutzt Würfel und Schriften, die ihre Bedeutung erklären, um das Karma zu deuten und bei Entscheidungen und der Wahl von Terminen zu helfen.

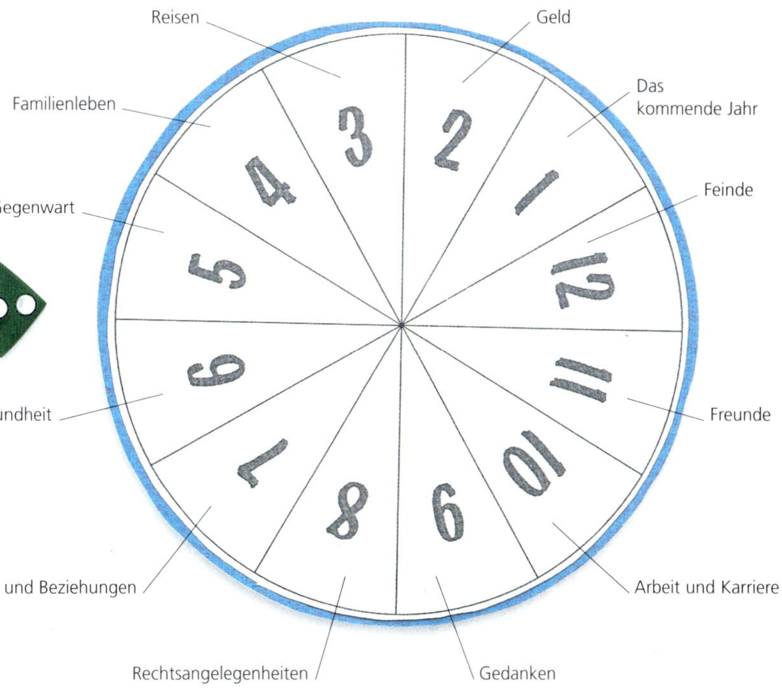

DIE WÜRFELBRETTMETHODE

BEI DIESER WAHRSAGEMETHODE wirft man drei Würfel auf ein rundes Brett. Je nachdem, wo sie landen, geben sie Auskunft über bestimmte Lebensbereiche. Die Bedeutungen der gewürfelten Zahlen:

1 Der Bereich sieht gut aus, aber sei vorsichtig.
2 Beziehungen stehen im Vordergrund.
3 In diesem Bereich winkt Erfolg.
4 Du könntest enttäuscht werden.
5 Verbesserungen stehen an.
6 Hier ist die Situation unsicher.

WÜNSCHELRUTEN UND PENDEL

WÜNSCHELRUTENGÄNGER verwenden meist Holzruten verschiedener Form – je nachdem, was sie suchen wollen. Am einfachsten ist es, zwei Stäbe zu halten – einen in jeder Hand – und zu beobachten, wann und wie sie ausschlagen. Mit Wünschelruten sucht man nach Dingen wie Wasser, Öl, Mineralien oder starken Energiezentren im Boden. Für Wasser nimmt man meist eine Y-förmige Holzrute, für die Energiepunkte der Erde eine L-förmige Metallrute. Man kann mit dem Pendel über einer Landkarte eine Annäherung ausarbeiten, bevor man draußen weitersucht. Wünschelruten und Pendel können auch helfen, verlorene Dinge wieder zu finden, dir sagen, wie du die Schlafzimmermöbel anordnen solltest oder wie du Antworten auf deine persönlichsten Fragen findest. Es gibt viele Theorien über das Wünschelrutengehen. Viele glauben, dass der Ausschlag der Rute durch ein Zusammenwirken der Erdenergien und der persönlichen Energien des Wünschelrutengängers verursacht wird.

PENDELN
Viele Menschen benutzen Pendel, um Antworten auf persönliche Fragen zu ermitteln. Ein klarer Quarzkristall an einem Nylonfaden ist ein ideales Pendel.

PENDELTECHNIK

DAS PENDELN IST EINE Methode vom Universum und von deinem unbewussten inneren Ich Antworten auf deine Fragen zu erhalten. Du kannst dein eigenes Pendel aus fast allem herstellen – etwa einem Korken oder Knopf und einem Stück Schnur oder Faden. Beim Pendeln brauchst du einen klaren Geist und genügend Freiraum um dich, damit du nicht von unterbewussten Gedanken abgelenkt wirst, die das Pendel falsch ausschlagen lassen. Zuerst musst du festlegen, was welche Pendelbewegungen – etwa Kreisbewegungen im oder gegen den Uhrzeigersinn oder ein seitlicher Ausschlag – bedeuten sollen. Dann konzentriere dich auf die Frage und warte ab, was das Pendel dir sagt!

TAROT

DAS KARTENLEGEN IST EINE seit Hunderten von Jahren verbreitete Wahrsagemethode. Die Grundbedeutungen der Karten haben sich seitdem kaum verändert. Das erste Tarot-Spiel kam im 15. Jahrhundert aus Italien; damals diente es hauptsächlich als Glücksspiel. Die Kirche verdammte das Wahrsagen durch Kartenlegen als sicheren Weg zur Hölle. Das scheint aber kaum jemanden abgeschreckt zu haben. Wie alle Wahrsagemethoden sollte das Tarot verantwortungsbewusst eingesetzt werden – niemals, um andere zu erschrecken. Die Deutung der Karten ist immer von den Umständen abhängig.

SO ARBEITET MAN MIT DEM TAROT

TAROTKARTEN WERDEN MEIST mit Anleitung verkauft. Diese erklärt die Bedeutung der großen und der kleinen Arkana und beschreibt verschiedene Methoden zum Auslegen der Karten.

Meist legt man die Karten nach einem bestimmten Schema. Die Deutung richtet sich danach, welche Karte an welcher Position liegt. Die Richtigkeit der Deutung ist oft eine Frage von Erfahrung und Übung.

TAROTSPIELE

AUSSER DEM IM 15. JAHRHUNDERT entworfenen Marseiller Tarotspiel, das heute noch als Standardspiel gilt, gibt es auch viele andere Gestaltungen. So sehen die Karten je nach Spiel verschieden aus, haben aber immer die gleichen Bedeutungen. Am besten nimmt man immer das gleiche Spiel, um mit den Karten vertraut zu werden. Ein komplettes Spiel enthält 78 Karten: die 22 großen Arkana und die 56 kleinen Arkana.

TRUMPFKARTEN
Die im 15. Jahrhundert in Italien entstandenen großen Arkana-Karten heißen auch Trümpfe.

ZAHLENKARTEN
Die kleinen Arkana, auch Zahlenkarten genannt, gelangten schon im 13. Jahrhundert nach Europa, wohl aus dem Orient.

DIE KLEINEN ARKANA

DIE KLEINEN ARKANA sind in vier „Farben" unterteilt: Stäbe, Kelche, Schwerter und Münzen. Jede Farbe hat einen König, eine Königin, einen Ritter und einen Knappen. Wie die Bilder der großen Arkana können wir sie als Verkörperung von Teilen unseres Ich oder als Symbole verstehen, die wir auf unser Leben anwenden können. Die übrigen Karten sind von 1-10 nummeriert, wie bei normalen Kartenspielen. Die Karten werden auch zu astrologischen Zeichen und zur Numerologie in Bezug gesetzt.

STÄBE
Die Stäbe verkörpern die männlichen, aktiven Kräfte in der Natur und die Macht des Zauberstabs. Sie stehen auch für harte Arbeit.

KELCHE
Die Kelche verkörpern die weiblichen, passiven Kräfte. Sie enthalten Wohltaten, die verlorengehen, wenn die Karte falsch herum liegt.

SCHWERTER
Die Schwerter verkörpern die Begegnung der männlichen und weiblichen Kräfte, ihren Kampf und ihre Vereinigung.

MÜNZEN
Die Münzen verkörpern das Ergebnis des Kampfs zwischen aktiven und passiven Kräften und Neuanfänge.

 SIEHE AUCH: ASTROLOGIE S. 32-33, ORAKEL UND WAHRSAGUNGEN S. 94-97

Das keltische Kreuz

Einige klassische Legemethoden für das Tarot sind der Baum des Lebens, der Stern und das keltische Kreuz, das wohl am bekanntesten ist. Hier hat jede der zehn Kartenpositionen je nach der ihr zugeteilten Karte ihre spezielle Bedeutung in Bezug auf die gestellte Frage.

Position 3
Diese Karte heißt „der Grund". Sie verkörpert die Ursprünge der Frage und die bewusste Absicht des Fragestellers.

Position 10
Diese Karte verkörpert das Endergebnis. Sie zeigt, was wahrscheinlich passieren wird, wenn die Situation unverändert bleibt.

Position 9
Diese Karte verkörpert Hoffnungen und Ängste und ist eine Zusammenfassung der Positionen 7 und 8.

Position 5
Dies ist ein mögliches Ergebnis. Es kann sich von dem in Position 10 gezeigten Endergebnis unterscheiden.

Position 6
Diese Karte ist die nahe Zukunft und zeigt etwas, das die Situation beeinflussen wird, wenn auch vielleicht nicht für lange.

Position 2
Dies ist die Kreuzungskarte. Sie verkörpert etwas, das im Weg steht und ein Problem in Bezug auf die Frage verursacht.

Position 1
Diese Karte ist die Zentralfrage. Sie verkörpert die Beziehung des Fragestellers zur Frage.

Position 8
Dies sind die anderen. Die Karte verkörpert die körperliche und seelische Situation des Fragestellers und die Menschen in seiner Umgebung.

Position 4
Dies ist die jüngere Vergangenheit. Sie zeigt neuere Entwicklungen, welche die Frage oder die unbewussten Absichten des Fragestellers beeinflussen.

Position 7
Diese Karte ist das Ich. Sie zeigt, wie der Fragesteller im Zusammenhang mit der Frage über sich selbst denkt und empfindet.

Das Kreuz

Die sechs Karten in Kreuzform, d. h. die Positionen 1 bis 6, sagen etwas über die Beziehung des Fragestellers zur Frage aus. So sagt uns die Schwert-Drei an Position 1, dass die Person noch Probleme zu klären hat, was die Lösung der Frage verzögern kann. Die Kelch-Sechs an Position 2 legt nahe, die Vergangenheit hinter sich zu lassen und nach vorn zu sehen. Die Stab-Vier an Position 3 bedeutet, dass der Fragesteller sich auf seine Ziele konzentrieren muss.

DIE GROSSEN ARKANA

DIE GROSSEN ARKANA symbolisieren unseren Geist, unseren Körper, unsere Seele und unsere Gefühle. Sie zeigen unsere Hoffnungen, Ängste, Stärken und Schwächen und unsere irdischen Wünsche. Die abgebildeten Gestalten oder Gegenstände verkörpern Aspekte unseres Lebens und unserer Persönlichkeit. Die Sonne etwa kann für Glück, Erfolg und Partnerschaften stehen, der Mond für Wahnsinn. Im Lauf der Zeit haben sich die Bilder und Namen der Karten teils verändert – oft infolge von Veränderungen religiöser oder politischer Anschauungen.

Obwohl jede Karte ihre eigene Bedeutung hat, ist es bei der Deutung wichtig, die Karten in Gruppen zu betrachten. Die Bedeutung der Karten ändert sich in Abhängigkeit von den anderen Karten und dem Legeschema. Man sollte auch bedenken, dass man die Antwort auf eine bestimmte Frage sucht, und sich nicht von ihr ablenken lassen.

DER MAGIER
Der Magier ist ein Schöpfer. Die Karte steht für Willen, Schöpfung, Veränderung, Tricks und die Wiedererweckung der Toten.

DIE HOHEPRIESTERIN
Sie verkörpert eine stille, wissende Person. Die Karte steht für das Unbewusste, die Intuition und das Geheime.

DIE HERRSCHERIN
Sie verkörpert die Mutter. Die Karte steht für Natur, Sinnlichkeit, Leidenschaft und die Erschaffung materieller Dinge.

DER HERRSCHER
Er verkörpert den Vater. Die Karte steht für die Gesellschaft, für Struktur, Ordnung, Frieden, Autorität und Vernunft.

DER HOHEPRIESTER
Der Hohepriester, hier als Jupiter dargestellt, ist ein Lehrer. Die Karte steht für Weisheit, Lehre, Moral und Tradition.

DIE LIEBENDEN
Die Karte steht für Entscheidungen, körperliche Anziehung, die Seele und Beziehungen.

DER WAGEN
Der Wagen ist ein Siegessymbol. Die Karte steht für Willenstärke, Kraft, Konzentration, Fortschritt und Beherrschung.

DIE GERECHTIGKEIT
Sie verkörpert einen Richter. Die Karte steht für Gerechtigkeit, Selbsterkenntnis, Bestrafung, Ausgewogenheit und Gesetz.

DER EREMIT
Der Eremit (Einsiedler) ist ein Suchender. Diese Karte steht für Rückzug in uns selbst, persönliche Werte und eine innere Suche.

DAS RAD DES SCHICKSALS
Das Rad des Schicksals symbolisiert eine Lebensveränderung. Die Karte steht für Glück, Karma, Ironie und Schicksal.

DIE KRAFT
Die Karte verkörpert innere Stärke, Mut, Offenheit, Ausdauer und Güte.

DER GEHÄNGTE
Der Gehängte verkörpert geistige Unabhängigkeit. Die Karte steht für Opfer, Verzicht und Veränderungen.

DER TOD
Der Tod symbolisiert große oder wichtige Veränderungen. Diese Karte steht für Sterben, Ende und Erneuerung.

DIE MÄSSIGKEIT
Diese Karte steht für Ausgewogenheit und Kunst, Vorsicht und Mäßigung.

DER TEUFEL
Der Teufel symbolisiert Sklaverei. Die Karte steht für Beherrschung, List, Schicksal, Versuchung und weltlichen Erfolg.

DER TURM
Der Turm symbolisiert Umwälzungen, die Zerstörung alter Strukturen, Umkehr, Katastrophen und göttliches Eingreifen.

DER STERN
Der Stern symbolisiert Hoffnung und Rückkehr. Die Karte steht für Schönheit, Heilung, Hoffnung, Verheißung und Frieden.

DER MOND
Der Mond symbolisiert die Traumwelt. Die Karte steht für Phantasie, Instinkt, Phobien, übersinnliche Kräfte und Träume.

DIE SONNE
Die Sonne symbolisiert Freude und Vollendung. Die Karte steht für Vollkommenheit, Glück und Erfolg.

DAS GERICHT
Das Gericht symbolisiert das Erwachen. Die Karte steht für Offenbarung, Erleuchtung, Wiedergeburt und Belohnung.

DIE WELT
Die Welt symbolisiert die Tagwelt. Die Karte steht für Wachstum, Erfolg, Pracht, Freiheit und Schlichtheit.

DER NARR
Der Narr symbolisiert einen Abenteurer. Die Karte steht für Reisen, Schlichtheit, Chaos und das Geistige in der Welt.

HANDLESEN

UNSERE HÄNDE SIND EIGENTLICH erstaunliche Instrumente. Wir können mit ihnen nicht nur essen, uns anziehen und arbeiten, sondern sie verraten uns auch einiges über unseren Charakter und unser Leben. Sie enthalten so viele Informationen über unser Wesen und unsere Lebensrichtung, dass man sie fast mit Landkarten vergleichen könnte. Niemand weiß genau, wie das Handlesen begann. Es kam vermutlich vor über 4000 Jahren im Fernen Osten auf, wird bereits im Alten Testament und alten hinduistischen Schriften erwähnt, verbreitete sich dann rasch nach Griechenland und Rom und wird bis heute in vielerlei Form ausgeübt.

FRÜHE HANDLESER
Die Handlesekunst wurde schon in alter Zeit von Assyrern, Ägyptern und Hebräern ausgeübt, später dann auch von den Griechen und Römern.

HANDFORMEN

IST DIR SCHON aufgefallen, wie verschieden Hände geformt sind? Das Betrachten der Handformen ist eine gute Art, mit dem Handlesen anzufangen. Es gibt vier Grundformen; jede davon ist nach einem der vier Elemente benannt. In den Händen mancher Menschen mischen sich alle Elemente. Welcher Handtyp bist du?

ERDHAND
Sie hat kurze Finger und eine quadratische Handfläche. Solche Menschen sind praktisch, verlässlich und realistisch, u. U. auch sehr kreativ und energisch.

FEUERHAND
Sie hat eine längliche Handfläche mit kurzen Fingern. Solche Menschen tragen die Energie des Feuers in sich und sind oft sportliche Typen, die das Leben voll ausschöpfen.

LUFTHAND
Quadratische Handfläche mit langen Fingern: Oft künstlerisch veranlagt und stets auf der Suche nach dem Neuen, Aufregenden.

WASSERHAND
Eine lange Handfläche mit langen, schlanken Fingern. Solche Menschen sind sensibel, einfühlsam, u. U. verträumt.

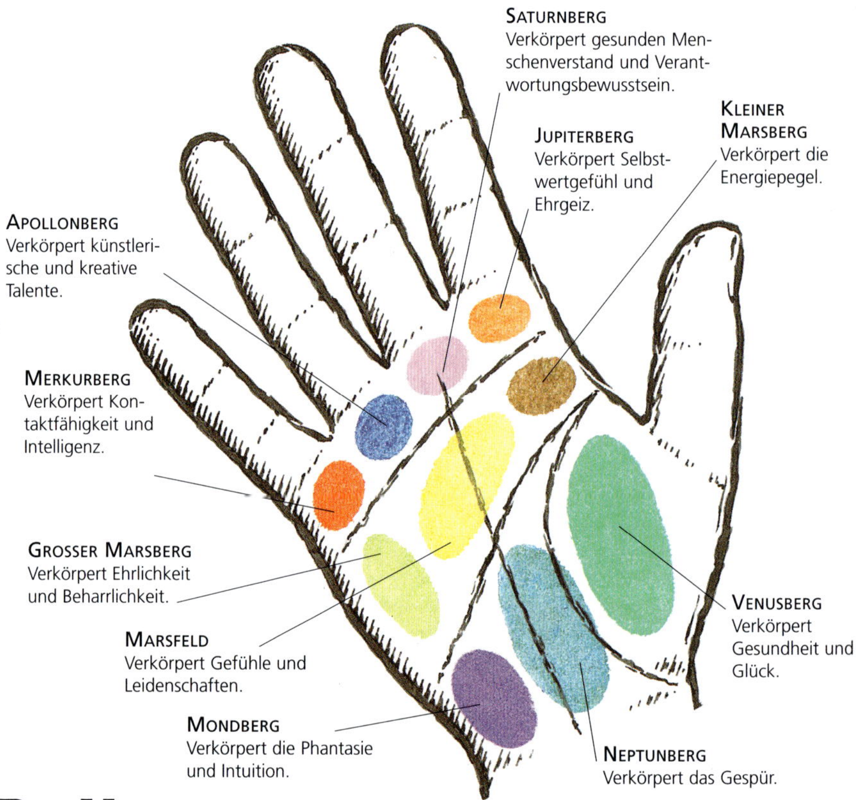

DIE HANDBALLEN

DIE FLEISCHIGEN BALLEN oder „Berge" auf der Handfläche und an den Fingerwurzeln stecken voller Informationen über uns. Die Größe der einzelnen Berge offenbart Einzelheiten über unsere Stärken und Schwächen.

LINKS ODER RECHTS?

MAN MUSS STETS ZWISCHEN der dominanten Hand und der passiven Hand unterscheiden. Die dominante Hand ist die, mit der wir schreiben. Ihre Linien und Berge offenbaren deine Persönlichkeit und wie andere Menschen dich wahrnehmen. Die dominante Hand verrät auch etwas über deine Begabungen, deine Gesundheit und deine zukünftigen Erfolge. Die passive Hand enthält Informationen über deine Phantasie, deine Instinkte und deine Entwicklungsmöglichkeiten. Diese Hand offenbart deine Anlagen, während die dominante Hand eher zeigt, was du aus deinem Leben machst.

 SIEHE AUCH: PHILOSOPHIE S. 30, HELLSEHER UND MEDIEN S. 104-105, DIE ELEMENTE S. 123

DIE HANDLINIEN

DIE FÜNF HAUPTLINIEN AUF unseren Handflächen geben Auskunft über unseren Charakter und die Ereignisse in unserem Leben. Die Handlinien eines Menschen zeigen, in welchem Stadium seines Lebens Ereignisse eintreten können, die seine Gesundheit, sein Berufs- oder Liebesleben betreffen. Kreuze, Sterne und andere Zeichen an den Linien deuten auf Ereignisse oder Wendepunkte in Vergangenheit, Gegenwart oder Zukunft eines Menschen hin. Unterbrechungen der Linien bedeuten eine Störung im Energiefluss. Kreuze und Sterne können auch eine Warnung sein, zu bestimmten Zeiten besonders vorsichtig zu sein.

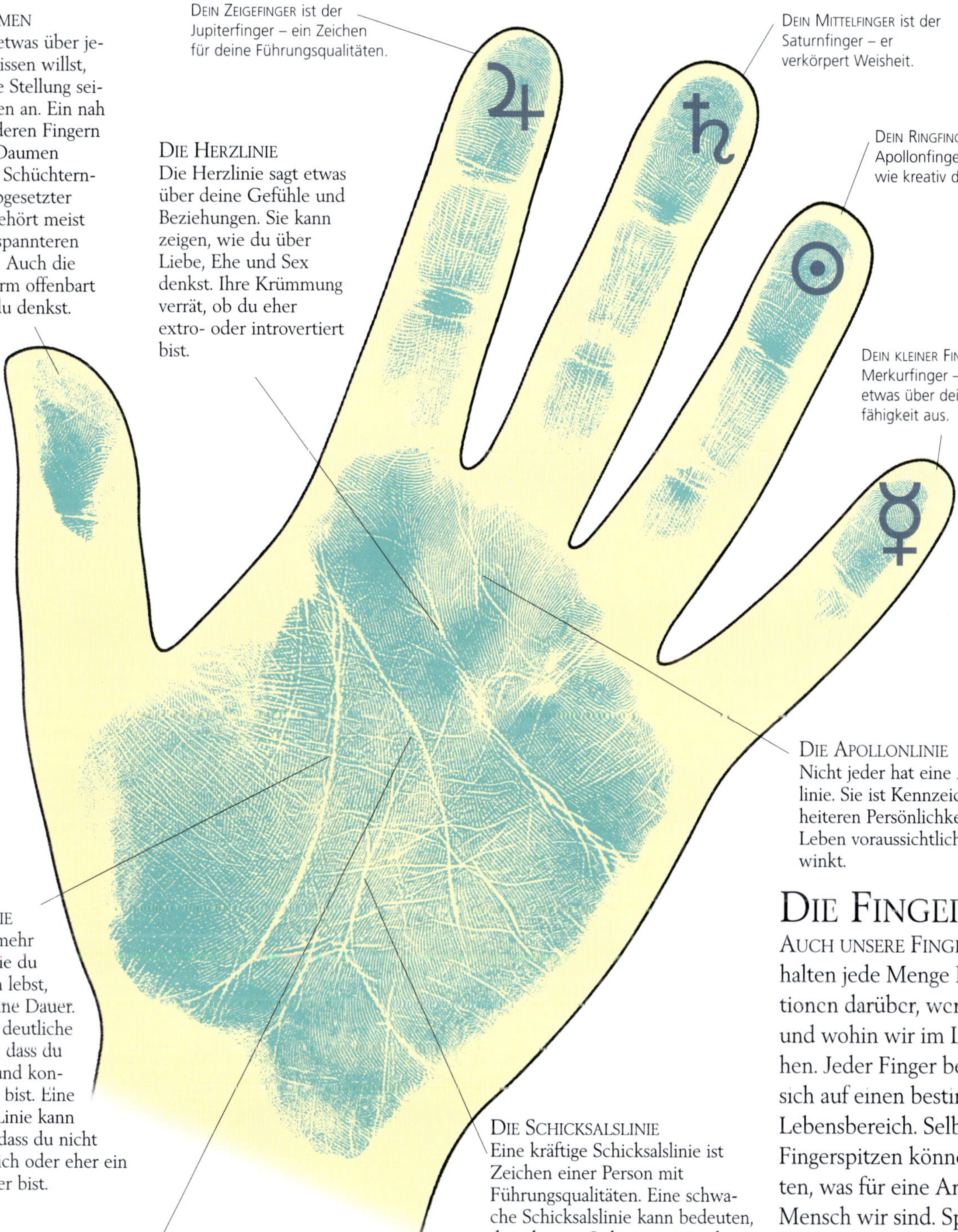

DER DAUMEN
Wenn du etwas über jemanden wissen willst, sieh dir die Stellung seiner Daumen an. Ein nah an den anderen Fingern sitzender Daumen spricht für Schüchternheit; ein abgesetzter Daumen gehört meist einem entspannteren Menschen. Auch die Daumenform offenbart mehr, als du denkst.

DEIN ZEIGEFINGER ist der Jupiterfinger – ein Zeichen für deine Führungsqualitäten.

DIE HERZLINIE
Die Herzlinie sagt etwas über deine Gefühle und Beziehungen. Sie kann zeigen, wie du über Liebe, Ehe und Sex denkst. Ihre Krümmung verrät, ob du eher extro- oder introvertiert bist.

DEIN MITTELFINGER ist der Saturnfinger – er verkörpert Weisheit.

DEIN RINGFINGER ist der Apollonfinger – er zeigt, wie kreativ du bist.

DEIN KLEINER FINGER ist der Merkurfinger – er sagt etwas über deine Kontaktfähigkeit aus.

DIE APOLLONLINIE
Nicht jeder hat eine Apollonlinie. Sie ist Kennzeichen einer heiteren Persönlichkeit, der im Leben voraussichtlich Erfolg winkt.

DIE LEBENSLINIE
Sie verrät mehr darüber, wie du dein Leben lebst, als über seine Dauer. Eine klare, deutliche Linie zeigt, dass du energisch und kontaktfreudig bist. Eine schwache Linie kann bedeuten, dass du nicht sehr sportlich oder eher ein Einzelgänger bist.

DIE KOPFLINIE
Diese Linie zeigt, wie du die Welt siehst und ob du eher unbekümmert oder ein Grübler bist. Eine schwache Kopflinie kann andeuten, dass jemand eher unentschlossen und gefühlsbetont als vernunftbetont und logisch ist.

DIE SCHICKSALSLINIE
Eine kräftige Schicksalslinie ist Zeichen einer Person mit Führungsqualitäten. Eine schwache Schicksalslinie kann bedeuten, dass du vom Leben etwas mehr durchgerüttelt werden könntest. Ein Fehlen der Schicksalslinie deutet auf eine Person hin, die keine Verantwortung übernehmen will. Ruhm und Erfolg sind in dieser Linie festgelegt.

DIE FINGER

AUCH UNSERE FINGER enthalten jede Menge Informationen darüber, wer wir sind und wohin wir im Leben gehen. Jeder Finger bezieht sich auf einen bestimmten Lebensbereich. Selbst unsere Fingerspitzen können verraten, was für eine Art Mensch wir sind. Spitze Finger gehören oft sensiblen, künstlerischen Menschen, während eckige Fingerspitzen auf eine eher praktische, logische Person hindeuten.

HELLSEHER UND MEDIEN

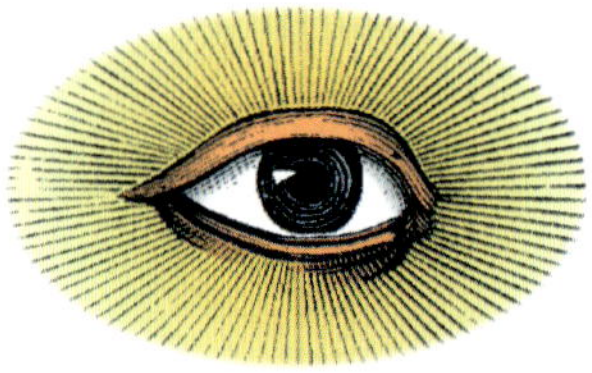

DAS DRITTE AUGE
Manche glauben, das dritte Auge sei einst ein richtiges Auge in unserer Stirn gewesen. Menschen, die ihre medialen Fähigkeiten trainiert haben, sagen, sie könnten dieses Auge öffnen und schließen, um nicht ständig übersinnlichen Botschaften ausgesetzt zu sein.

DIE MEDIALE VERANLAGUNG, d. h. die Empfänglichkeit für Übersinnliches, wird oft als sechster Sinn bezeichnet. Vielleicht haben wir alle diese Begabung, aber die wenigsten wissen sie zu nutzen, obwohl viele Menschen sie für erlernbar halten. Es gibt viele Formen medialer Fähigkeiten, u. a. die Präkognition, d. h. dass Menschen vor ihrem geistigen oder „dritten" Auge etwas sehen, das in der Zukunft liegt. Hellseher sind medial veranlagte Menschen, die innere Visionen haben. Sie können die dabei empfangenen Symbole, Bilder oder Worte dazu nutzen, anderen Menschen Informationen zu geben. Königsfamilien und Staatsoberhäupter beschäftigen oft Hellseher, die sie vor möglichen Gefahren warnen sollen.

MEDIEN

EIN MEDIUM IST JEMAND, der angeblich als Vermittler fungiert, durch den Geister und Seelen aus der Welt des Unsichtbaren sprechen. So könntest du erleben, wie deine vor einigen Jahren verstorbene Großtante plötzlich durch ein Medium zu dir spricht!

Manche Medien erhalten Botschaften „aus dem Jenseits" – meist persönliche Informationen an eine bestimmte Person – in Bildern oder Symbolen, andere durch Stimmen. Manchmal sprechen sie sogar mit der Stimme der Seele, mit der sie Kontakt haben. Manche Menschen glauben nicht an solche Fähigkeiten, weil es in diesem Bereich viel Betrug gegeben hat.

CHANNELING

EINE PERSON, DIE Botschaften von einer unsichtbaren Ebene erhält, bezeichnet man als eine Art menschlichen „Kanal". Manche der so erhaltenen Informationen sind vielleicht auch Botschaften des eigenen Unbewussten.

Diese „Channels" empfangen die Informationen meist bei klarem Bewusstsein und können demjenigen, mit dem sie in Kontakt stehen, Fragen stellen. Die Informationen können in mündlicher oder schriftlicher Form übermittelt werden. Das „gechannelte" Material enthält oft wichtige Botschaften an die ganze Menschheit.

 SIEHE AUCH: GESPENSTER UND SPUK S. 84-85, PROPHETEN UND GURUS S. 134-135, SEELE UND GEIST S. 76

Hellhören

Das Hören von Stimmen, die nicht von dieser Welt sind, nennt man „Hellhören". Die so empfangenen Informationen können von deinem persönlichen Geisthelfer stammen oder von Seelen, die diese Welt verlassen haben und in eine andere Dimension gelangt sind. Wenn in einem Raum eine Atmosphäre erspürt wird, spricht man von „Hellfühlen". Menschen mit dieser Fähigkeit können eine geistige Anwesenheit instinktiv fühlen, anstatt sie zu sehen oder zu hören. Man sagt, dass viele Tiere diese Fähigkeit besitzen.

Mediale Empfänglichkeit

Es soll Menschen geben, die für Botschaften aus der Geisterwelt und anderen unsichtbaren Welten besonders empfänglich sind. Oft sind das Kinder, die für Neues immer offen sind. Diese Gabe ist aber nicht immer nur positiv. Manche glauben, dass medial veranlagte Personen Botschaften von guten oder bösen Quellen erhalten können. Man sollte darauf achten, alle Botschaften von bösen Quellen herauszufiltern und nur die guten durchzulassen.

Automatisches Schreiben

Beim automatischen Schreiben teilt sich ein Geist durch eine lebende Person mit, indem er mit ihrer Hand schreibt oder zeichnet. Oft befindet sich diese Person in Trance, während die Bilder oder Worte übermittelt werden, und ist vom Ergebnis genauso überrascht wie etwaige Zuschauer. Der Dichter William Blake behauptete, seine Werke stammten von toten Dichtern. Menschen, die als „Kanal" für solche Werke dienen, nennt man Automisten.

Prophezeiungen

Die Gabe der Prophezeiung ist die Fähigkeit, zukünftige Ereignisse vorherzusagen. Propheten sind meist religiöse Lehrer oder Menschen, die Botschaften von Gott empfangen. Die meisten Prophezeiungen beziehen sich auf Weltereignisse; viele enthalten Informationen über zukünftige Staaten, Kriege oder Erfindungen. Die Worte der Propheten sind oft verschlüsselt und müssen erst gedeutet werden. Noch heute findet man laufend neue Bedeutungen in den jahrhundertealten Prophezeiungen des Nostradamus. Zu den bekanntesten Propheten und Sehern gehören Moses, Jesaja und Kassandra.

Eine Séance
Hierbei bilden mehrere Menschen einen Kreis und setzen ihre vereinten Kräfte ein, um Kontakt mit den Seelen von Verstorbenen aufzunehmen. Angeblich sprechen die Seelen durch das Medium, das die Gruppe leitet; vielleicht entstehen die Stimmen auch durch die Spannung in den Beteiligten.

Ouija-Bretter

Jedes vernünftige Medium wird dir raten, die Finger vom Ouija-Brett zu lassen. Einst war dies ein beliebtes Gesellschaftsspiel, bei dem man sich zusammensetzte und versuchte, Kontakt mit dem Jenseits aufzunehmen. Aber man weiß nie, was man sich dabei einhandelt. Ein erfahrenes Medium kann als „Pförtner" bestimmen, welche Geister herein dürfen und welche nicht. Wer keine Erfahrung mit Geistern hat, kann sie unter Umständen nicht unter Kontrolle halten und riskiert, gefährliche oder negative Energien anstelle von freundlichen Geistern und positiver Energie einzulassen. Bestenfalls jagst du dir selbst und deinen Freunden nur einen Schrecken ein.

Die Erde

Mutter Erde

Die Schöpfung

Rätsel der Erde

Glaube und Bräuche

NATUR

ALLES, WAS AUF DER ERDE und um sie herum geschieht, ist den Kräften der Natur unterworfen. Natürliche Kreisläufe wie Jahreszeiten, Nacht und Tag, Geburt, Wachstum und Tod beeinflussen das Leben aller Pflanzen, Tiere und Menschen. Selbst auf Steine und Mineralien wirken die Bewegung der Erde, das Strömen von Bächen und Flüssen und die Temperaturwechsel der Jahreszeiten ein. Die Menschen haben mit ihrer Technik viele Wege gefunden, in die Natur einzugreifen, doch sie ist schwer zu lenken. Im Kampf um die Beherrschung der Erde werden die Naturkräfte wohl den Sieg davontragen.

MUTTER ERDE

UNSER PLANET WIRD oft als lebendes, wachsendes, fruchtbares Wesen betrachtet. „Mutter Erde" sagen wir, weil sie allen Dingen Leben spendet. An manchen Orten legen sich Frauen auf die Erde, weil ihnen das helfen soll, ein Baby zu bekommen. Es gibt Geburtsrituale, bei denen man das Neugeborene auf den Boden legt, um der Erde für die Gabe des Lebens zu danken.

Mutter Erde bietet allen Lebewesen Nahrung und Schutz. Sie umsorgt uns unser Leben lang und nimmt unsere Körper nach dem Tod wieder in den Kreislauf der Natur auf. Ohne ihre Hilfe gäbe es kein Leben.

GEISTER DER NATUR

ES HEISST, DASS jede Pflanze und Blume auf der Welt ihren eigenen Engel hat, der ihren Bau- oder Wachstumsplan hütet. Diese Engel nennt man auch „Devas", die „Leuchtenden". Manche Menschen sagen, es gebe ein ganzes Deva-Reich, das die Naturgesetze der Erde ausführt.

Wenn man das Wunder der natürlichen Kreisläufe bedenkt – wie Pflanzen und Blumen aus Samen heranwachsen und blühen, bevor sie in den Boden zurückkehren –, ist es gar nicht so schwer zu glauben, dass Elfen und Naturgeister dabei ihre Hand im Spiel haben. Ein weltweit bei Frühlingsfesten gefeierter Naturgeist ist der „Grüne Mann". Seine früheste Version, „das Grüne Wesen", stammt wohl aus Indien und er ist auch als „Laubmann", „Graskönig", „Wilder Mann" und sogar als der heilige Georg in der Sage vom Kampf mit dem Drachen bekannt.

DER GRÜNE MANN
Er ist ein Geist der Pflanzenwelt, der bei Frühlingsfesten auf der ganzen Erde in vielerlei Gestalt und unter verschiedenen Namen auftritt.

PAN
Der altgriechische Gott Pan war eine Verkörperung der Natur und wurde meist mit Ziegenbeinen, -ohren und -hörnern dargestellt.

NATURGOTTHEITEN

VIELE GÖTTER DER Antike waren Naturgottheiten. So war der griechische Gott Pan ein Gott der Felder, Wälder und Tiere, Demeter die Göttin der Getreidefelder. Poseidon war der Meeresgott, Gäa die Erdgöttin. Die frühen Völker fanden die Naturkräfte wohl so erstaunlich, dass sie ihnen nur als das Wirken von Göttern und Göttinnen erklärlich schienen.

PFLANZEN UND BLÜTEN

PFLANZEN SPIELEN EINE wichtige Rolle in den Kreisläufen der Natur. Ihre Blüten machen unseren Planeten nicht nur schöner, sondern liefern auch Nahrung für Lebewesen wie etwa Bienen. Die Bienen machen daraus Honig für ihre Jungen, den auch die Menschen gern essen. Die Menschen nutzen Blüten- und Kräuteressenzen, um ihre Körper zu heilen und ihre Seelen zu entspannen. Pflanzen geben uns ein gutes Gefühl, weil sie mit Liebe, Licht und Seele verbunden sind. Wir können sie anpflanzen, essen, kochen, Arzneien und sogar Zaubertränke und -mittel aus ihnen zubereiten.

PFLANZEN UND IHRE BEDEUTUNGEN

IM LAUF DER JAHRHUNDERTE hat man Pflanzen bestimmte Bedeutungen zugewiesen. So stehen etwa Geranien und gelbe Rosen für Freundschaft und rote Rosen für Liebe. Auf Wappen verkörpert die Weinranke die Freude, die Lilie das Königtum, Weisheit, Wahrheit und Treue. Die Sonnenblume ist Symbol für einen guten Menschen.

WASSER DES LEBENS

WASSER BEDECKT DEN größten Teil der Erde. Es beherbergt erstaunliche Lebewesen, von denen wir viele noch gar nicht kennen. Man glaubt, dass das Leben auf der Erde in den Meeren begann und sich erst später zu Pflanzen und Tieren weiterentwickelte, die an Land leben konnten. Die Flüsse der Welt sind wie Straßen zwischen den Meeren, auf denen Menschen und Fracht um die ganze Erde reisen. Wasser kann sich durch Stein fressen und gräbt sich seinen Weg durch die Landschaft, wobei phantastische Höhlen und Schluchten wie der Grand Canyon in Arizona entstehen können.

NATÜRLICHE PFLANZENPFLEGE

FRÜHER RICHTETEN SICH die Gärtner beim Pflanzen von Kräutern und anderen Gartenarbeiten nach dem Naturgeschehen, etwa dem zunehmenden Mond. Manche Menschen pflegen ihre Pflanzen auch heute noch in Harmonie mit der Natur – auch mit ihren so genannten Schädlingen. So soll man Mäuse verjagen können, indem man die Pflanzen mit Wasser aus dem Katzentrinknapf gießt. Auch Knoblauchsaft hält durch seinen scharfen Geruch viele unerwünschte Besucher fern.

UMWELT

ALLES, WAS UNS UMGIBT, ist unsere Umwelt – von der Luft, die wir atmen, bis zu dem Boden, auf dem wir gehen. Die Orte, wo wir wohnen und arbeiten, sind unsere unmittelbare, persönliche Umwelt. Die natürliche Umwelt ist Natur in ihrer echtesten, einfachsten Form. Leider will der Mensch die Natur beherrschen und hat viele Methoden entwickelt, seine Umwelt zu verändern. Von Staudämmen in Flüssen und unbeabsichtigter Wüstenbildung bis zur Verschmutzung von Luft, Boden und Meeren haben wir unseren Planeten teils bis zur Unkenntlichkeit verwandelt.

ÖKOLOGIE

DIE ÖKOLOGIE IST die Wissenschaft von den Beziehungen zwischen Lebewesen und ihrer Umwelt. Ökologen erforschen, wie Tiere und Pflanzen sich gegenseitig beeinflussen und von Umweltfaktoren beeinflusst werden. Zu diesen gehören u. a. Bodenverhältnisse, Wetter und menschliche Einflüsse. Die Ökologie kann auch helfen zu ergründen, warum Tier- und Pflanzenarten ausgestorben sind, und andere Arten vor dem Aussterben zu retten. Pflanzen erzeugen mit Hilfe von Sonnenenergie und Mineralien aus dem Boden ihre eigene Nahrung. Deshalb nennt man sie Produzenten. Tiere ernähren sich von Pflanzen oder anderen Tieren, weshalb man sie Konsumenten nennt. Produzenten und Konsumenten bilden zusammen ein kompliziertes Überlebenssystem, das man als Nahrungskette oder Nahrungsnetz bezeichnet.

ÖKOSYSTEME

ALLE LEBEWESEN SIND auf andere angewiesen, um zu überleben. Ein Ökosystem ist ein Bereich, in dem die Verhältnisse für bestimmte Pflanzen und Tiere besonders geeignet sind, die sich gegenseitig mit Nahrung versorgen. Die Art unserer Nahrung spielt eine wichtige Rolle dafür, wo wir leben können. Tiere und Pflanzen passen sich über Jahrhunderte an ihre Umwelt an. Solange keine allzu drastischen Veränderungen wie Überschwemmungen oder Dürren eintreten, bleibt das System im Gleichgewicht.

DIE GÄA-THEORIE

DIE „GÄA-THEORIE“ WURDE in den 70er-Jahren von James Lovelock entwickelt. Gäa war die Erdgöttin der alten Griechen, die als Mutter aller lebenden Dinge galt. Lovelock sah einen Zusammenhang zwischen der menschlichen Entwicklung und der Entwicklung der Erde. Er sagte, wenn wir nicht bereit wären, die Erde als Lebewesen zu betrachten und im Einklang mit der Natur zu handeln, müssten wir die Folgen in Form von Naturkatastrophen wie etwa Überschwemmungen tragen. Heute glauben viele, dass die Erde lebendig und schützenswert ist. Sie versuchen, Schäden wie das Abholzen der Wälder und die Umweltverschmutzung einzudämmen und Tiere und Pflanzen vor dem Aussterben zu retten.

 SIEHE AUCH: GEMEINSCHAFTEN S. 136-137, NATUR S. 108-109

WIEDERVERWERTUNG

MIT ZUNEHMENDER EINSICHT in den Schaden, den wir unserem Planeten zufügen, hat man begonnen, statt Kohle- und Atomkraftwerken, die gefährliche Abfälle produzieren, erneuerbare Energiequellen wie Wind, Sonne und Wasser zur Stromerzeugung zu nutzen. Millionen von Recycling-Programmen helfen bei der Wiederverwertung von Produkten wie Papier, Glas, Plastik und Aluminium.

PHANTASIEVOLLES RECYCLING
In vielen Ländern ist Recycling eine Selbstverständlichkeit. Menschen in ärmeren Ländern müssen möglichst vieles wieder verwerten, um Geld zu sparen. Das schont meist auch die Umwelt. Dieses Bild zeigt eine bunte Einzäunung aus alten Getränkedosen.

WELTWEITE PROBLEME

ES IST WICHTIG, sich über weltumspannende Umweltprobleme zu informieren. Viele auf Feldern versprühte Pflanzenschutzmittel vergiften den Boden und unsere Atemluft. Saurer Regen, der durch giftige Abgase entsteht, schädigt Pflanzen, Fische und andere Tiere. Fluorchlorkohlenwasserstoffe oder FCKWs, die etwa in manchen Sprühflaschen enthalten sind, zerstören die schützende Ozonschicht der Erde. Durch Abholzung von Regenwäldern wird die natürliche Heimat von Millionen Tieren und Pflanzen zerstört. Die Regenwälder tragen auch zur Regulierung der Erdatmosphäre bei. Ihre Zerstörung hat ernste Folgen.

UMWELTVERSCHMUTZUNG

VIELES, WAS WIR TUN, verschmutzt die Umwelt, von der Verpestung der Luft durch Zigarettenqualm bis zum Missbrauch der Meere als Müllkippe. Weltweit vergiften immer noch viele Autos, Busse und LKWs die Atmosphäre mit Blei aus ihrem Treibstoff. All das schädigt unseren Lebensraum und gefährdet Tiere und Pflanzen.

DIE UMWELTSCHUTZBEWEGUNG

UM DIE ERDE FÜR zukünftige Generationen zu erhalten, müssen wir vorausschauend handeln. Falls wir in einem zukünftigen Leben zurückkehren, wäre es erschütternd zu sehen, wieviel wir zur Zerstörung unseres natürlichen Lebensraums beigetragen haben. Die weltweite Umweltschutzbewegung besteht aus vielen Aktionsgruppen, die gegen die Umweltverschmutzung sowie den sauren Regen und die globale Erwärmung kämpfen.

RETTET DIE ERDE

Wenn du zur Rettung der Erde beitragen willst, kannst du damit anfangen, deinen Abfall sorgfältig nach Glas, Dosen, Altkleidern etc. zu trennen und alles zu den entsprechenden Recyclingcontainern zu bringen. Achte darauf, kein Papier zu vergeuden, und sammle alte Zeitungen, um sie zum Altpapier-Container zu bringen. Gib deine alten Comics und Zeitschriften anderen zum Lesen oder recycle sie und ermutige Familie und Freunde, das Gleiche zu tun.

BÄUME

WENN DU BEDENKST, wie lange manche Bäume schon auf der Erde wachsen und wie viele Veränderungen sie miterlebt haben, verstehst du sicher, warum Menschen sie als Quelle der Weisheit betrachten. Seit Urzeiten verehren wir sie und beziehen von ihnen Nahrung und Kleidung, Arzneimittel und Brennstoff. Viele Baumarten haben besondere Bedeutungen und Kräfte. Bäume, die im Sommer grün sind, verkörpern den Kreislauf von Leben, Tod und Wiedergeburt, immergrüne Bäume das ewige Leben.

MYTHOS UND MAGIE

LANGE ZEIT HIELT MAN Wälder für die Heimat von Elfen und mächtigen Geistern. Dem Volksglauben zufolge sind Elfen dort zu finden, wo Eichen, Eschen und Weißdornbäume zusammen wachsen.

Weißdornbäume sind an ihren sonderbaren, knorrigen Ästen leicht zu erkennen und dienten früher oft als Treffpunkte. Sie werden oft mit Hexerei in Verbindung gebracht, vielleicht weil sich die Hexen unter besonders markanten Weißdornbäumen versammelten.

Holunder soll vor Hexerei schützen. Wenn man eine Warze mit einem bei abnehmendem Mond geschnittenen Holunderzweig reibt und diesen vergräbt, soll die Warze verschwinden, sobald der Zweig morsch wird.

Auch Apfelbäume haben magische Bedeutung und erscheinen in vielen Mythen und Legenden. Manche Legenden erzählen, dass Besucher aus anderen Welten Apfelzweige mit Glöckchen bei sich tragen.

In der klassischen Mythologie wimmelte es in den Wäldern von Baumnymphen oder „Dryaden". Sie waren zu Menschen freundlich und lebten so lange wie die Bäume, die sie bewohnten – manchmal Tausende von Jahren.

EICHELN ALS GLÜCKSSYMBOL
Die winzige Eichel birgt das ganze Wesen des mächtigen Eichbaums in sich und soll ein Träger von Gesundheit und Lebenskraft sein. Manche tragen Eicheln bei sich, die sie jung erhalten und vor Krankheit schützen sollen.

Die nordische Mythologie erzählt von Yggdrasil, dem Weltbaum – einer immergrünen, Honig spendenden Esche, die Himmel, Erde und Hölle verbindet. Ihre Äste tragen die Welt und in ihr leben ein Adler, ein Eichhörnchen und vier Hirsche. Zwischen ihren Wurzeln liegen die Quellen der Flüsse, die Wasser der Weisheit.

BÄUME ALS SYMBOLE

IN CHINA SYMBOLISIERT der Maulbeerbaum die Lebenszyklen. Seine Beeren wechseln beim Heranreifen dreimal die Farbe – von Weiß, das für Jugend steht, über Rot für die aktiven Jahre zu Schwarz, das Altersweisheit und Tod verkörpert. Ihrer giftigen Nadeln wegen verbindet man die Eibe mit dem Tod, doch die Kelten glaubten, dass die Eibe sie vor bösen Geistern schütze.

Lorbeer war bei den alten Griechen und Römern ein Symbol für Unsterblichkeit und Sieg. Lorbeerkränze wurden an tapfere Soldaten und große Künstler oder Gelehrte verliehen. Die Weide ist mit ihren hängenden Zweigen in westlichen Ländern ein Symbol für Tod und Trauer. Doch im Osten gilt der gleiche Baum als Zeichen für Kraft, Schönheit und Anmut.

 SIEHE AUCH: RELIGIONEN S. 130-133, GÖTTER UND GÖTTINNEN S. 44-45, MAGIE S. 86-87, ÜBERLIEFERUNGEN U. MÄRCHEN S. 40-41

DER BAUM DER ERKENNTNIS
Für Christen und Juden symbolisiert der Baum der Erkenntnis die Versuchung, der Adam und Eva im Garten Eden erlagen. Gott hatte Adam und Eva verboten, von den Früchten des Baums zu essen. Doch die Schlange verlockte Eva, von einer Frucht zu kosten, woraufhin Gott Adam und Eva aus dem Paradies auf die Erde verbannte.

BAUMVEREHRUNG

SCHON SEIT URZEITEN wurden Bäume von den Menschen verehrt, wohl weil sie so groß und stark sind und den Kräften der Natur, wie Stürmen und eisigen Temperaturen, widerstehen können.

Für die alten Ägypter war der Maulbeerfeigenbaum die irdische Gestalt der Himmelsgöttin Nut. Seine Blätter symbolisierten Frieden auf der Erde und im Jenseits.

Nach dem Glauben der Buddhisten saß Buddha unter dem Bodhibaum, einer Feigenbaumart, während er meditierte und nach Erleuchtung suchte. Darum sind Bodhibäume heilig und werden nahe bei buddhistischen Klöstern angepflanzt.

Den Kelten war die Eiche heilig. Der alte keltische Name der Eiche war *derw*. Die Druiden im frühen England verehrten den starken Eichbaum, den sie als König des Waldes ansahen. Die Bezeichnung „Druide" ist vermutlich von *derwydd* abgeleitet, was „Eichenseher" bedeutet. Auch heute noch gelten Eichen in vielen Weltgegenden als Symbole der Stärke und des ewigen Lebens.

EIBE, MISTEL UND STECHPALME

HEUTE GILT DER Weihnachtsbaum als Christussymbol, aber schon vor der Zeit des Christentums war es üblich, Bäume und Zweige zu schmücken. In den „Raunächten" vom 25. Dezember bis zum 6. Januar brachte man Äste der Eibe oder anderer immergrüner Bäume ins Haus und zündete Kerzen an, um böse Geister fern zu halten. Auch Stechpalmenzweige sollten Geister abwehren und die Mistel galt als heilig, weil sie oft auf Eichen wächst. In der nordischen Mythologie wurde der Sonnengott durch einen Pfeil aus einem Mistelzweig getötet. Die anderen Götter liebten ihn so sehr, dass sie ihn wieder zum Leben erweckten, und die Mistel versprach, nie wieder jemanden zu verletzen. Darum ist die Mistel ein Symbol der Liebe.

NACH DEM HIMMEL GREIFEN
Mit ihren in den Boden gegrabenen Wurzeln und den zum Himmel ragenden Ästen scheinen große, aufrechte Bäume wie diese ein Bindeglied zwischen Himmel und Erde zu bilden.

TIERE

DAS TIERREICH BESTEHT aus Millionen verschiedener Tierarten. Manche Tiere, wie Hunde und Pferde, leisten etwas für die Menschen und haben eine enge, freundschaftliche Beziehung zu ihnen. Jedes Tier, ob Fisch, Vogel oder Insekt, hat seinen Platz auf der Erde. Wie wir haben Tiere Gefühle und Intelligenz und verdienen unsere Achtung und Güte. Jedes Tier empfindet mit seinen Sinnen, die unseren aber nicht immer entsprechen.

PEGASUS
Die griechische Mythologie erzählt, dass das geflügelte Pferd Pegasus dem Leib der Medusa entsprang, als Perseus sie tötete. Bellerophon zähmte Pegasus mit einem goldenen Zügel, den er von der Göttin Athena bekam. Er vollbrachte viele Heldentaten und wurde so eingebildet, dass er mit Pegasus hinauf zum Himmel ritt, doch Zeus ließ das Pferd von einer Fliege beißen, so dass es Bellerophon zur Erde hinabschleuderte. Fortan trug Pegasus die Donnerkeile des Zeus.

Dieser farbenprächtige Totempfahl stammt aus Vancouver in Kanada.

TIERGEISTER

SCHON SEIT LANGER Zeit fragt man sich, ob auch Tiere eine Seele haben. Viele sagen, sie hätten die Geister toter Tiere gesehen, gehört und gespürt, ähnlich wie die Geister verstorbener Menschen. Tiergeister sollen Menschen oft erscheinen, wenn diese Hilfe oder Unterstützung brauchen, obwohl sie in anderen Erzählungen auch boshaft sein können. Es heißt, die Seele eines Tieres könne sogar weiter entwickelt sein als unsere, wenn es schon mehr Leben gelebt und mehr Dinge gelernt hat. Tiere und Menschen haben unterschiedliche Arten von Wissen und können einander auf verschiedene Weise helfen.

TOTEMS

TOTEMTIERE SIND TIERE, die einem Stamm oder einer Person zugeordnet sind und als äußeres Symbol dieser Beziehung dienen. Einige nordamerikanische Indianerstämme stellen geschnitzte, teils bunt bemalte Totempfähle her – oft mit Darstellungen eines oder mehrerer Tiere, die dem Stamm eng verbunden sind. Tiere wie der Bär sind Stammessymbole, so wie eine Nationalflagge Landessymbol ist.

TIERE ALS SYMBOLE

TIERE DIENEN ÜBERALL auf der Welt als Symbole – oft auch als Vertreter eines Landes oder Volkes. Der amerikanische Adler und der russische Bär sollen beide die Stärke und Macht ihrer Länder verkörpern.

Die Indianer glauben, dass man das Leben mit Körper, Geist und Seele leben sollte, dass Erde, Himmel und all die Tiere auf der Erde miteinander verbunden sind und einander helfen können. Sie glauben, dass Tiere unsere Heiler sind und dass du die Kraft eines Lebewesens anrufen und es bitten kannst, dir etwas Bestimmtes beizubringen.

TIERSYMBOLE

Einige verbreitete Tiersymbole:
- HUNDE sind Symbol der Treue.
- KOLIBRIS stehen für Freude.
- REHE verkörpern Sanftmut.
- FALKEN gelten als Boten.
- BÜFFEL stehen für Gebete und Überfluss.
- SCHLANGEN sind Symbol für Wandel.
- DELFINE verkörpern den Lebenshauch.
- ADLER sind Symbole des Geistes.
- WALE stehen für die Chronisten.

 SIEHE AUCH: RELIGIONEN S. 130-133, GÖTTER UND GÖTTINNEN S. 44-45, ZEICHEN UND SYMBOLE S. 138-139

Heilige Tiere

Viele Religionen halten bestimmte Tiere für heilig, oft weil sie als Gehilfen eines Gottes oder Propheten gelten. Im alten Ägypten galt die Hauskatze als heiliges Tier der Göttin Bastet. Wer eine Katze tötete, konnte mit dem Tode bestraft werden. Bei den Hindus ist die Kuh heilig und darf nicht getötet werden. So wandern in vielen Hindu-Städten Kühe frei umher.

Tiersprache

Die meisten Tiere verständigen sich in einer Sprache, die wir nicht hören können. Elefanten nutzen Unterschalllaute, Delfine Klick- und Quietschlaute, die außerhalb unseres Hörbereichs liegen. Manche übersinnlich begabten Menschen behaupten, mit Tieren sprechen zu können. Doch oft verstehen wir auch ohne Worte, was unsere Haustiere uns sagen wollen.

Schamanentum

Das Schamanentum ist ein Weg, mit guten und bösen Geistern in Kontakt zu treten, die nach dem Glauben mancher Menschen die Welt regieren. Ein Schamane ist eine Art Priester, der sich in Trance begibt, um im Auftrag anderer mit den Geistern zu sprechen. Tiere sind oft wichtig in solchen Zeremonien, da sie dem Schamanen helfen können, sich mit der Geistwelt zu verständigen. So werden Tiergeister angerufen, um bei der Heilung von Kranken oder beim Wahrsagen zu helfen. Die Schamanen verwenden hierzu oft Hilfsmittel wie geschnitzte Tierfiguren. Diese werden später vergraben oder vor dem übrigen Dorf verborgen, weil sie als überaus mächtig gelten.

Schamanen
Schamanen tragen oft Masken, Kopfschmuck und Umhänge aus Tierfellen oder Federn. Sie sollen ihnen die Kräfte ihrer tierischen Gehilfen verleihen.

Mit den Delfinen schwimmen
Manche Menschen glauben, dass Wale und Delfine die am höchsten entwickelten Wesen der Welt sind und enorme Heilkräfte haben. Vielleicht haben sie wichtige Botschaften an uns und wollen uns helfen zu lernen, wie wir füreinander und für unseren Planeten sorgen können. Es scheint eine enge Beziehung zwischen den Menschen und diesen bemerkenswerten Geschöpfen zu bestehen. Das Schwimmen mit Delfinen ist heute eine beliebte geistige und heilende Erfahrung.

Helfer und Heiler

Manche Menschen sagen, Tiere seien da, um uns zu leiten. Wenn wir freundlich zu Tieren sind, öffnen wir dadurch die Verständigungswege zu ihnen und können die Botschaften empfangen, die sie uns zu vermitteln versuchen. Manche Tiere scheinen übersinnlich veranlagt zu sein und Dinge spüren zu können, bevor sie geschehen. Es gibt viele Berichte über Haustiere, die ihre Besitzer vor drohenden Katastrophen – von Erdbeben bis zu Wirbelstürmen – gewarnt haben. Manche riskieren sogar ihr eigenes Leben, um Menschen zu retten. Es gibt auch eindrucksvolle Berichte über die Heilwirkung von Tieren. In manchen Krankenhäusern dürfen Tiere zu Besuchen mitgebracht werden, weil Kranke schneller gesund werden, wenn sie ein Tier berühren und streicheln können.

Haustiere

Durch das Halten eines Haustiers können wir lernen, für andere zu sorgen und Verantwortung zu übernehmen. Wenn es zu lästig scheint, den Meerschweinchen-Käfig zu säubern, sollten wir überlegen, wie unsere Betten aussähen, wenn nie jemand das Bettzeug wechseln würde! Was würden wir ohne Essen auf dem Tisch und ohne saubere Sachen zum Anziehen anfangen? So wie du darauf angewiesen bist, dass deine Eltern sich um dich kümmern, ist dein Haustier auf dich angewiesen.

Katzenplausch

Setz dich doch in einer ruhigen Minute mal mit deiner Katze, deinem Hund oder anderen Haustier hin und versuche, mit ihm oder ihr zu sprechen. Sieh deinem Tier in die Augen und versuche, mit seinen Gedanken Kontakt aufzunehmen. Du wirst erstaunt sein, wie viel sich so vermitteln lässt.

Wunder der Natur

Manche Menschen glauben, dass es eine natürliche Ordnung des Universums gibt und menschliche Eingriffe in diese Ordnung zu Naturkatastrophen und Problemen wie Erdrutschen, Waldbränden und Umweltverschmutzung führen. Allerdings gab es schon lange vor den Menschen Erdbeben, Eiszeiten und Wüsten. Die Erde ist immer noch dabei, sich abzukühlen und zu verändern und Vulkanausbrüche, Erdbeben und Überschwemmungen sind Teil der Natur. Die erstaunlichsten Geschehnisse nennt man Naturwunder und fast alle davon entstehen durch die vier Elemente Erde, Luft, Feuer und Wasser.

Die Erde

Die alten Griechen verehrten die Erde als eine Göttin namens Gäa. Sie hielten sie für die Weltmutter. Die Indianer betrachten die Erde als Ernährerin und Verkörperung des Lebens. Und viele gehen einfach gern morgens barfuß durchs taufeuchte Gras, um die belebenden Kräfte der Erde zu spüren.

Erdbeben sind eine Folge von Spannungen in der Erde. Sie entstehen durch Risse (oder „Verwerfungen") in Platten unter der Erdoberfläche. Wenn die Platten sich an diesen Stellen verschieben, kommt es zu Erdbeben, wie es z. B. oft im kalifornischen Los Angeles und San Francisco nahe der San-Andreas-Verwerfung der Fall ist.

Feuer

Feuer ist ein Symbol der Zerstörung. Früher glaubten Menschen, die nah an einem Vulkan lebten, seine Ausbrüche zeugten von Zorn über ihr Fehlverhalten. Der erloschene Vulkan Fudschijama in Japan wird besonders verehrt. Pilger besteigen ihn, um die Sonne anzubeten. Die meisten Vulkane befinden sich in einem Bereich rund um den Pazifik, den man „Feuerring" nennt. Vulkane entstehen durch den inneren Überdruck der Erde, der heißes geschmolzenes Gestein, die Lava, durch den Vulkankrater nach oben schleudert. Einer der berühmtesten Vulkane ist der Vesuv in Italien, der 79 v. Chr. die Stadt Pompeji verschüttete. Viele Hundert Jahre später entdeckte man die Gebäude und Menschen unter dem Lavagestein.

Der Wind

In der japanischen Mythologie gibt es mehrere Windgötter, darunter den Gott des Wirbelwinds. Manche Winde sind sehr stark. Hurrikane entstehen über warmen Meeren und werden immer stärker, bis sie in kühleres Klima oder aufs Land gelangen. Tornados bilden über warmem Boden einen wirbelnden Luftschlauch. Wenn sich ein Tornado auf dem Wasser bildet, kann er eine Wassersäule emporsaugen. Vielleicht erklärt das manche Geschichten über Meeresungeheuer!

 Siehe auch: Umwelt S. 110-111, Götter und Göttinnen S. 44-45, Die Elemente S. 123

BLITZ UND DONNER

FRÜHER HIELT MAN BLITZ- UND Donnerschläge für das Wüten zorniger Götter. In der assyrisch-babylonischen Mythologie war Adad der Gott der Gewitter und Stürme, der sich gelegentlich in schwarze Wolken kleidete. In der nordischen Mythologie galt Thor als der Gott, der Blitze vom Himmel schleuderte. Heute wissen wir mehr darüber, wie Gewitter entstehen, aber die moderne Erklärung ist nicht weniger erstaunlich als die alten Mythen! An schwülwarmen Tagen bilden sich Gewitterwolken. Durch Luftströme stoßen in ihrem Inneren Regentropfen oder Hagelkörner zusammen, wodurch eine elektrische Ladung entsteht. Dann kommt es zu Entladungen in Form von Blitzen, die bis zur Erde hinabschießen können. Der Blitz erhitzt die umgebende Luft sehr rasch bis auf das Fünffache der Hitze der Sonnenoberfläche, so dass sie sich mit einem Donnerschlag explosionsartig ausdehnt.

DAS POLARLICHT

ZU DEN ZAUBERHAFTESTEN Anblicken auf der Erde gehören die Polarlichter: das Nord- und das Südlicht. Nach dem Volksglauben der Esten stammte das Nordlicht von den leuchtenden Schlitten der zu einem großen Hochzeitsfest im Himmel anreisenden Gäste.

Tatsächlich ziehen Nord- und Südpol elektrisch geladene Teilchen an, die von der Sonne ausgesandt werden. Wenn diese Teilchen mit Gasmolekülen in der Atmosphäre zusammenstoßen, entsteht ein hell aufflammendes Licht. Das Foto zeigt, wie dramatisch das aussehen kann.

DAS WASSER

ES HEISST, ÜBERSCHWEMMUNGEN seien ein Zeichen dafür, dass die Naturkräfte außer Kontrolle geraten. Sie sind Symbol für Leidenschaft, aber auch für Tod und Niedergang. Viele Kulturen erzählen von einem Gott, der in der Frühzeit der Erde eine Sintflut schickte, um die schlechten Menschen zu bestrafen. Überflutungen entstehen meist durch ungewöhnliche Wetterverhältnisse. Schwere Regenfälle können Flüsse weit über ihre Ufer treten lassen. Geysire entstehen, wenn sich Wasser unter der Erdoberfläche erhitzt und Überdruck aufbaut. Dann kann plötzlich eine heiße Wasserfontäne emporschießen. Dadurch wird der Druck vermindert, so dass der Geysir einige Zeit nicht mehr ausbricht. An manchen Orten strömt das heiße Wasser langsamer aus und bildet warme Tümpel und Bäche oder heißen Schlamm. In tropischen Regionen wie Indien und Südostasien kommt es zu sintflutartigen Regenfällen, wenn der feuchte Südwestwind auf den trockenen Nordostwind trifft. Diese so genannten Monsunregen können gefährlich sein, werden aber meist begrüßt, weil ohne sie auf den Feldern nichts wächst.

Kristalle

Die Mineralien, aus denen Kristalle bestehen, sind zur gleichen Zeit wie das Universum entstanden! Wenn du das nächste Mal einen dieser Steine in der Hand hast, denk daran, dass er ein uralter außergewöhnlicher Teil unserer Geschichte ist. Kristalle gibt es in verschiedensten Formen, Größen und Farben. Seit der Frühzeit der Zivilisation glaubt man, dass jede Art von Stein besondere spirituelle Eigenschaften hat. Früher trug man sie oft als Glücksbringer. Heute verwenden immer mehr Menschen Kristalle ihrer besonderen Eigenschaften und Kräfte wegen.

Umgang mit Kristallen

Es ist wichtig, die Energie anderer Menschen, die deinen Kristall angefasst haben, zu entfernen. Dafür musst du auf ihn blasen oder ihn in Salzwasser reinigen. Wenn man Kristalle in die Sonne legt, gewinnen sie mehr Energie und Wirkkraft.

Du kannst einen Kristall bitten, dich zu führen und ein Gefühl wie innere Ruhe oder Glück für dich zu bewahren.

Wie Kristalle entstehen

Alle Kristalle sind Mineralien. Sie können aus organischer oder nicht lebender Materie bestehen. Durch unterschiedliche Bedingungen, wie Hitze und Druck im Erdinneren, entstehen verschiedene Arten von Kristallen. Im Naturzustand kann man meist das Grundmuster ihrer Struktur sehen. Wenn Kristalle geschnitten und poliert werden, geht dieses Muster oft verloren. Manche Kristalle, etwa Obsidiane, haben kein deutliches Muster. Obsidian entsteht aus vulkanischer Lava, die zu schnell abkühlt, um eine Kristallstruktur zu bilden.

Bergkristall
Der Bergkristall ist eine klare Quarzart. Er wirkt energieverstärkend und kann dir mehr Lebenskraft und Stärke verleihen.

Rosenquarz
Die Farbe des Rosenquarzes steht für die Liebe. Er kann Spannungen und Stress lösen und dir Trost bringen, wenn du traurig oder einsam bist.

Roh oder geglättet?
Die meisten Schmucksteine werden aus Felsstein geschnitten. Den Amethyst nennt man kristallin, weil seine Atome in regelmäßigen Mustern angeordnet sind. Dieses Stück ist noch im Rohzustand. Es kann weiter geschnitten oder poliert werden, um die Farbe besser zur Geltung zu bringen.

Schmucksteine

Ihre Schönheit macht einige Mineralien zu begehrten Schmucksteinen. Es gibt über 3000 Mineralien, von denen etwa 50 als Schmucksteine dienen. Manche Menschen tragen Schmucksteine als Glücksbringer. Zu den Edelsteinen gehören Diamanten, Smaragde, Saphire und Rubine. Diamanten sollen Reinheit symbolisieren, Smaragde Heilkräfte besitzen, Saphire für Wahrheit und Glück stehen, Rubine ihren Träger beschützen. Auch organische Materialien wie Bernstein und Jet dienen als Schmucksteine. Bernstein ist versteinertes Baumharz; er soll das Gedächtnis fördern. Dem Jet, eigentlich versteinertem Holz, wurden früher heilende Kräfte zugeschrieben.

Amethyst
Dieser violette Stein aus Mexiko und Brasilien soll dem Träger spirituelle und heilende Kräfte verleihen. Er wirkt sehr beruhigend und schlafférdernd. Die alten Griechen pflegten aus Amethystkelchen zu trinken, um keinen Kater zu bekommen! Der Amethyst soll angeblich Blutgerinnsel auflösen und gegen manche Arten von Krebs helfen.

 Siehe auch: Heilkunde S. 64-69, Orakel und Wahrsagungen S. 94-97

AMAZONIT
Es heißt, er verkörpere die reine Energie der kosmischen Liebe. Er wird oft benutzt, um anderen Grüße zu senden und dient auch zur Nervenberuhigung und zum Ausgleich des körperlichen Energiefeldes.

ROTER JASPIS
Einst hieß es, er bringe Regen und ziehe das Gift aus Schlangenbissen. Heute dient er als Troststein bei Ängsten und Trauer.

LAPISLAZULI
Ihm werden u. a. Eigenschaften wie Weitblick, Klarheit und Verbindung zum Himmel zugeschrieben.

SODALITH
Ein in vielen Blautönen vorkommender Bestandteil von Lapislazuli, den man in Lavagestein findet. Er soll Depressionen lindern und seinem Träger Energie verleihen.

AVENTURIN
Er soll das Nervensystem stärken und wird zur Meditation und zur Förderung geistiger Kräfte eingesetzt.

SCHNEEFLOCKEN-OBSIDIAN
Im 16. Jh. sollen John Dee und Edward Kelley Engelbotschaften durch eine Scheibe aus poliertem Obsidian, einem schwarzen, vulkanischen Glas, empfangen haben.

JADE
Für die Chinesen ist Jade der Stein der Vollkommenheit und Unsterblichkeit, aus dem sie oft Statuen fertigen. Die neuseeländischen Maori machen Amulette und Glücksbringer aus Jade.

TIGERAUGE
Diente einst als Amulett gegen den bösen Blick. Seiner feuerhemmenden Eigenschaften wegen wird es auch in feuerfesten Textilien, Kesselverkleidungen und Isolierungen verarbeitet.

KARNEOL
Er soll Weisheit und Konzentration fördern, Depressionen und Trägheit bekämpfen und die Durchblutung unterstützen.

TÜRKIS
Schon die Azteken fertigten Schmuck und Verzierungen aus Türkis. Er ist auch bei den nordamerikanischen Indianern sehr beliebt und gilt als Zeichen für Mut und Erfolg.

MONDSTEIN
In Indien ist er heilig. Männer schenken ihn ihrer Braut als Glücksbringer. Er gilt auch als Mittel gegen Fettleibigkeit und Egoismus.

BLUTSTEIN
Dieser Stein ist so wirksam, dass man ihn meist zusammen mit Rosenquarz oder Kristallen zur Behandlung von Zwängen, Aggressionen und Maßlosigkeit einsetzt.

MONATSSTEINE

JEDEM Sternzeichen ist ein bestimmter Glücksstein zugeordnet:

- WIDDER Roter Jaspis
- STIER Rosenquarz
- ZWILLINGE Amethyst
- KREBS Mondstein
- LÖWE Tigerauge
- JUNGFRAU Karneol
- WAAGE Aventurin
- SKORPION Zitrin
- SCHÜTZE Sodalith
- WASSERMANN Bergkristall
- STEINBOCK Obsidian
- FISCHE Blutstein

DIE MACHT DER KRISTALLE

IN DEN LÄNGST VERSCHOLLENEN Ländern Lemuria und Atlantis soll man Kristalle genutzt haben, um kosmische Energien anzuziehen und Energie zu erzeugen. Heute werden Kristalle in viele Geräte wie etwa Uhren und Radios eingebaut. Der Einsatz von Kristallen zur Behandlung von Krankheiten war schon bei den alten Ägyptern und den Mayas üblich und ist heute weltweit verbreitet. Indianische Schamanen glauben, dass das Mineralreich uns auf unserer seelischen Reise helfen kann.

ZITRIN
Der gelbe Zitrin kommt aus Brasilien oder Spanien und wird in der Heilkunst und zur Freisetzung von Ängsten verwendet.

DEIN EIGENER KRISTALL

SELTSAMERWEISE KOMMEN Kristalle meist von selbst zu uns. Wenn du für eine Zeit einen bestimmten Stein brauchst, findet er voraussichtlich den Weg zu dir. Entweder schenkt ihn dir jemand oder du gehst vielleicht in ein Geschäft und fühlst dich von einem Stein so angezogen, dass du ihn einfach haben musst! Wenn das geschieht, hat der Kristall vermutlich eine besondere Wirkung in einem Bereich, in dem du Hilfe brauchst. Sei nicht zu traurig, falls du einen Kristall verlierst. Das kann ein Zeichen sein, dass du seine besonderen Kräfte nicht mehr brauchst. Vielleicht ist er zu jemandem weitergewandert, der seine Hilfe jetzt dringender benötigt.

DIE SCHÖPFUNG

SCHÖPFUNGSGÖTTER
Für die Babylonier war Marduk der Schöpfer aller Dinge und der größte aller Götter.

ES HEIẞT, DASS die Erde über viereinhalb Milliarden Jahre alt ist, obwohl sie als einer der letzten Planeten unseres Universums entstanden ist. Es gibt viele Theorien über die Entstehung unseres Planeten. Manche beruhen auf religiösem Glauben, andere auf wissenschaftlichen Beobachtungen. Für manche Menschen ist es schwierig, die wissenschaftlichen Theorien mit ihrem religiösen Glauben zu vereinbaren, weil beide sich oft widersprechen. Was auch immer zu Anbeginn der Zeit geschehen sein mag: Für den Planeten, auf dem wir leben, sollten wir ebenso sorgen wie für uns selbst.

SCHÖPFER

ES GIBT SO VIELE verschiedene Ansichten darüber, wer oder was der Schöpfer dieses Planeten ist, dass viele Menschen es einfach aufgegeben haben, darüber nachzugrübeln. Manche sagen, es komme nur darauf an, dass du an etwas glauben kannst, das größer und mächtiger ist als du selbst und dir in diesem Leben als leitende Kraft dienen kann.

Wenn du dir einen Gott oder Schöpfer schwer vorstellen kannst, stell dir jeden Menschen als Wesen mit einer eigenen Seele, einem höheren Ich vor. Dies ist das Licht, das über dich wacht, dein Gewissen, deine innere Stimme. Manche Menschen halten es für das „überbewusste“ Ich, ein unsichtbares Energiefeld, durch das wir Informationen aus dem Universum empfangen können.

DIE FRÜHZEIT DER ERDE

DIE ERDE BEWEGTE SICH viele Millionen Jahre durchs All, bevor sie so weit abgekühlt war, dass auf ihr Leben entstehen konnte. Nach weiteren Millionen Jahren bildeten sich einfache Pflanzen wie Algen in ihren Meeren. Mit der Zeit entwickelte sich eine Fülle verschiedener Lebewesen mit Flossen, Beinen und Flügeln. Diese natürlichen Entwicklungen dauerten so lange, dass die Menschen im Vergleich dazu erst seit kurzem auf der Welt sind. Doch in diesem kurzen Zeitraum haben wir die Erde bereits ungeheuer verändert und geschädigt. Es gab einmal eine Zeit, in der die Menschen in Harmonie mit der Natur lebten, anstatt sie beherrschen zu wollen.

ES WAR EINMAL ...
Einst gab es weder Straßen noch Verkehr, Fabriken oder Umweltverschmutzung. Die Meere waren klar, der Himmel blau, die Wälder grün und üppig. In einigen abgelegenen Winkeln der Erde gibt es immer noch paar unberührte, unverdorbene Fleckchen wie dieses.

DIE URKNALL-THEORIE

DIE MEISTEN WISSENSCHAFTLER glauben heute, dass das Universum vor Millarden Jahren mit einem „Urknall“, d. h. einer Art Explosion, begonnen hat. Aus dem Staub und den kleinen Materieteilchen, die dabei entstanden, bildeten sich dann die Planeten und Sterne. Draußen im Weltraum wirbeln heute noch Meteoriten, Gesteinsbrocken und Staub umher. Aus einem großen Teil der Materie bildeten sich Galaxien, d. h. Anhäufungen von Sternen, Planeten und sonstiger Materie. Neuere Beobachtungen beweisen, dass das Universum

 SIEHE AUCH: GÖTTER UND GÖTTINNEN S. 44-45, NATUR S. 108-109

SCHÖPFUNGSMYTHEN

DIE ERSTEN MYTHEN JEDER Kultur versuchten, die Frage zu beantworten, wie die Erde und die ersten Menschen entstanden sind. Fast jeder kennt zumindest eine Schöpfungsgeschichte. Forscher, die solche Schöpfungsmythen gesammelt und untersucht haben, stellten fest, dass viele davon sich sehr ähnlich sind – selbst solche von Kulturen aus ganz verschiedenen Weltgegenden, deren Menschen niemals Kontakt zueinander hatten!

Ein gemeinsames Thema vieler Schöpfungsmythen – von Nordamerika bis zum Südpazifik – ist die Vorstellung, dass die Götter als Ergebnis einer Vermählung zwischen Erde und Himmel oder Sonne und Meer entstanden.

sich immer noch ausdehnt und von seinem Zentrum, in dem sich der Urknall ereignete, fortstrebt.

Interessant ist, dass die Urknall-Theorie zu der spirituellen Glaubensüberzeugung passt, dass wir alle aus einer einzigen Quelle stammen. Wie unterschiedlich wir als Menschen auch sein mögen, unser Ursprung ist der gleiche. Das hilft uns, unsere spirituelle Verbundenheit zu erkennen, über Unterschiede hinwegzusehen und einzusehen, dass wir tief innerlich alle den gleichen Ausgangspunkt haben.

DIE SONNENGÖTTIN
Ein alter japanischer Mythos erzählt, wie sich die Sonnengöttin Amaterasu einst in einer Höhle versteckte, weil das schlechte Benehmen ihres Bruders ihr Angst gemacht hatte. Sie versperrte den Höhleneingang mit einem Fels und die ganze Welt wurde finster. Da taten sich all die anderen Götter zusammen und es gelang ihnen schließlich, sie aus ihrem Versteck zu holen, so dass die Sonne wieder schien. Die Göttin Amaterasu wurde als Himmelskörper und auch als spirituelle Gottheit verehrt.

STERNENSTAUB

WISSENSCHAFTLICHES UND SPIRITUELLES Denken sind einander nicht mehr so fern, seit Wissenschaftler daran glauben, dass alles im Universum aus kleinsten Energieteilchen, den Atomen, besteht. Atome bestehen aus noch kleineren Teilchen, d. h. alle Dinge beginnen als unsichtbare Energie und nur manche davon werden sicht- und greifbar. Das bedeutet auch, dass wir aus dem gleichen Material bestehen wie die Sterne – wir sind sozusagen aus Sternenstaub gemacht! Da manche Teilchen nachweislich in der sichtbaren Welt nicht messbar sind, fällt es leichter, an unsichtbare spirituelle Mächte zu glauben.

DAS ENDE DES UNIVERSUMS?

WENN DIE Urknall-Theorie stimmt, gibt es drei Möglichkeiten, was mit dem Universum in ferner Zukunft geschehen wird. Es könnte sein, dass schließlich alle Kräfte zum Ausgleich kommen und alle Planeten, Sterne usw. aufhören, vom Zentrum fortzustreben und zum Stillstand kommen. Oder die Gravitationskraft ist an diesem Punkt stark genug, um die Sterne wieder zurück zum Zentrum zu ziehen, so dass das ganze Universum schrumpft – und vielleicht sogar alles von vorne beginnt. Die dritte Möglichkeit wäre, dass dieses Gleichgewicht nie erreicht wird und der gesamte Inhalt des Universums sich immer weiter vom Zentrum entfernt. Wissenschaftler arbeiten daran, herauszufinden, was wohl geschehen wird, aber in jedem Fall haben wir bis dahin noch einige Millionen Jahre Zeit!

PLANETEN UND STERNE

DIE WISSENSCHAFT FINDET immer wieder Neues über das Universum und seine Entstehung heraus. Früher, als die Menschen noch keine wissenschaftlichen Erkenntnisse hatten, versuchten sie, sich Planeten und Sterne durch Mythen zu erklären. Sie hatten Götter, die Sonne, Erde, Mond und viele andere Sterne und Planeten verkörperten. Den Astrologen zufolge sollen Sterne und Planeten auch großen Einfluss auf unser Leben haben. Selbst Ebbe und Flut entstehen durch die Anziehungskraft von Sonne und Mond; so wäre es nicht erstaunlich, wenn sie auch uns beeinflussen!

DER MOND

DER MOND IST BESONDERS interessant, weil er unsere Kalender und unsere Gezeiten beeinflusst. Seine wechselnde Gestalt – von einer schmalen Sichel bis zum Vollmond und umgekehrt – symbolisiert Tod und Wiedergeburt. Bei den Griechen hieß die Mondgöttin Artemis, bei den Ägyptern Isis. Selbst heute noch gibt es viele Geschichten über den Mond. Zu den beliebtesten gehört die vom „Mann im Mond", der zur Strafe dorthin verbannt worden sein soll.

DIE SONNE

DIE SONNE GIBT allen Pflanzen und Tieren auf der Erde Wärme und Licht. Ohne sie gäbe es kein Leben. Ihr Auf- und Untergang symbolisiert Tod und Wiedergeburt – wie die Mondphasen. Bei den Griechen war die Sonne ein Gott namens Helios, der jeden Tag seinen Feuerwagen über den Himmel lenkte.

DIE ERDE

DIE ERDE IST EINER von neun Planeten, die um die Sonne kreisen. Soweit wir wissen, ist sie der einzige Planet, auf dem Leben, wie wir es kennen, bestehen kann, weil sie Sauerstoff und Wasser hat. Vielleicht gibt es auf anderen Planeten Lebewesen, die andere Stoffe brauchen. Viele sehen die Erde als lebendigen Organismus, d. h. dass alles, was mit ihren Lebewesen, ihrem Wasser und Boden geschieht, Auswirkungen auf den ganzen Planeten hat. Indem wir für unseren Planeten sorgen, sorgen wir für uns selbst.

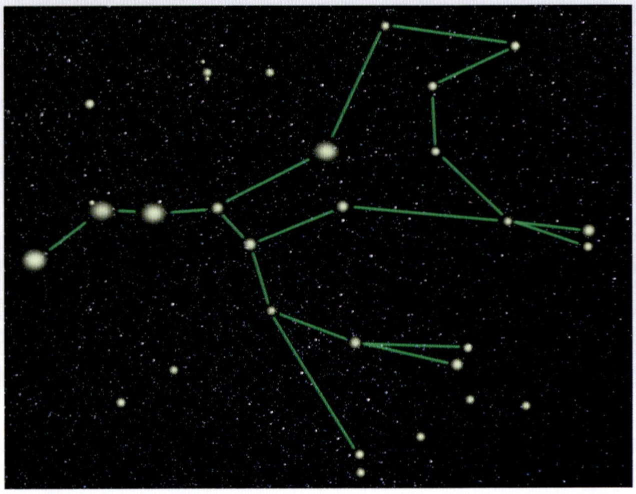

DIE PLANETEN

VIELE PLANETENNAMEN STAMMEN von den alten Griechen oder Römern. Venus ist nach der römischen Göttin der Liebe benannt, Jupiter nach dem Göttervater. Die Chinesen nannten diese Planeten „Goldstern" und „Holzstern". In neuerer Zeit haben die Astronomen weitere Planeten wie Saturn, Neptun und Pluto entdeckt. Saturn ist von der Sonne aus der sechste Planet. Er hat Ringe aus Sturmwolken.

DIE STERNE

EINIGE ALTE KULTUREN glaubten, dass unsere Galaxis, die Milchstraße, eine Brücke zwischen Erde und Himmel sei. Einige Sterngruppen in der Milchstraße bilden Muster, die man als Sternbilder bezeichnet. Sie wurden nach Göttern, Sagenhelden und Tieren benannt. Das hier abgebildete Sternbild des Großen Bären soll ein schönes Mädchen namens Kallisto sein, das von einem eifersüchtigen Gott in eine Bärin verwandelt wurde.

Die Saturnringe

DIE ELEMENTE

DIE ELEMENTE ERDE, Feuer, Wasser und Luft sind die Bausteine unseres Planeten. Ohne sie könnten wir nicht existieren. Viele Tausend Jahre lang waren die Menschen der Natur viel näher als wir heute. Sie hielten die Elemente für den Schlüssel zum Universum mit all seinen Geheimnissen. Auch heute noch haben sie etwas Magisches. Je klarer wir erkennen, wie viel Schaden wir unserem Planeten zugefügt haben, desto deutlicher wird uns die Notwendigkeit, wieder in Kontakt mit den lebenswichtigen Elementen der Natur zu kommen. Den Begriff „Elemente" hat der Grieche Empedokles erfunden. Er glaubte, dass die Menschen genau wie die Erde aus ihnen gemacht seien. In der Astrologie ist jedes Sternzeichen einem der vier Elemente zugeordnet.

WELCHES ELEMENT BIST DU?

- FEUERMENSCHEN sind oft beruflich ehrgeizig und von hitzigem Temperament. Widder, Löwe und Schütze sind Feuerzeichen.
- LUFTMENSCHEN sind fröhlich und kreativ. Zwillinge, Waage und Wassermann sind Luftzeichen.
- ERDMENSCHEN sind vernünftig und zuverlässig. Stier, Jungfrau und Steinbock sind Erdzeichen.
- WASSERMENSCHEN sind sensibel und tiefsinnig. Krebs, Skorpion und Fische sind Wasserzeichen.

ERDE

DIE ERDE IST viel älter als die Menschheit und gilt als Lebensspenderin und Mutter aller lebendigen Dinge. Unsere Nahrung wachst genau wie Baume und Pflanzen aus dem Boden. Seit Tausenden von Jahren graben die Menschen in der Erde nach Brennstoffen, Mineralien, Metallen und Edelsteinen. Viele Lebewesen wohnen in der Erde. Viele Menschen begraben ihre Toten in der Erde – eine Sitte, die teilweise aus dem traditionellen Glauben entstanden ist, dass die Toten eines Tages wieder zum Leben erwachen, so wie aus unterirdischen Blumenzwiebeln neue Pflanzen wachsen.

FEUER

FEUER GIBT UNS Energie in Form von Wärme oder Licht. Wir zünden Kerzen zur Beleuchtung an und Holzscheite oder Kohlen, um es warm zu haben. Feuer soll Böses abwehren, kann aber sehr gefährlich sein, wenn es außer Kontrolle gerät. Die frühen Menschen verehrten und fürchteten ihre Feuergötter. Drachen verkörpern die Macht und Gefährlichkeit des Feuers. Kerzenflammen gelten als Symbol für unsere Seele – ein Grund, warum Kerzen und Feuer so eine wichtige Rolle in unseren Todesritualen spielen. Feuer dient oft zur spirituellen Reinigung und viele Menschen ziehen es vor, ihren Körper nach dem Tod einäschern zu lassen.

LUFT

LUFT ZUM ATMEN ist für uns lebensnotwendig. Manche Indianerstämme glauben an einen Ort hoch oben in der Luft, wo das „Sternenvolk" lebt. Sie sagen, es gebe vier große Geister des Nord-, Süd-, Ost- und Westwinds und wir seien alle miteinander verbunden, weil alle Lebewesen die gleiche Luft atmen. Engel und andere Geschöpfe, die durch die Luft fliegen, gelten als mächtig und mystisch. Der Schmetterling ist ein Symbol des ewigen Lebens.

WASSER

DER GRÖSSTE TEIL DER Erde ist mit Wasser bedeckt und unser Körper besteht zu 75% aus Wasser – schon daran kann man sehen, wie unentbehrlich Wasser fürs Leben ist. Es gilt als weibliches Element und wird oft in Fruchtbarkeits- und Geburtsritualen verwendet. Heute kommen viele Babys im Wasser zur Welt, weil es beruhigend und entspannend wirkt. Wie alle Elemente kann Wasser heilen, hat aber große Macht und kann auch schaden.

SIEHE AUCH: ASTROLOGIE S. 32-33, GÖTTER UND GÖTTINNEN S. 44-45, WUNDER DER NATUR S. 116-117

FENG SHUI

WENN DEIN LEBEN DICH nicht zufrieden stellt, könnte es daran liegen, dass du in einem Haus mit ungünstigem Feng Shui lebst. Feng Shui, wörtlich „Wind und Wasser“, ist die Kunst der Platzierung. Sie beruht auf der Vorstellung, dass wir diese beiden Elemente ausgleichen und in Harmonie mit ihnen leben müssen, um Glück und Zufriedenheit anzuziehen. Dies ist eine Grundregel der östlichen Lebensweise. Heute wird Feng Shui überall auf der Welt eingesetzt. Man hat entdeckt, dass schon eine simple Maßnahme wie das Umräumen der Möbel unglaubliche Ergebnisse bringen kann!

FENG-SHUI-SYSTEME

ES GIBT ZWEI VERBREITETE Feng-Shui-Richtungen. Die so genannte Formschule betrachtet die Landschaft, um den besten Standort für ein Wohn- oder Bürogebäude festzulegen. „Grüne Drachen“ und „Weiße Tiger“ spielen hierbei eine wichtige Rolle. Der Drache ist wohl das wichtigste Glück bringende Symbol in China und soll in den Hügeln leben. Da, wo man einen Grünen Drachen findet, soll man meist auch einen Weißen Tiger finden. Die Kompass-Schule befasst sich eher mit den Lebensrichtungen des einzelnen Menschen und betrachtet die Einrichtung von Wohnung oder Arbeitsplatz. Sie arbeitet mit dem Pa-Che-Kompass, um die günstigste Himmelsrichtung für jeden Einzelnen zu ermitteln.

CH'I

UM GLÜCKLICH UND im Einklang mit der Welt zu leben, brauchen wir das Ch'i, was auf Chinesisch „Energie“ oder „Lebenskraft“ bedeutet. Feng Shui soll möglichst viel Ch'i in unser Leben bringen und es harmonisch fließen lassen, was zu Wohlbefinden und Erfolg beiträgt.

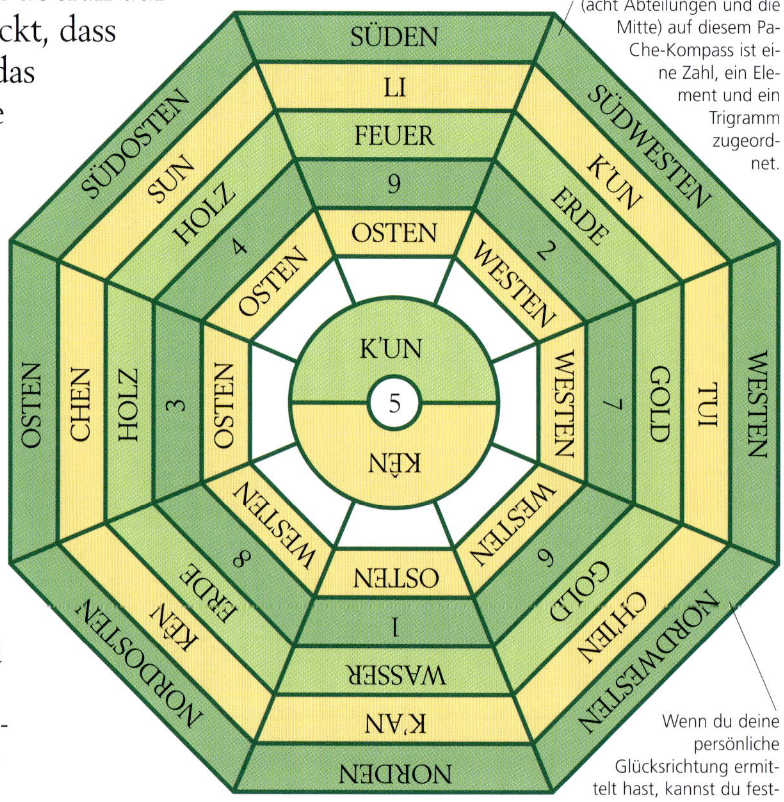

Jeden der neun Richtungen (acht Abteilungen und die Mitte) auf diesem Pa-Che-Kompass ist eine Zahl, ein Element und ein Trigramm zugeordnet.

Wenn du deine persönliche Glücksrichtung ermittelt hast, kannst du feststellen, ob dein Bett richtig platziert ist.

FISCHE UND REICHTUM

UM GELD INS Haus zu bringen, soll es nach dem Feng Shui helfen, sich ein Aquarium mit neun Goldfischen zuzulegen. Davon müssen acht goldfarben sein, um Reichtum und Glück zu bringen, und einer schwarz, um Diebe abzuwehren!

PERSÖNLICHE KENNZAHL

UM DEINE PERSÖNLICHE Glücksrichtung zu finden, musst du zunächst deine Kennzahl errechnen. Die Berechnungsmethode ist für Männer und Frauen unterschiedlich. Ein Mann zieht sein Geburtsjahr von der Zahl 100 ab und teilt das Ergebnis durch 9. Wenn er 1984 geboren ist, wären das 100 minus 84, geteilt durch 9. Der Rest, hier 7, ist seine Zahl. Eine Frau zieht von ihrem Geburtsjahr 4 ab und teilt das Ergebnis durch 9. Der Rest ist ihre Zahl. Wenn kein Rest bleibt, lautet die Zahl 9. Die Zahl 5 hat keine Bedeutung. Für einen Mann mit dem Ergebnis 5 gilt die Kennzahl 2, für eine Frau die Kennzahl 8.

SHA

DAS GEGENTEIL VON CH'I ist Sha, der „Leben raubende Atem“, der sich durchsetzen kann, wenn das Ch'i zu schwach ist. Das Sha bewegt sich nur in gerader Linie und kann uns hindern, das Gewünschte zu erreichen. Man kann seine Wirkung abschwächen oder aufheben, indem man seinen Weg etwa durch Bäume, Spiegel oder Lampen versperrt. Windspiele sind wirksame Glückssymbole, weil ihr melodischer Klang das Sha vertreibt und das Ch'i anzieht.

 SIEHE AUCH: CHAKRAS UND MERIDIANE S. 52-53, LEBENSKRAFT UND ENERGIE S. 90-91

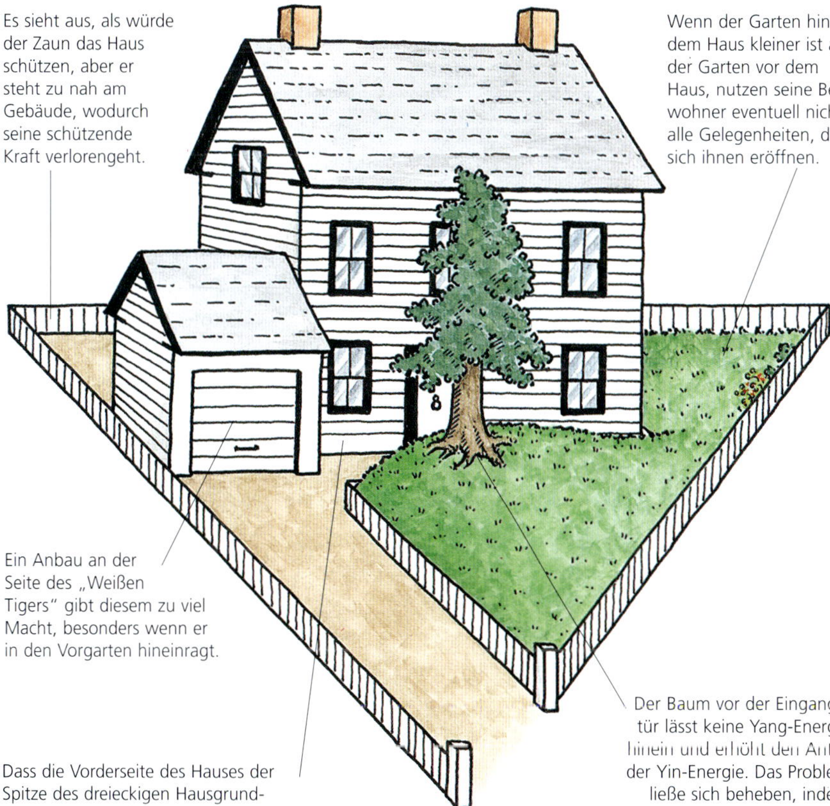

Es sieht aus, als würde der Zaun das Haus schützen, aber er steht zu nah am Gebäude, wodurch seine schützende Kraft verlorengeht.

Wenn der Garten hinter dem Haus kleiner ist als der Garten vor dem Haus, nutzen seine Bewohner eventuell nicht alle Gelegenheiten, die sich ihnen eröffnen.

Ein Anbau an der Seite des „Weißen Tigers" gibt diesem zu viel Macht, besonders wenn er in den Vorgarten hineinragt.

Dass die Vorderseite des Hauses der Spitze des dreieckigen Hausgrundstücks zugewandt ist, kann die Bewohner anfällig für Krankheiten machen.

Der Baum vor der Eingangstür lässt keine Yang-Energie hinein und erhöht den Anteil der Yin-Energie. Das Problem ließe sich beheben, indem man einen großen Spiegel über die Tür hängt, um die Energie umzuleiten.

UNGÜNSTIGES FENG SHUI

BEIM KAUF ODER BAU eines Hauses muss man vor allem auf die Position der Eingangstür achten. Dies ist die Tür, die das Haus schützt und durch die Sha und Ch'i eintreten. Wenn die Tür auf der rechten Seite des Hauses ist, kann der „Weiße Tiger" auf dieser Seite den „Grünen Drachen" auf der anderen Seite überwältigen, was zu Unfrieden im Haus führen kann.

Das Gleiche kann passieren, wenn das Haus einen Anbau oder eine Garage auf der Seite des „Weißen Tigers" hat. Ein Baum vor der Eingangstür kann Unglück bringen, weil er das Yang blockiert und zu viel Yin ins Haus lässt, so dass ein Ungleichgewicht entsteht. Wenn die Tür einer schmalen Öffnung in einem Zaun oder einem anderen Gebäude gegenüber liegt, kann das Geld davonfließen. Auch spitze Winkel und Ecken bringen Unglück, weil sie wie ein auf das Haus gerichteter Dolch wirken.

GÜNSTIGES FENG SHUI

IM FENG SHUI HEISST ES, der „Grüne Drache" auf der linken Seite des Hauses und der „Weiße Tiger" auf der rechten Seite seien wie zwei Wächter, die zusammenarbeiten müssen, um alles im Einklang zu halten. Damit das Haus seinen Bewohnern Glück bringt, sollte die Eingangstür in der Mitte oder auf der linken Seite liegen, um dem „Grünen Drachen" mehr Macht zu geben als dem „Weißen Tiger". Ein ebenes Grundstück ist am besten, möglichst mit schützenden Hügeln dahinter und einer Freifläche davor, damit das Ch'i auf natürliche Weise fließen kann.

Hügel hinter dem Haus verkörpern den „Dunklen Krieger", der das Haus beschützt. Anhöhen versprechen den Bewohnern auch Unterstützung durch Familie und Freunde.

Wenn der Garten hinter dem Haus größer ist als der Vorgarten, ist dies ein Zeichen für Rückhalt und Schutz.

Häuser, die breiter als tief sind, fördern Glück und Beständigkeit innerhalb des Hauses

Der sichelfömige Fischteich im Vorgarten verkörpert den „Roten Vogel", der sich um diesen Bereich des Hauses kümmert, und zieht Reichtum an.

Dieser Zaun hat die richtige Entfernung zum Haus und bietet schützendes Feng Shui.

HEILIGE STÄTTEN

ES GIBT AUF DER Welt viele heilige Stätten mit besonderer Bedeutung für verschiedene Kulturen und Religionen. Manche davon sind natürlichen Ursprungs, andere von Menschen geschaffen. Viele Menschen, die heilige Stätten besuchen, glauben, dass ihre Kraft übertragbar ist. Menschen huldigen an außergewöhnlichen Orten, weil sie das Werk eines Gottes zu sein scheinen, und je mehr Menschen einen Ort besuchen und verehren, desto bedeutsamer scheint er zu werden. Es ist, als ob die Energie der Besucher die Energie der Stätte noch vermehrt.

ULURU (AYERS ROCK)
Die australischen Ureinwohner sagen, dieser Sandsteinfelsen stamme aus der Schöpfungs- oder Traumzeit, als die Ahnengeister die Landschaft schufen. Er soll der Ort sein, über den alle heiligen Stätten miteinander verbunden sind.

LEY-LINIEN

OFT STELLT MAN FEST, dass alte Pfade, die kreuz und quer in gerader Linie durch die Landschaft laufen, uralte Begräbnisstätten, Tempel, Steinkreise und andere heilige Stätten miteinander verbinden. Diese Linien nennt man Ley-Linien. Sie sind für die Erde das, was das Meridian-System für den menschlichen Körper ist. Man glaubt, dass sie ein Energienetz an der Erdoberfläche bilden. Frühe Völker, die vielleicht empfänglicher für die Erdenergien waren, sollen ihre Tempel und andere Heiligtümer entlang dieser Ley-Linien errichtet haben. Auch Spukerscheinungen und andere Beispiele übernatürlicher Kräfte treten entlang der Ley-Linien häufiger auf. Manche Menschen glauben, dass sie über unterirdischen Felsverwerfungen verlaufen. Die Linien selbst sind nicht immer leicht zu finden, geben aber starke Energieströme ab. Manche sagen, sie seien zu einem erdumspannenden Netz verbunden. Die Chinesen nennen ihre Ley-Linien „Drachenpfade“. Sie sind für das Feng Shui – die Platzierung von Gebäuden und Gegenständen im Einklang mit der Natur – von Bedeutung.

SHIPTON HILL
Vor Tausenden von Jahren wurde dieser Hügel oberhalb des Dorfes Shipton Gorge von Menschenhand in seiner Form verändert und steiler gemacht.

BODENZEICHNUNGEN

VIELE FRÜHE KULTUREN haben riesige Bodenzeichnungen hinterlassen. Sie wurden oft tief in den Sand- oder Erdboden gegraben – bis auf den Felsuntergrund. Viele davon wurden an Hängen angebracht, so dass sie weithin sichtbar waren. Zu den berühmtesten gehören rund hundert Linienzeichnungen, u. a. von Tieren, Pflanzen und Labyrinthen, in der peruanischen Nazca-Wüste. Sie sind so gewaltig, dass man sie nur aus der Luft richtig erkennen kann. Deshalb glauben manche Menschen, dass das Volk, das sie geschaffen hat, in Heißluftballons fliegen konnte. Manche meinen auch, dass die Figuren als Orientierungshilfe für Besucher aus dem All dienten.

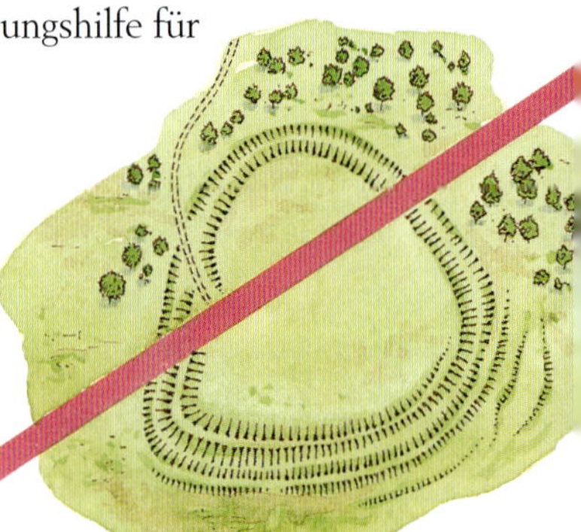

CASTLE DITCHES
Die erste Hügelfestung an dieser Stelle wurde wohl um 200 v. Chr. erbaut, später von den Römern zerstört und um 1000 n. Chr. wieder aufgebaut.

DER RIESE VON CERNE ABBAS
Diese gewaltige, in die Kreidehügel des englischen Dorset eingegrabene Figur ist 55 m hoch. Man vermutet, dass sie aus römischer oder noch früherer Zeit stammt.

LABYRINTHE

IN ALTEN KULTUREN galt das Labyrinth als Symbol für den Weg der Seele zur Erlösung. Auch die Fußböden vieler christlicher Kirchen wurden mit Labyrinthmustern geschmückt. Manche von ihnen nannte man „die Straße nach Jerusalem“, weil sie Pilgern helfen sollten, über ihren Glauben und ihre religiösen Ideale zu meditieren und zur Erlösung zu gelangen.

 SIEHE AUCH: CHAKRAS UND MERIDIANE S. 52-53, FENG SHUI S. 124-125, HEILIGE BAUTEN S. 128-129

Hügelgräber

Es gibt in den USA, England und anderen Teilen der Welt zahlreiche von Menschenhand geschaffene Erdhügel in den verschiedensten Größen und Formen, u. a. in Pyramiden-, Schlangen- und Bärengestalt.

Viele Menschen glauben, dass die frühen Indianerstämme solche Hügel als Gräber anlegten. Der berühmteste ist der Great Serpent Mound, der „Große Schlangenhügel", in Ohio, USA. Den alten Mythen zufolge soll er die lebenswichtige Verbindung zwischen Erde und Wasser verkörpern, die das Land fruchtbar macht.

nach Norden

Sidbury Hill Fort
Von Stonehenge führt eine Ley-Linie zur Hügelfestung von Sidbury, die aus der Eisenzeit stammt. Die Linie verläuft durch den südöstlichen Teil der Wälle, die die Festung einst umgaben.

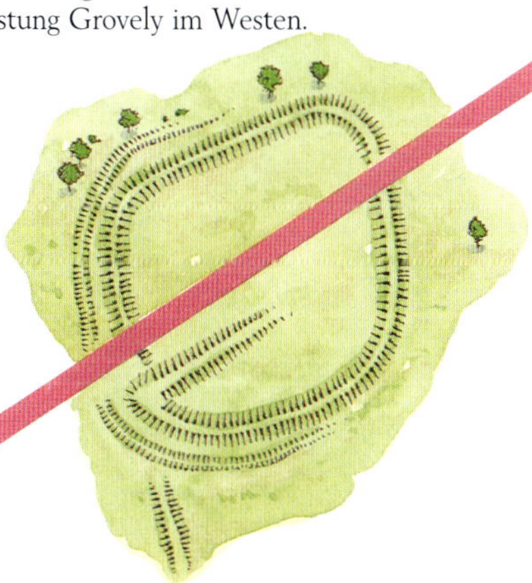

Grovely Castle
Zur Wintersonnenwende verbindet die Einfallslinie der untergehenden Sonne Stonehenge mit dem Standort der alten Festung Grovely im Westen.

Stonehenge
Dieser uralte Steinkreis liegt an einer Stelle, wo sich zwei Ley-Linien schneiden – eine Stätte besonderer Kraft. Tausende von Jahren lang hielten Menschen hier Kulthandlungen ab.

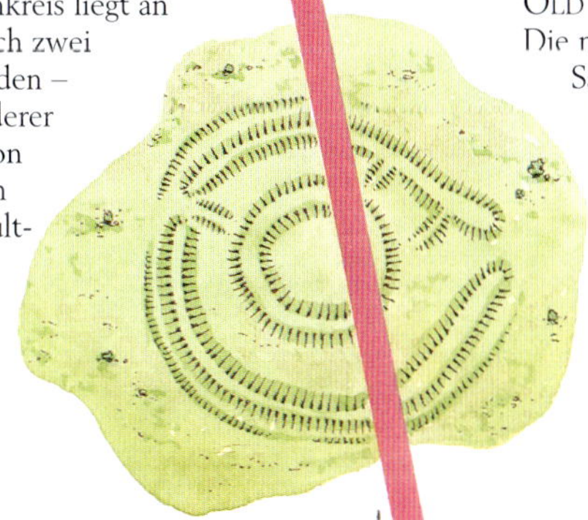

Old Sarum
Die meisten Besucher von Old Sarum kommen, um die Überreste der normannischen Burg und die Grundmauern der alten Kathedrale von Salisbury zu besichtigen. Außerdem gab es hier schon in vorgeschichtlicher Zeit eine Wallburg.

Die Kathedrale von Salisbury
Diese Kathedrale stammt vollständig aus dem Mittelalter. Ihr Bau begann 1220, als man die alte Kathedrale abriss und ihren Standort von Old Sarum hierher verlegte. Die Bauarbeiten dauerten 50 Jahre.

zum Clearbury-Ring

Die sieben Chakras

Manche Menschen glauben, dass die Erde genau wie der menschliche Körper Chakras hat und sich auf jedem davon eine heilige Stätte befindet.

- Das erste (Wurzel-) Chakra soll der Berg Shasta in den USA sein, in dessen Inneren der Legende nach uralte Menschen leben sollen.
- Als zweites Chakra gilt der Titicacasee in Südamerika. Die Inkas glaubten, auf der Sonneninsel hätten die Götter die Menschen unterrichtet.
- Für das dritte Chakra hält man den Uluru (Ayers Rock), einen Fels in der australischen Wüste.
- Als viertes Chakra gilt Glastonbury in England. Hier soll der Kelch, aus dem Jesus beim Letzten Abendmahl trank, in einem Brunnen liegen.
- Das fünfte Chakra, die Cheopspyramide in Ägypten, soll mit dem Berg Sinai in Ägypten und dem Ölberg in Jerusalem verbunden sein.
- Das sechste Chakra verlagert sich mit jedem Zeitalter.
- Als siebtes Chakra gilt der Berg Kailas in Tibet, eine Stätte der Vergebung für Hindus, Buddhisten und Jainisten.

Kornkreise

Ein Oberbegriff für geometrische Formen, die unerklärlicherweise in Getreidefeldern auftauchen. Manche Menschen wollen gesehen haben, wie sie sich bilden. Formen und Größen wechseln, aber sie sind über die Jahre größer und kunstvoller geworden. Manche Menschen sagen, dass sie Botschaften des Universums an die Menschheit enthalten. Andere glauben, dass sie das Werk von Außerirdischen, Witzbolden oder einfach des Windes sind.

HEILIGE BAUTEN

BESTIMMTE BAUTEN bergen eine besondere Energie in sich. Die frühen Völker nahmen große Mühen auf sich, um ihre Götter oder ihre Toten zu ehren. Manche ihrer Bauwerke faszinieren uns noch heute: etwa Pyramiden, Zikkurats und Steinkreise. Stell dir vor, wie schwer es damals – ohne Motorkräne – gewesen sein muss, einen riesigen Steinblock aufrecht hinzustellen. Der Arbeits-, Zeit- und Geldaufwand, der in einem solchen Bauwerk steckt, scheint zu seiner Energie beizutragen.

STONEHENGE
Stonehenge in England ist einer der berühmtesten Steinkreise der Welt. Man sagt, die Anlage stelle einen Stern dar. Manche glauben, dass sie als Kalender diente, da die Anordnung der Steine die Bewegungen von Sonne und Mond wiedergibt.

ZIKKURATS

DIE ALTEN BABYLONIER bauten gestufte Tempeltürme, die sie „Zikkurat" nannten, das bedeutet „Berggipfel". In dem kleinen Tempel auf der Spitze der Zikkurat fühlten sich die Menschen Gott näher, so wie es auch auf einem Berggipfel der Fall ist.

Man nimmt an, dass die vier Ecken der Zikkurat zu den vier Himmelsrichtungen in Beziehung standen; die Gesamtkonstruktion scheint eine Treppe zu verkörpern. Manche sagen, diese Stufentürme symbolisierten die spirituelle Aufwärtsentwicklung des Menschen. Interessanterweise findet man sehr ähnliche Formen bei den Tempeln früher amerikanischer Zivilisationen, etwa der Mayakultur.

STEINKREISE

MANCHE MENSCHEN halten Stein für einen besonders heiligen Werkstoff, vielleicht weil er so alt und stark ist. Steinkreise findet man überall auf der Welt. Die australischen und amerikanischen Ureinwohner glauben, dass Steine magische Eigenschaften haben. In Afrika gibt es Hunderte von Steinkreisen aus gewaltigen Einzelsteinen, so genannten Megalithen, die oft eine deutlich spürbare Energie ausstrahlen. In vielen Steinkreisen werden noch heute Zeremonien alter Religionen abgehalten.

GOTTESHÄUSER

TEMPEL UND ANDERE GOTTESHÄUSER werden oft nach bestimmten Regeln gebaut, die für die Gläubigen wichtig sind. Die meisten christlichen Kirchen haben einen kreuzförmigen Grundriss, um an die Kreuzigung zu erinnern. Bei moslemischen Moscheen weist die Front stets nach Mekka.

Der breite Fuß der Zikkurat gibt dem Bauwerk Standfestigkeit. Über immer schmaler werdende Ebenen gelangt man zum winzigen Tempel auf der Spitze.

 SIEHE AUCH: FESTE S. 140-142, RELIGIONEN S. 130-133, HEILIGE STÄTTEN S. 126-127

PYRAMIDEN

AN DER CHEOPSPYRAMIDE in Ägypten sollen 400 000 Menschen 20 Jahre lang gebaut haben. Es heißt, sie berge die mystischen Geheimnisse der Ägypter. Pyramiden sind voller geheimer Schächte und Gänge. Manche Menschen denken, dass diese uns etwas über das Universum verraten würden, wenn wir ihr Geheimnis entschlüsseln könnten. Solche Mythen machen die Pyramiden so faszinierend und geheimnisvoll.

Manche Menschen glauben, dass schon die Form einer Pyramide Wunder wirkt. Jedenfalls scheinen Pyramiden eine immer größere Rolle in unserem Leben zu spielen – von pyramidenförmigen Gebäuden bis zu einem Heilverfahren namens „Pyramidenkraft", bei dem man in einer Art Pyramide meditiert, um Heilung von körperlichen Beschwerden zu finden.

STEINRIESEN
Einige der riesigen Statuen, die man in einem Vulkan auf den Osterinseln fand, wurden wieder aufgestellt und blicken jetzt aufs Meer.

CARNAC

DAS STEINMONUMENT VON Carnac in der französischen Bretagne besteht aus etwa dreitausend in geraden Reihen angeordneten Steinen. Manche glauben, dass sie wie Stonehenge astronomischen Zwecken dienten. Sicher hatten die Steine irgendeine rituelle oder religiöse Bedeutung, aber es gibt so viele Theorien darüber, dass ihr Zweck uns bis heute ein Rätsel bleibt.

DIE LANGOHREN

AUF DER OSTERINSEL im Pazifik gibt es einige sehr ungewöhnliche steinerne Statuen. Man glaubt, dass es sich um Grabmonumente handelt, die vom Stamm der „Langohren" geschaffen wurden. Dieser Stamm ging wohl im Krieg gegen andere Inselbewohner, die so genannten „Kurzohren", unter.

Viele Jahre später wurden Hunderte der Steinstatuen im Krater eines erloschenen Vulkans entdeckt. Vielleicht wurden sie dorthin gebracht, um den Gott des Vulkans zu beschwichtigen.

PYRAMIDENKRAFT

ÜBERZEUGE DICH SELBST von der Kraft der Pyramide. Fertige eine Pyramide aus einem beliebigem Material an. Achte darauf, dass eine Seite nach Norden weist. Leg eine Frucht, etwa eine Banane, unter die Pyramide und eine andere daneben. Am nächsten Morgen kannst du sehen, dass die Frucht in der Pyramide weniger weit gereift ist als die daneben. Eine Pyramide soll sogar kränkelnde Topfpflanzen wieder zum Leben erwecken können!

Der in der Bibel erwähnte Turm zu Babel war vermutlich eine Zikkurat und sah vielleicht so ähnlich aus wie diese hier.

RELIGIONEN

DIE MENSCHEN HABEN verschiedene Ansichten über das Universum und seine Quelle, die viele Gott nennen. Grundlage jeder Religion ist der Glaube an etwas, das größer und mächtiger ist als der Mensch, ein unsichtbares Wesen, das sich um uns kümmert. Leider hat religiöser Glaube in übertriebener Form, als Wahn und Fanatismus, immer wieder den Tod von Millionen Menschen verursacht. Doch viele Religionen bemühen sich zunehmend, Andersgläubigen verständnisvoll und tolerant zu begegnen. Viele Menschen wollen in ihrer Religion lernen zu verzeihen, zu lieben und anderen Mitgefühl entgegenzubringen.

JESUS
Die Christen halten Jesus Christus für Gottes Verkörperung auf Erden. Jesus lehrte Schlichtheit, Sanftmut, Demut, Toleranz, Ehrlichkeit und Selbstaufopferung. Wie viele große religiöse Führer wurde er von manchen verspottet.

GLAUBEN ODER NICHT GLAUBEN?

NICHT JEDER HAT eine Religion oder einen Gott. Menschen, die nur an das glauben, was sie sehen und verstehen können, nennt man Agnostiker. Agnostiker bestreiten nicht, dass es einen Gott oder Götter geben könnte. Sie glauben aber, dass wir auf der Erde, auch wenn es einen Gott gibt, nichts darüber wissen können. Atheisten glauben nicht an irgendeine Art von Gott oder Göttern.

SPIRITISMUS

SPIRITISTEN GLAUBEN, DASS jedes Lebewesen im Universum mit einem Kraftzentrum außerhalb unseres Planeten verbunden ist. Sie glauben auch, dass ein Teil unseres Ichs nach dem Tode weiterlebt und wir mit Verstorbenen Kontakt aufnehmen können – etwa durch ein Medium. Sie halten Versammlungen ab, bei denen Medien Botschaften von Verstorbenen an Gemeindemitglieder weitergeben. Spiritisten sollen auch Kranke heilen können – oft durch Handauflegen.

BUDDHA
Buddhastatuen, wie dieser im 18. Jahrhundert in Thailand geschaffene Bronzekopf, zeigen Buddha oft mit einer „Uschnischa" genannten Erhöhung auf dem Kopf – Zeichen seiner übermenschlichen Weisheit. Sein nach unten gerichteter Blick zeigt, dass er meditiert.

CHRISTENTUM

DIE CHRISTEN GLAUBEN, dass Jesus Christus Gottes Sohn war. Er wurde in Bethlehem in Judäa geboren und begann seine Verkündigungen, nachdem er im Fluss Jordan getauft worden war. Er reiste mit zwölf Jüngern oder Anhängern umher und soll viele Wunder vollbracht haben, unter anderem die Heilung von Kranken. Schließlich wurde Jesus von Menschen, die seine Macht fürchteten, gekreuzigt. Doch drei Tage nach seinem Tod soll Jesus auferstanden, seinen Anhängern erschienen und dann in den Himmel aufgestiegen sein. Viele der Geschichten über Gott und seinen Sohn Jesus sind in der Bibel gesammelt.

BUDDHISMUS

DIE BUDDHISTEN GLAUBEN weniger an einen Gott oder Götter als an Wahrheit und richtige Lebensführung. Sie sagen, die Wurzel aller Probleme sei das Leiden, das durch Materialismus – die Gier nach Besitz – entstehe und es werde kein Elend mehr geben, wenn wir den Wunsch ablegen, Dinge – wie etwa einen neuen Computer, ein neues Fahrrad oder Spielzeug – zu besitzen. Um das zu erreichen, befolgen sie acht Regeln, die man den „achtteiligen Pfad" nennt: rechte Anschauung, rechtes Wollen, rechtes Reden, rechtes Tun, rechtes Leben, rechtes Streben, rechtes Gedenken, rechtes Sichversenken.

 SIEHE AUCH: DIE SCHÖPFUNG S. 120-121, GÖTTER UND GÖTTINNEN S. 44-45, PROPHETEN UND GURUS S. 134-135

ISLAM

GRUNDLAGE DER MOSLEMISCHEN Religion Islam ist die Verbindung der Menschen zu Allah, dem arabischen Namen für Gott. Allah soll den Propheten Mohammed zum Begründer des moslemischen Glaubens erwählt haben. Dieser war ein erfolgreicher Kaufmann, bis er sich der Meditation, dem Gebet und dem Fasten zuwandte. Auf einer Pilgerreise erschien Mohammed der Erzengel Jibriel, bei uns Gabriel genannt, und überbrachte ihm göttliche Botschaften, die er in einem heiligen Buch, dem Koran, niederschrieb. In den folgenden Jahrhunderten hat sich die islamische Lehre immer weiter ausgebreitet und in mehrere Zweige aufgespalten, zu denen Sunniten, Sufis und Schiiten gehören.

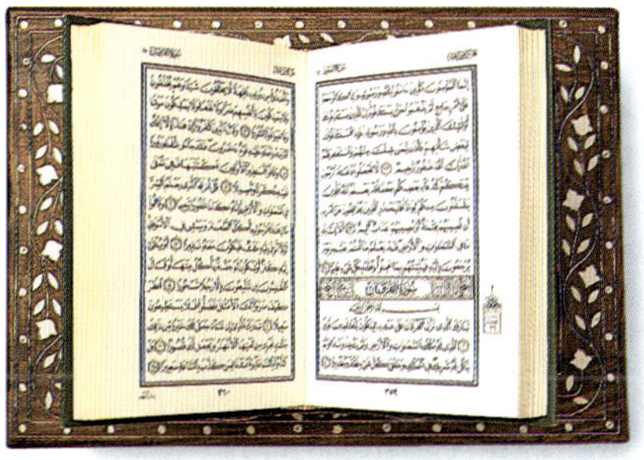

DER KORAN
Die allein gültige Fassung des Koran ist in klassischem Arabisch geschrieben und sollte nach Meinung der Moslems in dieser ursprünglichen Form gelesen werden. Er wurde um 650 n. Chr. nach dem Tod des Propheten Mohammed zusammengestellt. Er enthält die letzte einer Reihe von Offenbarungen, die Allah an die Welt gesandt haben soll. Der Koran wird in höchsten Ehren gehalten, da seine Lehren das Wesen Gottes enthüllen sollen.

JUDENTUM

DER JÜDISCHE GLAUBE stammt aus dem Orient. Die meisten seiner Lehren sind in der Thora enthalten, einem Buch über die unvergänglichen Wahrheiten des Lebens. Die Juden glauben, dass Gott die Welt geschaffen hat und eines Tages ein Messias kommen wird, um sie zu heilen und die Menschheit zu retten. Die Familie ist wichtiger Bestandteil dieser Religion, die alle Bereiche des Lebens für heilig hält. Männer und Frauen beten oft getrennt. Von den Frauen erwartet man, dass sie sich bei Kindererziehung und Haushaltsführung an die Traditionen halten.

SIKHRELIGION

DIE SIKHS GLAUBEN, dass es nur einen Gott gibt, vor dessen Augen alle gleich sind. Sikhs, Hindus und Buddhisten glauben, dass jede Seele mehr als ein Erdenleben hat und nach dem Tod wieder geboren wird. Die Sikhs hatten in der Vergangenheit zehn große Anführer oder Gurus. Der erste davon war Nanak. Er lehrte die Menschen, durch die Wiederholung des göttlichen Namens zu Glück und Frieden zu gelangen. Der letzte Guru, Gobind Singh, vollendete die moderne Version des *Adigrantha*, des heiligen Buchs der Sikhs, das voller Gesänge und Gebete ist.

KABBALA

DIESE PHILOSOPHIE BERUHT auf der jüdischen Geheimlehre und vertritt die Vorstellung, dass der Mensch das Göttliche im täglichen Leben zum Ausdruck bringen kann. Manche Menschen glaubten, diese Lehren seien Adam offenbart worden, andere, Moses habe sie neben der Thora und den zehn Geboten als geheime Offenbarungen auf dem Berg Sinai empfangen. Kabbala heißt „Überlieferung". Wichtiges Symbol ist der Baum des Lebens, der helfen soll, verschiedene Bewusstseinsebenen zu erfahren. Diese Lehren wurden früher nur mündlich weitergereicht. Mystisches Ziel der Kabbala ist es, das Geheimnis der Beziehung zwischen Gott und der Welt durch Gebet, Meditation, Ritual und Lernen zu enträtseln.

HINDUISMUS

DER HINDUISMUS IST EINE der ältesten Religionen der Welt. Seine Lehren sind in einem Buch namens *Bhagawadgita* in Form eines Gesprächs zwischen Gott und einem Menschen niedergelegt.

Die Hindus glauben, dass wir viele verschiedene Leben haben, um durch unsere Erfahrungen auf der Erde dazuzulernen und uns seelisch weiterzuentwickeln. Sie glauben an das Karma, ein System, nach dem sich die guten und schlechten Taten eines Menschen darauf auswirken können, wie es ihm in seinen zukünftigen Leben ergehen wird.

HEILIGE KÜHE
Die Hindus in Indien betrachten die Kuh als heiliges Wesen und Symbol der Erde. Der Obergott Schiwa, Schöpfer und Zerstörer, soll auf einem Buckelrind geritten sein.

WODU

WODU IST EIN GEMISCH aus katholischen und afrikanischen Kultelementen, das vor allem in Haiti sehr verbreitet ist. Die Anhänger dieses Kults nennen ihn Wodu oder Voudoun; die volkstümliche Bezeichnung „Voodoo" wurde oft mit gefährlichen Ritualen in Verbindung gebracht. Millionen Anhänger des Wodu auf der ganzen Welt glauben, dass das Wirken der Götter in allen Lebensbereichen sichtbar wird und Menschen, die den Göttern gefällig sind, mit Gesundheit, Reichtum und Zufriedenheit belohnt werden. Sie sagen, der Schöpfer der Welt, den sie Gran Met nennen, sei längst zu anderen Welten zurückgekehrt.

AHURA MASDA
Die Zoroastrier glauben an den Lebensschöpfer Ahura Masda mit seinem Engelheer und den Zerstörer Angra Manju, der über ein Teufelsheer gebietet. Ein Symbol dieses Glaubens ist der Ahura Masda, der geflügelt dargestellt wird.

ZOROASTRISMUS

DIE ANHÄNGER DES Propheten Zoroaster oder Zarathustra nennt man Zoroastrier. Im 10. Jahrhundert flohen persische Zoroastrier, die Parsen, vor dem Islam nach Indien. Es ist für sie das Wichtigste im Leben, Verantwortung für unser Handeln zu übernehmen. Sie glauben, nach dem Tod führe uns unser Gewissen zur Brücke des Gerichts, von wo wir ins Paradies oder zum Haus der Lüge gesandt würden.

JAINISMUS

WIE DER BUDDHISMUS ist der Jainismus eher Lebensregel als Religion. Die Jainisten glauben, dass wir alle göttlich sind und mit unserer spirituellen Seite in Verbindung treten können, indem wir die Seele befreien. Zu ihren Eiden (Mahawratas) gehören die Versprechen, die Wahrheit zu sagen, auf Gewalt zu verzichten, nicht zu stehlen und sich nicht an Menschen, Orte und Dinge zu binden.

TAOISMUS

GRUNDGEDANKE DES chinesischen Taoismus ist der Ausgleich zwischen Yin und Yang, den negativen und positiven Schöpfungskräften. Taoisten streben danach, innerlich stets ruhig und friedlich zu bleiben – ganz gleich, was im äußeren Leben vor sich geht. Das *I Ging* oder *Buch der Wandlungen* lehrt die Taoisten, wie alles auf der Welt miteinander verbunden ist.

KONFUZIANISMUS

DIESER GLAUBE BERUHT auf den Lehren des chinesischen Weisen Konfuzius (Kong Fu Zi), der 479 v. Chr. im Alter von 72 starb. Er lehrte, dass junge Menschen die Älteren und ihre Ahnen ehren sollten und dass wir andere so behandeln sollten, wie wir selbst behandelt werden wollen. Er trat für Selbstdisziplin und Bildung ein und betonte die Bedeutung von harter Arbeit und häuslicher Harmonie.

SCHINTOISMUS

DIES IST DIE traditionelle Religion der Japaner, die auf den Naturelementen beruht. Die Schintoisten glauben, dass Berge, Flüsse, Wind und Bäume heilende Kräfte besitzen. Im Schintoismus gibt es vier Arten von Kulthandlungen: rituelle Reinigung, Opfern, Beten und Fasten. Die Schintoisten halten Spiegel für sehr wichtig, weil man vor ihnen nichts verbergen kann.

In Japan hat fast jeder Berg einen Gott. Sengen-Sama ist die Göttin des Fudschijama. Pilger besteigen den Berg, um der aufgehenden Sonne zu huldigen.

 SIEHE AUCH: BEWUSSTSEIN S. 31, GÖTTER UND GÖTTINNEN S. 44-45, PROPHETEN UND GURUS S. 134-135

DIE MAORI

DER GLAUBE DER neuseeländischen Maori ist von Mythen durchdrungen. Sie erzählen von den Schöpfergöttern – Mutter Erde und Vater Himmel –, die von ihren Söhnen getrennt wurden, welche ihrerseits die Menschen schufen. Die Maori glauben, dass die Lebenskraft, welche die ganze Schöpfung erfüllt, ein Geschenk der Götter ist. Das Maori-Wort *tika* bedeutet „das Richtige tun", d. h. die Moralgesetze der Götter und des Stammes befolgen. Das Gegenteil davon ist *he,* d. h. „das Falsche tun", vom rechten Weg abkommen.

HEITIKI
Heitiki, wie hier abgebildet, sind Anhänger, die viele Maori um den Hals tragen. Man glaubt, dass sie einen menschlichen Embryo, vielleicht ein tot geborenes Kind, darstellen. Bei den Maori gelten die Seelen tot geborener Kinder als sehr mächtig und rein, weil sie um ihr Leben betrogen worden sind.

AUSTRALISCHE SPIRITUALITÄT

DIE AUSTRALISCHEN UREINWOHNER treten durch Kunst und Tanz mit ihren Göttern in Verbindung. Träume sind für sie von großer Bedeutung und ein großer Teil ihrer Gebete und Rituale vollzieht sich durch die Natur. Sie unternehmen häufig so genannte *Walkabouts,* d. h. dass sie eine Zeit lang durch das australische Buschland wandern, um Kontakt mit dem Universum und seiner Quelle aufzunehmen. Sie glauben, dass die alten Pfade immer noch ein Lied über die Erschaffung des Landes singen.

KWANZA

GRUNDLAGE DIESER afrikanischen Religion sind sieben Gesetze, die das Gemeinschaftsleben mit Familie und Freunden, Arbeit, Kreativität und den Glauben an Gott lehren. Den afrikanischen Religionen gilt Gott als Mutter und Vater des Universums. Den Menschen dort liegt die Natur am Herzen. Die Ahnen gelten als Seelenhüter, die die Energie des Göttlichen an alle Menschen weitergeben.

BAHAI

BAHA ULLAH, d. h. „Glanz Gottes", war der angenommene Name des Begründers der Bahai-Religion. Nach mehreren spirituellen Erfahrungen glaubte Baha Ullah, ein Bote Gottes zu sein. Seine Anhänger glauben, dass Himmel und Hölle eigentlich Geistesverfassungen sind, keine Orte, an die wir nach unserem Tod gelangen. Sie halten keine öffentlichen Zeremonien ab, sondern fasten, meditieren und lesen die Schriften des Baha Ullah.

DER INDIANISCHE GLAUBE

DEN AMERIKANISCHEN Ureinwohnern, die in der Natur leben und einen großen Teil ihrer Zeit in Stille verbringen, ist alles im Leben heilig. Sie haben eine sehr starke Verbundenheit zu den Elementen und zur Tierwelt. Für sie ist das Leben eine spirituelle Reise, an der Geist, Körper und Seele beteiligt sind und die sie „Erdwanderung" nennen. Sie streben danach, ein ehrbares und nützliches Mitglied ihres Stammes zu sein. Zu ihrem spirituellen Tun gehören die Verwendung von Kräutern, heiligen Pfeifen und Federn sowie machtvolle Gesänge und Tänze.

DIE NEW-AGE-BEWEGUNG

„NEW AGE" BEDEUTET „Neues Zeitalter". Die meisten New-Age-Anhänger glauben, dass wir alle mit der gleichen Quelle verbunden sind und das Universum nicht streng wissenschaftlich, sondern auch mystisch betrachten sollten. New-Age-Vertreter haben eine ganzheitliche Lebenseinstellung. Sie versuchen, ein globales Bewusstsein, d. h. ein Bewusstsein für die Welt und alles, was in ihr lebt, zu entwickeln. Sie glauben, dass jeder Mensch das Recht hat, seinen eigenen Weg zu wählen. Ein großer Teil des New-Age-Denkens betrifft die Jahrtausendwende.

ZEHN INDIANISCHE GEBOTE

DIESE ZEHN GEBOTE indianischer Kulturen enthalten so tiefgründige Wahrheiten, dass sie mittlerweile auf Postern, Aufklebern und anderem weltweit verbreitet sind:

- BEHANDLE die Erde und alles, was darauf lebt, mit Achtung.
- BLEIB stets dem Großen Geist nah.
- ERWEISE deinen Mitgeschöpfen großen Respekt.
- ARBEITE zum Nutzen der ganzen Menschheit mit anderen zusammen.
- GIB Hilfe und Freundlichkeit, wo es nötig ist.
- TU das, von dem du weißt, dass es recht ist.
- KÜMMERE dich um das Wohlergehen von Körper und Geist.
- WIDME einen Teil deines Strebens dem Gemeinwohl.
- SEI immer ehrlich und redlich.
- ÜBERNIMM die volle Verantwortung für dein Tun.

PROPHETEN UND GURUS

EIN PROPHET ODER GURU ist jemand, der für eine Religion oder Glaubensrichtung sehr wichtig ist. Es heißt, dass Propheten göttliche Eingebungen oder Botschaften einer höheren Ebene empfangen. Oft prophezeien sie zukünftige Ereignisse und können Menschen anspornen. Natürlich ist nicht jeder ein Prophet oder Guru, der sich als solcher bezeichnet. Propheten haben meist viele Anhänger und gehören zu einer Religion. Gurus sind spirituelle Anführer einer kleineren Gruppe und häufig nicht einer bestimmten Religion, sondern nur ihrer eigenen Sekte verbunden.

MOSES

DER GROSSE ANFÜHRER und Prophet Moses führte das jüdische Volk aus der ägyptischen Gefangenschaft in die Freiheit. Er teilte das Rote Meer, so dass sie hindurchgehen konnten. Die Juden verehren ihn als den Propheten, der Gott von Angesicht zu Angesicht gesehen hat. Es heißt, Gott habe Moses auf dem Berg Sinai die Steintafeln mit den Zehn Geboten übergeben.

MOSES LÄSST WASSER AUS DEM FELS FLIESSEN
Das Gemälde zeigt eine Szene aus dem Alten Testament der Bibel. Nachdem Moses die Israeliten aus Ägypten herausgeführt hatte, brauchten sie dringend Wasser. Auf Gottes Befehl hin schlug Moses, wie es heißt, mit seinem Stab auf einen Felsen, aus dem daraufhin Wasser sprudelte.

Auf der rechten Seite des Bildes kann man sehen, wie Moses das jüdische Volk aus Ägypten fortführt. Im Vordergrund heben die Ältesten die Hände vor Erstaunen darüber, dass Moses Wasser aus dem Fels schlägt.

RELIGIONSSTIFTER

- MOHAMMED war der Begründer des Islam. In einer Höhle auf dem Berg Hira soll ihm ein Engel erschienen sein, der ihm befahl, den Menschen zu sagen, dass es nur einen Gott gebe, den die Moslems seither Allah nennen.
- GURU NANAK war Begründer der Sikh-Religion. Er glaubte, dass vor Gottes Augen alle Menschen eins seien, und verkündete diese Lehre den Hindus und Moslems im heutigen Pakistan. Auf ihn folgten neun weitere Sikh-Gurus. Der letzte war Gobind Singh, der die Bruderschaft der Sikhs gründete, die sich Khalsa nennt.
- SIDDHARTHA GAUTAMA, später als Buddha bekannt, war ein indischer Prinz, der in großem Reichtum aufwuchs. Doch als er das Leiden seines Volks sah, gab er seine Reichtümer auf, wanderte durch Indien und begründete den Buddhismus, eine auf „Wahrheit" gegründete Philosophie.
- JESUS CHRISTUS kam als Sohn der Jungfrau Maria zur Welt. Er reiste mit seinen Jüngern umher, vollbrachte Wunder und erzählte Gleichnisse. Auf seine Lehren gründet sich das Christentum.
- JAKOB, Sohn des Isaak und Enkel des Propheten Abraham, erhielt von Gott den Namen Israel und das Volk Israels benannte sein Land nach ihm. Die Juden glauben, dass sie alle von Abraham abstammen.

 SIEHE AUCH: RELIGIONEN S. 130-133

Mutter Meera

Mutter Meera wird von Anhängern auf der ganzen Welt verehrt. Viele Menschen glauben, sie sei eine Avatara, ein höheres Wesen, das auf die Erde herabgestiegen ist, um den Menschen in dieser schwierigen Zeit zu helfen. Man sagt, dass Avatare uns Botschaften von Gott überbringen.

Mutter Meera soll ein wunderbares, heilendes Licht ausstrahlen, das sie einsetzt, um Erde und Menschen zu helfen. Sie glaubt, dass unsere Verbindung mit Gott oder dem Göttlichen wichtig für die Entwicklung eines höheren spirituellen Bewusstseins ist.

Sai Baba

Wie Mutter Meera gilt auch Sai Baba als Avatar oder höheres Wesen. Er sagt, er sei in dieser Krisenzeit in die Welt wieder geboren worden, um den Menschen bei der Neuentdeckung der wedischen (altindischen) Weisheit zu helfen. Sai Baba glaubt, dass wir alle ein Teil Gottes sind. Seine wichtigste Lehre ist die, dass wir alle dies erkennen und lernen sollten, einander zu lieben. Menschen, die Sai Baba gesehen haben, sagen, er umfange jeden, der ihm begegnet, mit seiner Liebe. Die Hindus halten ihn für eine Art Retter der Erde und sagen, er werde dreimal wiederkehren.

Charles Taze Russell

Charles Taze Russell gründete die Religionsgemeinschaft der Zeugen Jehovas. Er glaubte, dass die Menschen sich auf die Apokalypse, das Ende der Welt, und Armageddon, den Tag des Jüngsten Gerichts, vorbereiten sollten. Nach Russells Berechnungen hätte das Ende der Welt 1914 eintreten sollen. Dies erwies sich als das Jahr, in dem der Erste Weltkrieg ausbrach, was Russells Vorhersage vom Ende der Welt so nahe kam, dass er und die Zeugen Jehovas viele neue Anhänger gewannen.

Bhagwan

Bhagwan ist der Ehrentitel von Sri Bhagwan Rajneesh, der Gründer eines Zentrums für religiöse Meditation war. Dieser so genannte Aschram in Indien zieht heute noch viele Besucher an, obwohl der Bhagwan selbst vor einigen Jahren gestorben ist. Er glaubte, dass Meditation die Antwort auf alle Fragen sei, wurde aber von vielen beschuldigt, er führe ein verschwenderisches Luxusleben. Zeitweise soll es weltweit rund 600 Aschrams gegeben haben.

Maharishi Yogi

Maharishi Majesh Yogi war ein indischer Mönch, der die sehr beliebte Form der so genannten transzendentalen Meditation einführte. Sie soll den Meditierenden helfen, einen veränderten Bewusstseinszustand zu erreichen. Dabei verwendet man ein *Mantra*, das ist ein Wort, das man sich immer wieder vorsagt, um den Geist zur Ruhe zu bringen.

Der Dalai Lama

Für die tibetischen Buddhisten ist ihr Oberhaupt, der Dalai Lama, ein entscheidendes Element ihres Glaubens und ein Vorbild für die Gläubigen. Dalai bedeutet „Meer der Weisheit". Jeder Dalai Lama gilt als Reinkarnation, also Wiedergeburt, seiner Vorgänger. Man ermittelt ihn schon im Kindesalter dadurch, dass er Gegenstände, Orte und Menschen aus seinem vorigen Leben wieder erkennt. Die Weisheit des Dalai Lama begeistert Menschen aller Kulturen überall auf der Welt. Der heutige Dalai Lama ist ein Mönch namens Tenzin Gyatso (siehe Bild). Er wurde 1935 geboren; 1989 erhielt er den Friedensnobelpreis. Seit der chinesischen Besetzung Tibets lebt er im Himalaja im indischen Exil.

Sekten

„Sekte" nennt man eine Gruppe von Menschen, die die gleiche religiöse Überzeugung und Lebenshaltung haben. Sektenführer bezeichnet man oft als „Gurus". Viele Sekten sind in Verruf geraten, weil ihre Gurus teure Urlaube machen, Luxusautos fahren oder auf andere Weise verschwenderisch leben, während sie ihren Anhängern ein einfaches Leben ohne weltlichen Besitz predigen oder sogar von ihnen Geld verlangen! Man darf aber nicht vergessen, dass viele der großen Religionen als kleine Sekte begonnen haben.

Scientology

Die bei uns wegen ihrer Methoden und ihres Umgangs mit Geld sehr umstrittene Scientology Church wurde 1954 gegründet und hat weltweit Millionen von Anhängern. Manche bezeichnen sie als Religion, andere als Lebensphilosophie, wieder andere als florierendes Wirtschaftsunternehmen. Sie wurde von dem Schriftsteller Ron Hubbard gegründet und beruht auf seinem Buch *Dianetik: Die moderne Wissenschaft von der geistigen Gesundheit.* Er glaubte, dass unglückliche Ereignisse in unserem Leben uns schwächen können. Doch wenn wir ihre Wurzeln verstünden, habe die Erinnerung keine Macht mehr über uns.

GEMEINSCHAFTEN

GEMEINSCHAFTSLEBEN
In traditionellen Gemeinschaften, wie hier in Indonesien, helfen schon die Jüngsten bei häuslichen Aufgaben.

SEIT FRÜHESTER ZEIT schließen sich Menschen zu Lebensgemeinschaften zusammen. Wir können in Stämmen, Familien, Dörfern, Nomadengruppen oder in bewusst gewählter Wohngemeinschaft mit Menschen leben, die eine ähnliche Lebensweise wie wir anstreben. In manchen Ländern leben die Menschen in Großfamilien, die nicht nur aus Eltern und Kindern, sondern auch aus Großeltern, Onkeln, Tanten, Cousins und Cousinen bestehen, die alle im gleichen Haus oder ganz in der Nähe wohnen. Bei „Gemeinschaft" denken wir ans Zusammensein und Teilen, daran, sich umeinander zu kümmern, einander zu lieben. Das kann in jeder Art von Gruppe geschehen. In Gemeinschaften kann es aber auch zu Streit und Unfrieden kommen, wenn wir die Rechte der anderen nicht respektieren.

UNSERE STAMMESWURZELN

MAN NIMMT AN, dass sich die ersten Menschen vor etwa zwei Millionen Jahren in Afrika entwickelten und nach und nach um die Welt ausbreiteten. Diese Menschen wurden in einen Stamm hineingeboren, dem sie ihr Leben lang angehörten. Sie lebten nach Regeln, die die Anführer des Stammes festlegten. Das Leben drehte sich um Jagd, Ackerbau oder Vieh und jeder musste als Teil der Gruppe mitarbeiten. Das bewährte sich auch bei der Verteidigung gegen andere Stämme.

STAMMESLEBEN HEUTE

IMMER NOCH LEBEN viele Menschen in kleinen Stämmen zusammen, auch wenn ihre Zahl abnimmt. Heute leben viele Stämme in oder in der Nähe von Städten; manche Stammesangehörige haben Bürojobs. Ihre Anführer bemühen sich, bei den Stammesmitgliedern den Gemeinschaftssinn und das Gefühl für ihre Wurzeln zu erhalten, doch leider gehen die alte Lebensart und auch überlieferte Geschichten und Lieder oft verloren.

„Ihr werdet ein gutes Leben haben, wenn ihr einander helft. So könnt ihr einander glücklich machen ... seid stets bereit, etwas für den anderen zu tun ... dies sollt ihr tun, solange der Menschen Erde bestehen bleibt."

WHITE BUFFALO DANCE
VOM STAMM DER FOX-INDIANER

KERNFAMILIEN

HEUTE LEBEN VIELE Menschen in so genannten Kernfamilien, d. h. Familien, die nur aus Eltern und ihren Kindern bestehen, während die weitläufigere Verwandtschaft u. U. Hunderte oder Tausende von Kilometern entfernt wohnt. Uns scheint mit dem technischen Fortschritt unser Sinn für Stammeswerte und Gemeinschaft immer mehr abhanden zu kommen. Die meisten Menschen können sich nicht mehr auf den natürlichen Kreislauf des Lebens in einer Großfamilie stützen, in der alle Familienmitglieder eng beisammen wohnten und einander bei Bedarf halfen. Heute wohnen Großmütter und -väter oft zu weit weg, um bei der Erziehung ihrer Enkel zu helfen, und Eltern können sich nicht darauf verlassen, dass ihre Kinder für sie sorgen können, wenn sie alt oder krank werden.

FAMILIE UND FREUNDE

MANCHMAL IST ES FRUSTRIEREND, immer mit denselben Menschen zusammenzuleben, selbst wenn genug Platz ist. Aber Familien sind wichtig. Sie können uns etwas über das Leben in der Gesellschaft beibringen und uns Rückhalt geben. Dafür brauchen sie auch unsere Unterstützung. In der Familie können wir Toleranz, Verzeihen und Mitgefühl mit den Problemen anderer lernen. Menschen, die mit Freunden zusammen wohnen, betrachten sich manchmal auch als eine Art Familie und mitunter stehen Freunde uns näher als unsere eigentliche Familie.

WANDERLEBEN

MAN MUSS NICHT in einem Haus leben, um Teil einer Gemeinschaft zu sein! Das so genannte „fahrende Volk" (früher oft abwertend „Zigeuner" genannt) sind Menschen, die gemeinsam umherreisen. Sie ziehen von Ort zu Ort, um Arbeit zu finden, oder besuchen heilige Stätten oder Feste und Veranstaltungen in verschiedenen Gegenden. Das Leben in einer Gemeinschaft, ob es nun ein Dorf ist oder eine Gruppe von Menschen mit gleichem Glauben, schafft ein Gefühl von Zusammengehörigkeit.

 SIEHE AUCH: BEWUSSTSEIN S. 31, HEILIGE STÄTTEN S. 126-127

GEMEINSCHAFT UND EINHEIT

DURCH DAS LEBEN in einer Gemeinschaft lernst du etwas über dich selbst und das Zusammenleben mit anderen. Wichtig ist dabei, deine „Grenzen" zu erkennen, d. h. zu lernen, wer du bist – wo du anfängst und aufhörst. Es heißt auch zu wissen, wie weit man seinen Willen gegen andere durchsetzen kann und wo man damit aufhören sollte. Wir sind alle einzigartig. Unsere Körpergestalt und Hautfarbe hängen davon ab, woher wir kommen. Wessen Familie aus einer Region in Äquatornähe stammt, etwa Afrika, hat eine dunkle Haut. Menschen aus kälteren Klimazonen haben hellere Haut. Jeder von uns hat seine eigene Mischung der gleichen Hoffnungen und Träume, Sorgen und Ängste. Leider erkennen manche Menschen das nicht und lehnen andere ab, weil sie anders sind als sie selbst. Das Leben in einer Gemeinschaft, besonders in den heutigen multikulturellen Großstädten, lehrt uns, die Unterschiede und Gemeinsamkeiten der Menschen zu akzeptieren und zu schätzen.

Eine ideale Gemeinschaft gibt dir die Freiheit, so zu sein, wie du bist, an einem sicheren Ort zu leben, wo du deine Ansichten äußern und im Alltag ausleben kannst.

WOHNGEMEINSCHAFTEN

MANCHMAL GRÜNDEN MENSCHEN mit anderen spezielle Wohn- oder Lebensgemeinschaften, in denen sie zusammenleben und sich Pflichten wie das Kochen und Saubermachen teilen. Oft haben sie dabei eine gemeinsame Vorstellung, etwa ein starkes Umweltbewusstsein oder ihren religiösen Glauben. Menschen, die umweltbewusst und naturnah leben möchten, könnten zum Beispiel eine Wohngemeinschaft gründen, die sich durch biologischen Gemüseanbau und Tierhaltung selbst ernährt. Viele Wohngemeinschaften hoffen, auf diese Weise ein Beispiel zu geben und eine positive Zukunftsvision zu schaffen, an der sich andere orientieren können.

GLOBALES DENKEN

WIR SIND ALLE TEIL einer riesigen globalen, d. h. weltumspannenden Gemeinschaft. Die moderne Technik macht es uns leicht, mit Menschen in anderen Weltgegenden in Verbindung zu treten. Wir beginnen, andere Länder, Kulturen und Menschen überall auf der Welt besser zu verstehen, und müssen lernen, ihre Unterschiede zu akzeptieren und uns an ihrer Vielfalt zu erfreuen. Dadurch, dass viele Menschen heute in anderen als ihren Herkunftsländern leben, entstehen multikulturelle Gesellschaften. Wir alle sollten uns miteinander und mit dem Universum verbunden fühlen. Zu spüren, dass wir Teil einer globalen Gemeinschaft sind, gibt uns das richtige Gefühl von Zugehörigkeit.

ZEICHEN UND SYMBOLE

SYMBOLE UND ZEICHEN findet man in allen Lebensbereichen. Sie haben spezielle Bedeutungen und können dazu dienen, Informationen zu vermitteln. Symbole werden seit Jahrhunderten verwendet und verkörpern oft tiefgründige Bedeutungen oder Wahrheiten. Zeichen dienen meist eher praktischen Zwecken – etwa als Wegweiser. Das gleiche Symbol kann in verschiedenen Kulturen etwas anderes bedeuten. Auch kann ein Zeichen für den einen symbolisch sein, während es für andere nichts bedeutet. Jedes Bild kann durch die emotionale Energie, die du hineinsteckst, für dich besondere Kräfte gewinnen.

Der hochgehaltene Daumen bedeutet „O. K."

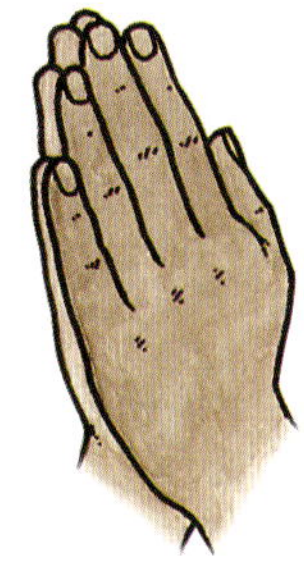

Eine Geste der Begrüßung und des Betens.

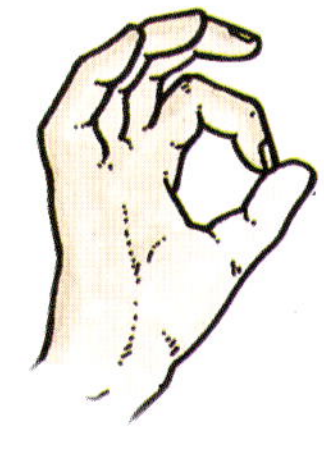

Das bedeutet, dass etwas gut ist.

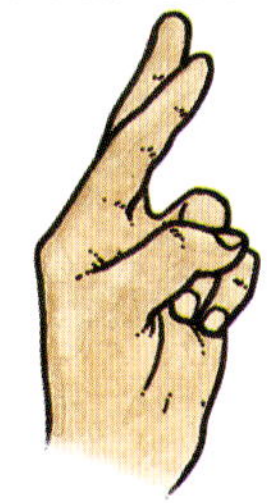

Dieses Zeichen soll Unglück abwehren.

KULTURELLE SYMBOLE

ALLE KULTUREN haben Zeichen und Symbole. Menschen zeigen ihren Stolz auf ihr Land oder ihre Region, indem sie Flaggen hissen und Nationaltrachten tragen. Indianische Totempfähle haben ähnliche Funktion wie Flaggen und zeigen oft alle Tiere und anderen Figuren, die dem Stamm wichtig sind. Viele Angehörige von Religionen und Weltanschauungen haben bestimmte Erkennungszeichen. Ein Sikh trägt fünf besondere Zeichen seines Glaubens, von denen das auffälligste der Turban ist. Rastafaris sind an ihren typischen Rastazöpfen zu erkennen.

FAHNENSCHWENKEN
Menschen schwenken ihre Fahne als Zeichen des Stolzes auf ihr Land. Bei diesem Konzert in England schwenken Leute aus aller Welt ihre Flaggen, um die Musiker zu bejubeln.

HANDZEICHEN

MANCHE HANDZEICHEN bedeuten überall auf der Welt das Gleiche. Winken kann eine Begrüßungs- oder Abschiedsgeste sein. Andere Gesten sind in einem Land ein Höflichkeitszeichen, in einem anderen hingegen eine Beleidigung. Für Menschen mit Sprech- oder Hörbehinderungen gibt es eine Sprache, die nur aus Handzeichen besteht.

SYMBOLE

DIE TAUBE ist ein internationales Friedenszeichen. Außerdem verkörpert sie für Juden und Christen Erlösung und Vergebung, für die alten Griechen neues Leben, für die Chinesen ein langes Leben und Liebe. Zwei Tauben stehen für eheliche Treue.

DER ADLER wird mit Macht, Kühnheit und Stärke in Verbindung gebracht. Für viele Indianer verkörpert er den Weltgeist, für die Azteken die aufgehende Sonne und himmlische Macht. Im alten Rom und in den USA war bzw. ist er Symbol für Staat und Stärke.

DER ELEFANT verkörpert Weisheit und Macht. Seine imponierende Größe steht für Kraft, langes Leben, Geduld und ein langes Gedächtnis. In der christlichen Wappenkunde steht das Bild eines Elefanten mit einer Burg für die Stärke einer auf den Glauben gegründeten Kirche.

DER FISCH verkörpert Leben, Tod und Fruchtbarkeit. Die Ägypter trugen Amulette in Fischform als Schutz vor dem Ertrinken. Den Buddhisten symbolisiert der Fisch Freiheit von allen Beschränkungen. Er ist auch Symbol der christlichen Apostel Petrus und Andreas, die Fischer waren.

DIE LILIENBLÜTE steht für Weisheit, Treue und Ehrlichkeit. Die französischen Könige führten dieses Symbol in ihren Wappen. Die Legende erzählt, dass Chlodwig, König der Franken, im 5. Jahrhundert n. Chr. eine Lilie geschenkt bekam, als er sich entschloss, Christ zu werden.

DER GREIF ist ein Symbol für Weisheit, Vergeltung und Wachsamkeit und soll helfen, Schätze zu finden und zu hüten. Er hat Kopf, Flügel und Klauen eines Adlers, aber den Körper eines Löwen. In der altgriechischen Mythologie hieß es, dass der Greif den Sonnenwagen über den Himmel ziehe.

FORMEN

DER KREIS verkörpert den ewigen Kreislauf des Lebens, die Sonne, die Erde und Gold. Manche Indianerstämme erzählen von einem Lebenskreis, in dem alle Stämme in Harmonie leben.

DAS KREUZ symbolisiert die vier Himmelsrichtungen, die vier Elemente, Gesundheit, Fruchtbarkeit, Leben, Unsterblichkeit, Himmel und Erde, Körper und Seele, Sonne und Sterne.

DAS HERZ ist überall auf der Welt ein Zeichen für Liebe, da es einst als das Organ galt, von dem die Gefühle ausgehen – als spirituelles Zentrum des Körpers.

DAS DREIECK wird in der Alchimie als Zeichen für Wasser, Feuer, Luft und Erde eingesetzt. In einem Mandala symbolisiert es die weiblichen und männlichen Elemente.

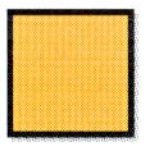

DIESES QUADRAT ist ausgefüllt und kann die Erde symbolisieren. Ein Quadrat in einem Quadrat stellt unser Unbewusstes dar, das von der materiellen Welt oder unserem Bewusstsein umgeben ist.

DER STERN ist ein Symbol für Licht, Hoffnung und Ziele. Bei den Juden stehen die sechs Spitzen des Davidsterns für die sechs Schöpfungstage, das Sechseck in der Mitte für den Sabbat.

DAS HAKENKREUZ war in vielen Weltgegenden ein Glückssymbol, bis es im Dritten Reich von den Nazis missbraucht und in Verruf gebracht wurde, weshalb es bei uns heute verboten ist.

DAS „RAD DER LEHRE“ verkörpert für die Buddhisten die Lehren Buddhas und seine acht Speichen die Wege zur Erleuchtung. Auch unser Lebenslos wird als „Rad des Schicksals“ bezeichnet.

ZUGEHÖRIGKEITSZEICHEN

ES GIBT VERSCHIEDENE Möglichkeiten anderen zu zeigen, dass du zu einer bestimmten Gruppe gehörst. Auch die Kleidung, die du trägst, verrät anderen Menschen etwas über dich, ob es dir passt oder nicht. Es gibt noch viele andere Zugehörigkeitszeichen, wie etwa die Frisur oder die Farben, die jemand trägt. Selbst an deinem Gesichtsausdruck oder der Art, wie du lachst, kann man unter Umständen die Verwandtschaft mit dem Rest deiner Familie erkennen.

SYMBOLE IN DER KUNST

STELL DIR VOR, wie schwierig es sein kann, etwas so Kompliziertes wie den Sieg des Guten über das Böse zu malen. Viele Maler verwenden bekannte Symbole, um etwas so darzustellen, dass andere ihre Bilder verstehen. Die Bedeutung eines Symbols kann sich aber ändern. Bei den alten Griechen war der Löwe oft ein königliches Symbol; in der christlichen Kunst symbolisiert der Sieg des Löwen über den Drachen oft den Triumph des Guten über das Böse.

DER LÖWE ist ein Symbol für Macht, Stärke und Mut. Als König der Tiere verkörpert er auch das Königtum und wird oft auf Wappen dargestellt. Häufig sieht man steinerne Löwen an Toren und Haustüren, die über die Bewohner des Hauses wachen sollen.

DIE LOTUSBLÜTE ist ein Zeichen für Schöpfung, Reinheit und Auferstehung – die Rückkehr vom Tod zum Leben. Sie war das Symbol des alten Ägypten und Indiens und wird häufig auf Gemälden und Gebäuden abgebildet. Auch der Buddha wird auf einer Lotusblüte sitzend dargestellt.

DIE ROSE steht für spirituelle Wahrheit, Liebe und Schönheit. Sie war die Blume der griechischen und römischen Liebesgöttinnen und ist ein häufiges Geschenk zwischen Liebenden. Die englische Tudorrose setzt sich aus den Wappenblumen der Adelsgeschlechter York und Lancaster zusammen.

DIE SCHLANGE ist ein Symbol der Heilkunst und als Teil des Äskulapstabs Abzeichen der medizinischen Berufe. Äskulap war der römische Gott der Heilkunde. Außerdem verkörpert die Schlange auch Fruchtbarkeit, Sexualität, Erneuerung und Versuchung.

DIE SONNE ist Symbol für männliche Energie, das Göttliche, Licht, Wärme und Leben. Bilder einer goldenen Sonne finden sich in vielen französischen Bauten als Symbol des „Sonnenkönigs“ Ludwig XIV. Die Sonne ist zentrale Kraft im Tierkreis und regiert das Sternzeichen Löwe.

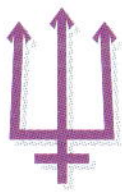

DER DREIZACK ist Symbol des Göttlichen. Poseidon bzw. Neptun, der Meeresgott, wird oft mit Dreizack gezeigt, mit dem er Seereisende beschützte. Auch der Hindugott Schiwa trägt einen Dreizack, der seine dreifache Rolle als Schöpfer, Bewahrer und Zerstörer verkörpert.

FESTE

ETWAS, DAS PRAKTISCH alle Kulturen der Welt gemeinsam haben, ist die Vorliebe für Rituale, Feste und Feiern. Feste und Feiern sind unentbehrlich, um uns Freude, Glück und seelisches Wohlgefühl zu vermitteln. Wie wir alle wissen, kann das Leben manchmal eintönig und voller lästiger Pflichten wie Kochen, Saubermachen, Waschen, Lernen und Arbeiten sein. Wir brauchen einen Ausgleich – die Gelegenheit, unsere Seele zu erleichtern, Spaß zu haben und ein Gefühl von Unbeschwertheit und Freiheit zu erleben. Zwar sind Feiern oft mit einer Menge Arbeit verbunden, aber das Ergebnis ist die Mühe wert.

ERNTEDANKFEST IN AMERIKA
Bei vielen Amerikanern gibt es zum Erntedankfest *Thanksgiving* Truthahn, Kürbis, Mais und Preiselbeeren – Speisen, die die frühen Siedler von den Indianern übernahmen.

RITUALE UND RITEN

VIELE FESTE SIND mit Ritualen und Riten aus alter Zeit verbunden. Regentänze oder das Abbrennen der Felder nach der Ernte waren Rituale, die jedes Jahr zur gleichen Zeit stattfanden und um die herum sich weitere Traditionen entwickelten. Allerseelen ist ein christliches Fest zum Gedenken an die Verstorbenen. In Amerika ziehen die Kinder zu Halloween, dem Vorabend von Allerseelen, verkleidet von Tür zu Tür und drohen mit Streichen, wenn sie nichts Süßes erhalten. Das hat mit dem indianischen Glauben zu tun, dass unsere Ahnen, wenn wir sie nicht achten, auf die Erde zurückkehren und uns Streiche spielen. Zur Erinnerung an die Hinrichtung von Guy Fawkes, der das englische Parlament in die Luft sprengen wollte, feiern die Engländer Anfang November den Guy-Fawkes-Tag mit Feuerwerk. Die Kelten zündeten einst Feuer an, um Hexen und böse Geister zu verjagen, und löschten sie dann als Zeichen für das Ende des keltischen Jahrs.

FESTZÜGE UND KARNEVAL

EINE ART DES FEIERNS besteht darin, in bunten Kostümen durch die Straßen zu ziehen und zu Musik zu tanzen. So können viele Menschen zusammen ein riesiges Fest feiern. Karneval oder Fastnacht ist ein solches Fest, das vor der katholischen Fastenzeit gefeiert wird, aber vielleicht auf vorchristliche Feiern zum Winterende zurückgeht.

VOLLJÄHRIGKEIT

VIELE KULTUREN HABEN spezielle Rituale, so genannte „Initiations- oder Übergangsriten", für Kinder, die ein bestimmtes Alter erreichen. Sie sollen zeigen, dass jemand so weit ist, als Erwachsener Verantwortung zu übernehmen. Bei manchen Jägervölkern wird ein Kind, wenn es groß und stark genug ist, um wilde Tiere zu jagen, mit auf die Jagd genommen und darf die Beute erlegen. Diese steht dann im Mittelpunkt eines Festes, bei dem das Kind manchmal zum Zeichen seiner neuen Erwachsenenstellung mit dem Blut des Tieres bemalt wird. Andere Gesellschaften haben wesentlich schlichtere Rituale, etwa das Überreichen des Hausschlüssels an den frisch gebackenen Erwachsenen!

 SIEHE AUCH: GEBURT S. 48-49, KALENDER S. 36-37, RELIGIONEN S. 130-133

ERNTEDANKFESTE

ÜBERALL AUF DER WELT feiern die Menschen Erntedankfeste. Diese Feiern sind von einem Land zum anderen verschieden, aber ihr Sinn ist grundsätzlich der gleiche: die Früchte der Erde zu feiern und Gott, Mutter Erde oder dem Universum dafür zu danken, dass wir genug zu essen und zu trinken haben. Die Amerikaner feiern im Herbst den *Thanksgiving*-Tag, zu dem man typische Speisen der Saison auftischt. In Israel gibt es drei Erntezeiten, so dass das Erntedankfest dreimal gefeiert wird.

FRÜHLINGSFESTE

DAS FRÜHJAHR BRINGT NEUES Leben in Form junger Tiere und neuer Pflanzen. Viele Länder feiern das Kommen des Frühlings als Zeit der Wiedergeburt und Erneuerung. Die indischen Hindus feiern das Ende des Winters und den Beginn des Frühlings mit dem *Holi*-Fest, bei dem sie einander mit gefärbtem Wasser oder Pulver überschütten. Bei uns tanzt man am Ersten Mai um den geschmückten Maibaum und zündet Maifeuer an. Diese Tradition geht auf alte Fruchtbarkeitsrituale zurück.

VALENTINSTAG

ES HEISST, DER heilige Valentin habe eine letzte Botschaft an seine Liebste an der Wand seiner Zelle hinterlassen, bevor er starb. An seinem Feiertag, dem 14. Februar, versenden Menschen in aller Welt Karten, Grüße oder Blumen, um jemandem ihre Zuneigung zu zeigen. Inzwischen ist dieser Brauch auch in Deutschland sehr beliebt.

HOCHZEITSFEIERN

IM GEISTIGEN SINN bedeutet Heiraten, dass du dich öffentlich und persönlich für den Rest deines Erdenlebens an einen anderen Menschen bindest. Manche Religionen glauben sogar, dass eine Ehe bis ins Jenseits fortdauert. Für sie ist die Ehe nicht nur eine romantische Verbindung, sondern die ewige Verbindung zweier Seelen.

Durch die Heirat verbinden sich zwei Menschen feierlich und offiziell, manchmal mit göttlichem Segen. Heute kann man praktisch überall und auf verschiedenste Weise heiraten. Wichtig ist vor allem, dass es in einem besonderen Rahmen geschieht, der das Ereignis zu etwas Besonderem und Bedeutendem macht, ob das nun eine Kirche, ein Steinkreis, eine einsame Insel oder ein Wald ist. Immer mehr Menschen entscheiden sich für eine eigene Zeremonie an ihrem Lieblingsort.

GEBURTSTAGE

DER TAG, AN DEM wir auf die Welt gekommen sind, ist ein Anlass, den Beginn unseres Erdenlebens, aber auch die Fürsorge und Zuwendung, die wir von unseren Eltern bekommen, zu feiern. In den meisten Kulturen werden bestimmte Geburtstage, etwa das Erreichen des Teenageralters, der Volljährigkeit und „runde" Geburtstage besonders gefeiert. In der modernen Gesellschaft ist es oft wichtig genau zu wissen, wie alt man ist, weil davon zum Beispiel abhängt, ob man wählen oder den Führerschein machen darf. Deshalb zählen wir unsere Jahre sorgfältig.

BAR-MIZWA

IM JÜDISCHEN GLAUBEN wird ein Junge mit 13 Jahren ein *Bar-Mizwa* und ein Mädchen mit 12 eine *Bat-Mizwa*. Ab diesem Alter erwartet man von ihnen, dass sie Erwachsenenpflichten und Verantwortung übernehmen, sich zum jüdischen Glauben bekennen und all seine religiösen Regeln befolgen. Bei den Jungen ist es Teil der Bar-Mizwa-Feier, dass sie in der Synagoge öffentlich aus der Thora vorlesen. Neuerdings haben einige Synagogen begonnen, die Bat-Mizwa der Mädchen mit den gleichen Ritualen zu feiern.

Phantasievolle, farbenfrohe Kostüme sind typisch für den Straßenkarneval.

LICHTERFESTE

LICHT SPIELT BEI vielen Festen eine Rolle. Oft verkörpert es das Licht Gottes und die Erleuchtung der Gläubigen. Auch die Hindus und Sikhs haben ein Fest der Lichter und des Feuers, das zugleich das neue Jahr ankündigt. Sie beten zu Lakschmi, der Göttin des Glücks und des Reichtums, zünden Kerzen oder Laternen in den Häusern an und die Kinder laufen mit Fackeln und Feuerwerk auf der Straße herum. Das jüdische *Chanukka*-Fest erinnert an ein Wunder, bei dem das Öl einer kleinen Öllampe statt für einen für acht Tage ausreichte. Acht Tage lang wird jeden Tag eine weitere Kerze angezündet. Am letzten Tag singt man eine traditionelle Hymne.

KERZEN
Zu den Lichterfesten zünden die Menschen Kerzen in Kirchen, Tempeln und Häusern an, um ihre Liebe zu Gott oder den Göttern oder ihre Achtung vor den Toten zu zeigen.

WINTERFESTE

IM WINTER FALLEN nicht nur viele Tiere in Winterschlaf, auch das Leben der Menschen ändert sich. In nördlichen Ländern ist der Winter eine Zeit der Ruhe und friedlicher Abende am Kamin, während man sich auf den Frühling freut. Viele Kulturen, zum Beispiel auch manche Indianerstämme, begehen das Ende des Sommers und den Winteranfang mit Zeremonien, die die Geister der Toten fern halten oder ehren und besänftigen sollen.

CHINESISCHES NEUJAHR

BEI DEN CHINESEN ist das mehrtägige Neujahrsfest sehr farbenprächtig und spektakulär. In dieser Zeit versucht man, höflich und freundlich zueinander zu sein und verspricht, dies das Jahr über fortzusetzen. Zum Ende der Feiern werden überall Papierlaternen aufgehängt und es gibt einen großen Festzug, bei dem tanzende Menschen einen riesigen Drachen aus Bambus und Papier durch die Straßen tragen.

DER TANZENDE DRACHE
Der chinesische Drache verkörpert die übernatürlichen Kräfte von Luft, Feuer und Wasser.

SOMMERFESTE

ZUR ZEIT DER Sommersonnenwende steht die Sonne am höchsten. Danach werden die Tage wieder kürzer. Elfenzauber, Magie und Wahrsagungen sind wichtige Elemente von Sommerfesten. Bei traditionellen Mittsommerfesten werden oft Feuer angezündet, aber auch Wasser spielt eine wichtige Rolle. Brunnen und Quellen werden gesegnet und manche Menschen baden in der Mittsommernacht im Tau, der als heilig gilt. Zauberkräftige Pflanzen sammelt man am besten am Mittsommertag vor Sonnenaufgang, solange der Tau noch auf ihnen liegt.

 SIEHE AUCH: RELIGIONEN S. 130-133, MAGIE S. 86-87

DIE JAHRTAUSENDWENDE

WIR NÄHERN UNS dem dritten Jahrtausend der christlichen Zeitrechnung. Viele Menschen finden das sehr aufregend und berühmte Propheten haben vorausgesagt, dass um diese Zeit große Dinge geschehen werden. Schon von einem Jahrhundert zum nächsten verändern sich Denkweise und Verhalten der Menschen; stell dir einmal vor, wie groß solche Veränderungen über einen Zeitraum von 1000 Jahren sind! Zu Beginn des vorigen christlichen Jahrtausends zogen die Wikinger noch durch Europa und entdeckten Teile von Nordamerika – 500 Jahre vor Kolumbus.

DAS JAHR 2000

DIE MEISTEN MENSCHEN auf der Welt richten sich im Alltag nach dem gregorianischen Kalender und werden sich daher auch an den Feiern zum Jahr 2000 – nach diesem Kalender – beteiligen. Aber es gibt auch viele, die für religiöse Feiern andere Kalender verwenden und ihre Jahrtausendfeiern nach ihrem eigenen Kalender zu anderer Zeit abhalten werden.

Das Christentum ist so verbreitet und sein Kalender so allgemein gebräuchlich, dass es fast überall auf der Welt zu Silvester 1999 irgendeine Art von Feier geben wird. Viele Partys sind schon seit Jahren geplant und in vielen Städten wurden spezielle Gebäude für die Feiern gebaut! Manche Menschen halten die Jahrtausendwende jedoch auch für unwichtig und wollen sie gar nicht feiern.

„Im Jahr 1999, im siebten Monat kommt vom Himmel ein großer Schreckenskönig, den großen König von Angolmois zu erwecken, vordem und nachdem Mars regiert mit Glück."

NOSTRADAMUS

PROPHEZEIUNGEN ZUR JAHRTAUSENDWENDE

NIEMAND WEISS WIRKLICH, was die Zukunft bringt, aber es gibt viele Voraussagen für das nächste Jahrtausend. Manche sagen eine Apokalypse voraus, eine Zeit der Visionen und Offenbarungen, oder eine Schlacht zwischen den Kräften des Guten und des Bösen, oft Armageddon genannt. Darauf folgt vielleicht Frieden. Andere sagen, wir würden lernen, in anderen Dimensionen zu leben, und die Erde werde ganz anders aussehen als heute.

DAS WASSERMANN-ZEITALTER

MAN SAGT, es stehe ein Übergang aus dem Zeitalter der Fische, das von Materialismus und Zwietracht geprägt ist, ins Wassermann-Zeitalter bevor, das Liebe, Frieden, Überfluss und Harmonie bringen soll. Das Zeitalter des Wassermanns soll eine Zeit werden, in der wir uns selbst besser verstehen lernen, unseren Lebenssinn und unseren persönlichen Weg zu Freiheit und Glück erkennen. Die Jahrtausendwende gilt als Zeit des spirituellen Wandels für den Einzelnen und den Planeten insgesamt und als günstiger Zeitpunkt, um den Weg zur inneren Wahrheit zu finden. Viele Menschen möchten den ersten Tag des neuen Jahrtausends da feiern, wo die Sonne aufgehen wird, um zu den Ersten zu gehören, die diesen Neuanfang zu sehen bekommen.

SIEHE AUCH: RELIGIONEN S. 130-133, PROPHETEN UND GURUS S. 134-135, ÜBERLIEFERUNGEN UND MÄRCHEN S. 40-41

Glossar
und
Register

Glossar

Aberglaube Der Glaube, dass ein Ritual oder Gegenstand Glück oder Unglück bringen kann.

Abhängigkeit Gewöhnung an einen Menschen, Stoff oder Gegenstand, so dass man schwer ohne ihn auskommen kann.

Akasha-Chronik Aufzeichnung der Gedanken, Gefühle und Taten jeder Seele während ihrer Erdenleben.

Akupressur Ähnliche Heilmethode wie die Akupunktur, bei der man aber statt Nadeln nur leichten Fingerdruck einsetzt.

Akupunktur Chinesische Heilmethode, bei der dünne Nadeln in bestimmte Körperpunkte gestochen werden, um Beschwerden zu behandeln.

Alchimie Verwandlung eines Stoffs in einen anderen, besonders die Verwandlung unedler Metalle in Gold.

Alexander-Technik Heilverfahren zur richtigen Ausbalancierung von Kopf, Hals und Wirbelssaule.

Amulett Etwas, das Menschen tragen, um sich vor Unheil zu schützen.

Aromatherapie Massage mit ätherischen Pflanzenölen zur Stimmungsverbesserung.

Astralebene Die spirituelle Ebene, die der materiellen Erde am nächsten ist.

Astralleib Der Teil deines Ichs, der auf der Astralebene existiert.

Astrologie Lehre der Beeinflussung durch Sonne, Mond und Planeten – nach westlichem Denken.

ASW Außersinnliche Wahrnehmung, das Empfangen von Informationen durch Intuition oder unseren sechsten Sinn statt durch die Körpersinne.

Atlantis Verschollene Stadt, die vor den alten Griechen und nach Lemuria existiert haben soll und angeblich von hochintelligenten Menschen bewohnt wurde, die über Atomenergie, Flugtechnik und die Kraft der Kristalle Bescheid wussten.

Aura Energiefeld um den Körper, das manche Menschen sehen können und zur Erkennung von Krankheiten nutzen.

Außerirdischer Wesen von einem anderen Planeten als der Erde.

Automatisches Schreiben Das Hören und Niederschreiben von Botschaften aus der Geisterwelt.

Avalon Ort, der in alter Zeit in England existiert haben soll und an dem König Artus begraben sein soll.

Avatar Höheres Wesen oder Geist in Menschen- oder Tiergestalt, das göttliche Botschaften überbringt.

Ayurvedische Heilkunde Indische Heilmethode, die mit den Erdelementen und den fünf Körpersinnen arbeitet.

Bachblüten Heilende Essenzen aus verschiedenen Pflanzenblüten.

Bewusstsein Zustand der Wahrnehmung. Wir setzen unseren bewussten Geist ein, wenn wir logisch oder gründlich nachdenken.

Bibel Heiliges Buch der christlichen Religion. Sie besteht aus dem Alten Testament, das auch den Juden heilig ist, und dem Neuen Testament.

Bioenergetik Eine Methode, Gefühle und blockierte Energie durch Körperbewegungen freizusetzen.

Biorhythmen Sich regelmäßig wiederholende körperliche, emotionale und geistige Phasen, die jeder durchläuft – bewusst oder unbewusst.

Buddhismus Die Lehre Buddhas.

Chakras Die sieben Energiezentren des menschlichen Körpers, die durch die Meridiane verbunden sind.

Ch'i Positive Energie, die angeblich durch den menschlichen Körper und um die ganze Welt fließt.

Chinesische Astrologie Überlieferte chinesische Lehre von der Beeinflussung des Lebens durch Sonne, Mond und Planeten.

Chiropraktik An der Wirbelsäule ansetzendes Heilverfahren.

Chirotherapie Behandlung des ganzen Körpers durch Massage und Bewegung der Gelenke und anderer Körperteile.

Christ Anhänger der christlichen Religion.

Christentum Auf dem Neuen Testament beruhende Religion der Menschen, die glauben, dass Jesus Christus Gottes Sohn war.

Chronist Aufzeichner geschichtlicher Ereignisse.

Dämonologie Lehre von den Dämonen.

Déjà-vu Unerklärliches Gefühl, etwas schon einmal gesehen oder erlebt zu haben.

Drittes Auge Unsichtbares Auge in der Stirn, durch das wir angeblich Informationen aus anderen Welten empfangen.

Drogen Natürliche oder künstliche Stoffe, die auf den menschlichen Körper einwirken. Manche können medizinisch eingesetzt werden.

Engel Spirituelles Wesen, das Gott nahe steht und Botschaften zur Erde bringt.

Enneagramme System aus neun unterschiedlichen Persönlichkeitstypen, die man Menschen zuordnen kann.

Feldenkrais-Therapie Heilverfahren, das mit sanften Bewegungen helfen soll, sich seines Körpers und seiner Haltung bewusster zu werden.

Feng Shui Chinesisches System, das helfen soll, in Harmonie mit den Naturenegien zu leben.

Gäa-Theorie Die Vorstellung, dass die Erde ein Lebewesen ist, für das wir sorgen müssen.

Ganzheitliche Medizin Heilverfahren, die den ganzen Menschen behandeln.

Gebet Eine Art, um Hilfe zu bitten oder Gott bzw. dem Universum zu danken.

Geburtsritual Traditionelle Worte und Handlungen, mit denen man die Geburt eines Kindes feiert.

Geheimcode Eine verschlüsselte Sprache, die nur Eingeweihte lesen können.

Geisteskraft Einsatz des Willens zur Beherrschung unserer Gedanken und unseres Verhaltens.

Geistheilung Behandlungsweise, die persönliche oder fremde Energien nutzt.

Gespenst (Geist) Seele eines Toten, die ein Lebender sieht oder spürt.

Gott Höheres, als heilig verehrtes Wesen, das viele für den Schöpfer und Herrscher des Universums halten. Manche glauben an einen Gott – andere an viele.

Grafologie Deutung der Handschrift, um Schlüsse auf die Persönlichkeit zu ziehen.

Grüner Drache Ein Glück bringender Tiergeist, der in den Hügeln Chinas leben soll. Seine Energien sind mit denen des Weißen Tigers auszugleichen.

Guru Jemand mit starkem Einfluss auf Menschen; oft Anführer einer Sekte oder einer Glaubensrichtung.

Hades Unterwelt und Totenreich der griechischen Mythologie.

Halluzination Wahrnehmung eingebildeter Dinge, die andere nicht sehen.

Handauflegen Form der Heilkunst, bei der durch Berührung die Energiefelder im Körper ausgeglichen werden sollen.

Heide Heute kaum noch verwendeter Begriff für Angehörige anderer Religionen als des Islam, Juden- oder Christentums.

Hellfühlen Körperliches Gespür für die Anwesenheit von Geistern oder übernatürlichen Kräften.

Hellhören Hören von Botschaften oder Stimmen aus der Geisterwelt.

Hellsehen Sehen von Ereignissen oder Dingen aus der Geisterwelt mit dem geistigen Auge.

Hindu Anhänger des Hinduismus.

Hinduismus Religion, die Brahma als höchstes Wesen ansieht und lehrt, dass jeder Mensch viele Erdenleben hat.

Höheres Ich Spiritueller Wesensteil eines Menschen, auch Seele genannt.

Homöopathie Die Vorstellung, dass etwas, das eine Krankheit verursacht, diese auch heilen kann.

Hydrotherapie Verschiedene Heilverfahren, bei denen Wasser eingesetzt wird.

Hypnose Ein Trancezustand, in dem man empfänglich für Eingebungen ist, die einem helfen können, sich selbst zu heilen.

Inkarnation Ein Erdenleben. „Inkarniert werden" heißt geboren zu werden.

Intelligenz Die Fähigkeit des Verstehens; meist als geistige Fähigkeit betrachtet.

Intuition Instinkt, Gefühl „aus dem Bauch", das als Warnsystem dienen kann. Auch sechster Sinn genannt.

Irisdiagnostik Erkennung von Krankheiten durch Betrachtung von Mustern und Flecken in den Augen.

Islam Glaube der moslemischen Völker, der auf dem Koran beruht.

Judentum Glaube der Juden, der auf dem Alten Testament und den Lehren der Thora beruht.

Kampfsport Verschiedene Kampftechniken, die größtenteils aus Asien stammen und oft als Sport ausgeübt werden.

Karma Die Vorstellung, dass sich unser Tun in diesem Leben auf das nächste Leben auswirkt.

Kirche Gebäude für Gottesverehrung und Gebet der Christen.

Kirlian-Fotografie Methode, die Aura, d. h. das Energiefeld, das den Körper umgibt, auf Film festzuhalten.

Koran Das heilige Buch des Islams, d. h. der Moslems.

Kornkreise Kreise und andere Formen, die sich auf unerklärliche Weise in Getreidefeldern bilden.

Kosmische Gesetze Die natürlichen Gesetze der Ordnung des Universums.

Kräuterheilkunde Medizinische Behandlung mit Tränken, Salben, Tabletten oder Umschlägen aus Kräutern oder Pflanzen.

Kristall-Therapie Heilung von Körper und Seele durch Kristallenergien.

Labyrinth Irrgarten.

Lebenskraft Energie aller lebenden Dinge.

Lemuria Sagenhafte, angeblich im Indischen Ozean versunkene Heimat der ersten Menschen, die unsterblich gewesen sein sollen.

Levitation Fähigkeit, einen Körper oder Gegenstand durch geistige Kraft vom Boden zu heben.

Ley-Linien Energieströme, die an der Erdoberfläche verlaufen sollen.

Lyonesse Verschollenes Land bei Cornwall in England; angeblich Schauplatz von König Artus' letzter Schlacht.

Magie Einsatz übernatürlicher Kräfte, um Ereignisse, Menschen und Gegenstände zu beeinflussen.

Magnettherapie Einsatz von Magneten am Körper, um Muskeln zu heilen.

Mandala Zum Meditieren verwendetes Symbol.

Mantra Wort oder Laut, der bei der Meditation oder im Gebet verwendet wird.

Meditation Methode, sich durch Ruhe und Konzentration in einen veränderten Bewusstseinszustand zu versetzen.

Medium Vermittler zwischen Geistern und Lebenden.

Meridiane Ein Netz von Kanälen im menschlichen Körper, durch die das Ch'i, die Lebenskraft, strömt.

Metaphysik Lehre von den Dingen, die hinter der materiellen Welt liegen.

Mormone Ein Mitglied der Kirche Jesu Christi der Heiligen der letzten Tage.

Moschee Gebäude, in dem die Moslems Gottesdienste abhalten und beten.

Moslem Anhänger des islamischen Glaubens.

Mythologie Die Geschichten, die ein Volk über seine Götter erzählt.

Mythos Geschichte über Götter oder andere übermenschliche Wesen.

Naturheilkunde Die heilende Wirkung von sauberem Wasser, sauberer Luft, gesundem Essen und viel Bewegung.

Numerologie Lehre vom Einfluss der Zahlen, etwa dem Geburtsdatum eines Menschen, auf unser Leben.

Okkultismus Bezeichnung für geheimes oder verborgen gehaltenes Wissen, wie Magie oder übersinnliche Fähigkeiten.

Ökologie Wissenschaft von der Beziehung zwischen Lebewesen und ihrer Umwelt.

Omen Zeichen, von dem wir glauben, dass es etwas über die Zukunft verrät.

Orakel Wahrsagung; auch ein Ort, an dem Wahrsagungen erfolgen.

Ouija-Brett Ein Hilfsmittel, das bei spiritistischen Sitzungen benutzt wird, um mit den Geistern zu sprechen.

Paranormal siehe Übernatürliches.

Pendel Ein an einer Schnur aufgehängtes Gewicht, siehe auch Wünschelruten.

Persönlichkeit Die Merkmale eines Menschen, etwa seine Gefühle, die ihn zu einem einzigartigen Wesen machen.

Phantasie Fähigkeit, sich etwas im Geist bildlich auszumalen.

Philosophie Studium der Bedeutung von Natur, Wissenschaft und Weltanschauungen.

Phobie Eine übersteigerte Angst.

Polaritätstherapie Kombination aus Psychotherapie, Körperarbeit und verbesserter Ernährung, um Energieblockaden im Körper zu lösen.

Poltergeist Ein boshaftes Gespenst, das Dinge umwirft oder Geräusche macht.

Positives Denken Konzentration auf den Erfolg statt auf möglichen Misserfolg, die dir hilft, etwas zu schaffen.

Präkognition Etwas wissen oder spüren, bevor es passiert.

Prophet Jemand, der prophezeit, d. h. Botschaften Gottes oder des Universums an andere Menschen weiterleitet.

Prophezeiung Botschaft oder Warnung Gottes oder des Universums in Bezug auf etwas, das in der Zukunft geschehen wird.

Psychokinese Bewegung oder Veränderung von Gegenständen ohne Berührung – allein durch geistige Kraft.

Psychologie Wissenschaft vom Verhalten und Denken der Menschen und Tiere.

Psychometrie Erkennen von Gedanken, Gefühlen oder Tatsachen durch Kontakt mit einem Gegenstand. Auch die Messung von seelischen Zuständen oder Denkvorgängen.

Psychotherapie Therapie, bei der eine geschulte Person deine Probleme und Sorgen anhört und dich ohne Werturteil berät, damit du deine eigenen Lösungen finden kannst.

Quantentheorie Die Theorie, dass alles im Universum aus verschiedenen Formen von Energie besteht.

Rebirthing Therapieform, bei der man sich an seine Geburt erinnert, um die eigenen Probleme besser zu verstehen.

Reflexzonen-Therapie Heilverfahren, bei dem durch Massage von Fußzonen andere Körperteile behandelt werden.

Regression Erinnerung an die frühe Kindheit oder an frühere Leben in einem tranceähnlichen Zustand.

Reiki Japanische Heilkunst durch Handauflegen.

Reinkarnation Wiedergeburt in einer anderen Zeit und einem anderen Körper.

Ritual Festgelegtes Verhalten oder Brauchtum bei bestimmten, oft religiösen, Gelegenheiten.

Rolfing Tiefenmassage von Muskeln und Bindegewebe.

Sage Über viele Generationen weitergereichte Erzählung – meist über außergewöhnliche Menschen und Ereignisse.

Sanskrit Altindische Sprache.

Schamane Priester, der über gute und böse Geister gebieten kann, um Geschehnisse auf der Welt zu beeinflussen.

Sechster Sinn siehe Intuition

Seele Wesenskern des Universums und Bestandteil jedes lebenden Geschöpfs

Sha Negative Energie (Gegenteil von Ch'i), die in Orte und Menschen strömen soll, deren Ch'i schwach ist.

Shangri-La Ein Paradies, das im Himalaja, im mongolischen Gebirge oder im chinesischen Kunlun-Gebirge liegen soll.

Shiatsu Japanische Massagetherapie.

Sonnenwenden Die Wintersonnenwende ist der kürzeste Tag des Jahres, die Sommersonnenwende der längste.

Stoffwechsel Vorgang, durch den der Körper aus Nahrung Energie erzeugt.

Sucht Starkes Verlangen nach bestimmten Stoffen, Speisen, Getränken oder auch Menschen, dem schwer zu widerstehen ist.

Symbol Ein Zeichen, das sinnbildlich für etwas anderes steht.

Synchronizität Zeitliches Zusammentreffen, das wie Zufall wirkt, aber vielleicht auf der Verbindung zwischen Menschen und Universum beruht.

Talisman Glücksbringer.

Talmud Heiliges Buch mit den religiösen Gesetzen der Juden.

Telepathie Verständigung durch den Geist – ohne zu sprechen.

Tempel Gebäude für Gottesverehrung und Gebet, das einem oder mehreren Göttern geweiht ist.

Therapie Behandlung seelischer, emotionaler oder körperlicher Störungen.

Thora Überlieferte jüdische Lehre und Schriftrolle, in der sie geschrieben steht

Trance Ein geistiger Zustand, in dem wir unsere Umgebung weniger bewusst wahrnehmen.

Transzendenz Überwindung einer derzeitigen Situation oder Schwierigkeit und Übergang auf eine höhere Erfahrungsebene.

Träume Oft lebensechte und aufregende Bilder und Erlebnisse, die sich im Schlaf in unserem Geist abspielen.

Traumzeit Nach dem Glauben australischer Ureinwohner eine unserer Welt eng verbundene räumliche und zeitliche Ebene, auf der ihre Ahnen leben.

Übernatürliches Außergewöhnliche Ereignisse, die sich wissenschaftlich nicht erklären lassen.

UFOs Unbekannte Flugobjekte, die man für außerirdische Raumschiffe hält.

Umschlag Mischung heilender Zutaten, die man auf die Haut legt, etwa um Schwellungen zu lindern oder die Durchblutung zu fördern.

Unbewusstes Der Teil unseres Gehirns, den wir benutzen, ohne uns dessen bewusst zu sein.

Unterbewusstsein Der Teil unseres Geistes, den wir benutzen, ohne uns dessen vollständig bewusst zu sein, etwa im Traum.

Vision Ein inneres Bild, das eine Botschaft Gottes oder des Universums zu sein scheint.

Visualisierung Innere, bildliche Vorstellung, die helfen soll, etwas tatsächlich geschehen zu machen.

Voraussage Verkündung eines zukünftigen Ereignisses, bevor es geschieht.

Wahrsagen Informationen von Geistern oder dem Universum empfangen, oft unter Einsatz von Hilfsmitteln wie Tarotkarten, um damit u. a. Voraussagen über die Zukunft zu machen

Weißer Tiger Glück bringender Tiergeist, der in Chinas Hügeln leben soll

Weltgeist Die unbegrenzte, ständig fließende Energie des Universums.

Wissen Weisheit – Dinge, die wir in unserem Leben lernen.

Wunder Außergewöhnliches Ereignis, das unerklärlich und willkommen ist.

Wünschelruten und Pendel Hilfsmittel, mit denen manche Menschen Wasser, Erdöl oder andere Dinge finden wollen.

Yin und Yang Chinesische Bezeichnungen für die negative und positive Energie im Universum.

Yoga Körperübungen, die Geist, Körper und Seele nützen sollen.

REGISTER

G

H

I

J

K

N

O

P

Q

R

S

T

U

V

W

Y

Z

Literatur

Ball, Stefan: *Bachblüten für Männer*, Aurum 1997.

Barett, David V.: *Das Tagebuch der Träume*, Urania Neuh. 1998.

Baron, Renee und Elisabeth Wagele: *Das Enneagramm leichtgemacht*, Knaur TB 1996.

Bly, Robert: *Eisenhans. Ein Buch über Männer*, Kindler 1991 (Knaur TB 1993).

Bowker, John (Hg.): *Lexikon der Weltreligionen*, Patmos 1999.

Bruce-Mitford, Miranda: *Zeichen und Symbole. Die geheime Sprache der Bilder*, Belser AG 1997.

Campbell, Joseph: *Die Masken Gottes*
Band 1: *Mythologie der Urvölker.*
Band 2: *Mythologie des Ostens.*
Band 3: *Mythologie des Westens.*
Band 4: *Schöpferische Mythologie*
(dtv – Kassettenausgaben) 1996.

Chopra, Deepak: *Schlüsselbuch zum Wohlstand*, Heyne 1998.

Goleman, Daniel: *Emotionale Intelligenz*, Hanser 1996 (dtv 1997).

Karcher, Stephen: *Divination – Die Kunst der Weissagung*, Edition Astroterra, Astrodata 1999.

McFarlane, Stewart: *Tai Chi – Das Praxisbuch*, Mosaik 1997.

Mitchell, David: *Lust auf asiatischen Kampfsport*, Motorbuch 1998.

Parker, Julia und Derek: *Parkers Astrologie-Set*, ars edition 1998.

dies.: *Welt der Astrologie*, Urania Neuh. 1998.

Parker, Steve: *Körper*, Bertelsmann 1999.

Ranke-Graves, Robert von: *Die Weiße Göttin. Sprache des Mythos*, Rowohlt TB 1985.

Reid, Lori: *Das große Buch des chinesischen Horoskops*, Osterholz 1998.

Roland, Paul: *Prophezeiungen zur Jahrtausendwende*, tosa 1997.

Self, David: *Jugendhandbuch Weltreligionen*, Brunnen 1998.

Shealy, Norman C.: *Naturheilweisen – Das praktische Handbuch*, Mosaik 1997.

Sproul, Barbara C.: *Schöpfungsmythen der östlichen Welt*, Diederichs Gelbe Reihe 1993.

Verny, Thomas und John Kelly: *Das Seelenleben des Ungeborenen*, Rogner & Bernhard 1992

Walters, Raymond J.: *Die Kraft der Edelsteine*, Bassermann 1997.

Williams, Tom: *Chinesische Medizin. Das praktische Handbuch*, Mosaik 1998.

Wilson, Colin: *Kultstätten der Menschheit*, Heyne 1998.

Danksagungen

Joanna Crosse:
„Auf diesen Teil des Buchs habe ich mich am meisten gefreut, weil ich unbeschreiblich dankbar bin für all die praktische und spirituelle Hilfe, die ich bei der Zusammenstellung dieser Enzyklopädie erhalten habe. Die Thematik liegt mir sehr am Herzen und ich freue mich ungemein, dass diese Informationen von einem so wertvollen und wichtigen Teil unserer Gesellschaft gelesen werden: den Kindern! Und so beginne ich meine Dankesliste mit einem besonderen Dank an meine eigenen drei - Skye, Merrick und Sedona -, die mich erst zu diesem Buch angeregt haben. Mein tief empfundener Dank und meine Liebe gelten auch meinem Mann Jim Ferguson für seine Unterstützung und Ermutigung sowie meinem verstorbenen Vater Nicholas Crosse, der mich in die unsichtbaren Welten eingeführt hat. Dank an meine Mutter Jennifer Shennan für all ihre Hilfe und ihren Beistand und an meine Schwester und meinen Schwager, Pen und Richard Well, für ihre unermüdliche Unterstützung. Herzlicher Dank gebührt auch Bruce Gyngell, ohne dessen Hilfe ich vielleicht keine so großen Fortschritte auf meiner eigenen seelischen Reise gemacht hätte, und Jayne Irving für die Mithilfe bei diesem Entwicklungsprozess.

Dank auch an den Verleger von Element Children's Books, Barry Cunningham, für den Mut, dieses Buch herauszubringen, und an Christiane Gunzi und ihre Mitarbeiter bei Picthall & Gunzi für all ihre Mühe und Arbeit.

Dank an Sandra Bird als großartige Kinderbetreuerin und an Kate Bird für hervorragendes Feedback und positiven Ansporn. Dank an meine Reisebegleiterin und Literaturquelle Pamela Barton und an Bücherwurm Meg Sanders für ihren Glauben daran, dass es gelingen könnte. Dank an Suzzi Tayara und meine Freunde in Stratford, alle vom Mickleton House und alle anderen, die ich versehentlich übergangen habe. Und schließlich noch ein Dankeschön an meine Cappuccino-Maschine, die während der Arbeit an diesem Buch meine unermüdliche Verbündete war!"

Chez Picthall und Christiane Gunzi möchten allen danken, die bei der Produktion dieses Buchs geholfen haben, ganz besonders den folgenden Organisationen und Personen:

Illustratoren: Dominic Zwemmer, Eric Thomas, William Donohoe, Nicholas Hewetson, Karen Cochrane, Gillie Newman, Yahya El-Droubie, Andrew Waddington, Amanda Ward.
Studiofotos: Andrew Crawford, Geoff Brightling.
Technische Unterstützung: Belinda Ellington.
Lektoratsassistenz: Jill Somerscales.
Designassistenz: Carol Ann Davis.
US-Lektorat: George Pitcher.
Register: Lynn Bresler.
Fotorequisiten: Dank an Bite Communications Limited für das Foto des Apple-Computers, an Oscar Dahling Antiques, Riadh El-Droubie und Dominic Zwemmer für freundliche Leihgaben und an Betty Gunzi für die freundliche Erlaubnis zur Verwendung ihrer persönlichen Fotos.
Fotomodelle: Danke an Skye, Merrick und Sedona Ferguson, Freya Gunzi, Phillippa Sayers und die Katze „Holly" für ihre Fotoauftritte. Vielen Dank auch an Mark O'Shea, den Reptilienbetreuer des West Midlands Safari Park für die Erlaubnis, ihn bei der Arbeit zu fotografieren.
Allgemeine Unterstützung: Dank an Geoff Brightling, Duncan & Christine Brown, Belinda Ellington, Steven Goodridge und Donald Kerr von der Middlesex University Students' Tai Chi Association für Hilfe bei den Recherchen und an Jennifer May für ihre Beratung bei der Produktion.

Unser besonderer Dank gilt Annie Frankland und allen Mitarbeitern von Picthall & Gunzi für all ihre harte Arbeit.

Bildnachweise:

Bruce Coleman Collection: 56 u. l., 136 o. l.
Dominic Zwemmer: 25 u. l., 38 M. r., 54 M. l., 81 o. r., 109 o. r., 111 o. r., 113 u. r., 120 u. l.
Element Books Ltd.: 65 M., 65 o. M. r., 65 o. r., 118 o. r., 124 o. l.
Empics Sports Photo Agency: 51 u. l.
E.T. Archive: 121 o. r.
Fine Art Photographs: 41 o. r. und 8 o. r., 58 u.
Fortean Picture Library: 21 u. l., 82 u. r., 84 u. r., 93 M.
The Hutchinson Library: 19 M. r., 25 M., 31 M. r., 49 o. l., 66 o. l., 70 u., 115 o. r., 139 o. r.
The Kobal Collection: 104
Image Bank: 50 u. l., 62 M., 112 M.
Robert Harding Picture Library: 55 M. l., 59 o. l., 78 M. l., 92 M. r., 94 o. l., 114 M., 128 o. r., 129 o. l., 132 u., 135 o. r., 137 M., 138 M.
Science Photo Library: 23 M. l., 68 u.
Spectrum Colour Library: 54 o. r., 61 u. r., 117 o. r., 126 o. r.
The National Gallery Picture Library: 134 u.
The Savoy Group: 15 o. r.

l. = links, r. = rechts, M. = Mitte, u. = unten, o = oben, u. r. = unten rechts, u. l. = unten links, M. r. = Mitte rechts, M. l. = Mitte links, o. r. = oben rechts, o. l. = oben links, o. M. r. = oben Mitte rechts.

Zitate:

***Encyclopedia of Mind, Magic, and Mysteries,* Francis X. King, DK, 1991:** 80
***Little Book of Zen Wisdom,* John Baldock, Element 1994:** 13
***Oxford Dictionary of Quotations,* Oxford, 1981:** 30
***Tao of Jeet Kune Do,* Bruce Lee, Ohara, 1975:** 72